Manufacture Française
des Pneumatiques Michelin

# Les lieux de
# l'histoire de France

De la Préhistoire à 1945

Gallimard

Les Éditions Gallimard remercient M. François Blanzat pour sa contribution à l'établissement de l'ouvrage.

# Avertissement de l'éditeur

Parce que l'histoire nationale et internationale a marqué de ses traces l'espace français, il nous a paru nécessaire de procéder à un premier inventaire de ce que le promeneur peut encore en voir. Grottes, rues, ruines, bâtiments, plaques, monuments commémoratifs, sites guerriers ou paysages champêtres retournés à l'agriculture après avoir été labourés par les guerres, le lecteur trouvera au fil des pages comme à celui de ses pas les lieux qui à leur manière racontent des événements — majeurs ou secondaires. Car la grande histoire et ses violences ont parfois détruit toute trace alors que des événements de portée plus limitée se lisent toujours dans notre environnement. Telle est la raison de cette anthologie des notices extraites des diverses éditions du célèbre Guide Vert Michelin : que leur lecteur, de l'espace qu'il visite, puisse remonter à l'histoire qui s'y raconte.

L'Éditeur remercie pour leur aide dans la conception et la réalisation de l'ouvrage Sylvie Gillet, Philippe Orain, Chloé Tassel et Amaury de Valroger, de la Manufacture Française des Pneumatiques Michelin.

# Première partie

# Préhistoire et Néolithique

## Menton
Alpes-Maritimes (06)

C'est dans la grotte du Vallonnet, près de Menton, qu'a été retrouvé le plus ancien *Homo erectus* « français », permettant d'affirmer la présence d'humains en France il y a plus d'un million d'années. La grotte n'est visible qu'en présence d'un archéologue, mais Menton abrite un musée préhistorique permettant de mieux connaître la vie de ce lointain aïeul.

### Musée de Préhistoire régionale

Joli bâtiment (1909) construit spécialement par l'architecte Adrien Rey. Les fouilles de Bonfils, naturaliste mentonnais du 19ᵉ s., dans les grottes de Grimaldi ont fourni le noyau des collections de préhistoire régionale *(rez-de-chaussée)*, dont on suit les grandes étapes de 1 million d'années à 1500 ans av. J.-C. *(salle de projection, bornes interactives)*. L'histoire, l'art et les traditions mentonnaises sont retracés à travers des reconstitutions d'intérieurs (cuisine et chambre), des objets traditionnels de la culture du citron, des olives et de la pêche.

Les collections du musée (ossements — notamment le crâne de l'« homme de Menton » —, outils, mobilier) proviennent de sites préhistoriques des Alpes-Maritimes et de Ligurie, région d'Europe où l'homme apparut très tôt (il y a un million d'années) et s'implanta, laissant de nombreux vestiges de son évolution. Des reconstitutions de scènes de la vie quotidienne présentent les grandes étapes de cette évolution telles que la domestication du feu (il y a 400 000 ans), l'invention de l'art (il y a 30 000 ans), les débuts de l'agriculture (5000 avant J.-C.), de la métallurgie (1800 avant J.-C.). Au sous-sol, salle d'histoire mentonnaise et d'art et traditions populaires.


– 450 000

## Tautavel
Pyrénées-Orientales (66)

Voilà un petit village des Corbières des plus renommés ! Situé au pied des contreforts des Pyrénées, Tautavel est un berceau de la préhistoire. Le village de Tautavel a donné son nom à l'« homme de Tautavel », chasseur préhistorique, haut de 1,65 m, vivant dans la plaine du Roussillon, ce qui en fait une des espèces humaines les plus anciennes vivant hors d'Afrique, il y a quelque 450 000 ans. C'est à partir des restes de crâne humain découverts en 1971 et 1979 dans la caune de l'Arago que les scientifiques ont restitué l'apparence d'un de nos ancêtres les plus lointains. La grotte n'est pas visible, mais elle est reconstituée au Centre européen de la préhistoire.

– 250 000 à – 35 000

## Les Eyzies-de-Tayac-Sireuil
Dordogne (24)

L'Europe compte deux lieux préhistoriques majeurs : la grotte de Lascaux et Les Eyzies. La préhistoire scientifique est en effet née dans ce village, bénéficiant des nombreux sites préservés dans lesquels l'homme ancien a laissé son empreinte. Enfin, c'est aux Eyzies-de-Tayac qu'a été retrouvé le plus ancien Cro-Magnon de France.

*La « capitale de la préhistoire »*

Des abris creusés à la base des masses calcaires ont tenu lieu d'habitations aux hommes de la préhistoire, tandis que des grottes s'ouvrant à mi-hauteur des falaises leur servaient de sanctuaires. La découverte de ces abris, depuis le 19e s., dans un rayon restreint autour des Eyzies, leur exploration méthodique et l'étude des gisements qu'ils recèlent ont permis à la préhistoire de s'ériger en science et ont fait des

Eyzies la « capitale de la préhistoire ». Au point de modifier son nom. En effet, avant 1905, la commune s'appelait Tayac. Elle fut ensuite rebaptisée en raison de l'attrait exercé par les sites : ce rajout, orthographié *Ayzies* ou *Eyzies*, évoque en occitan les résidences, « les demeures de Tayac ».

### Au Paléolithique

La basse Vézère offrait une multitude de cavités que, pendant plusieurs dizaines de milliers d'années, les hommes ont fréquentées, y laissant des traces de leur passage et de leurs activités : ossements, cendres de foyers, outils, armes, ustensiles, représentations figuratives et abstraites. Cependant, il est faux de dire que l'homme préhistorique a vécu dans les cavernes : elles étaient trop humides. Il se contentait de camper à l'entrée, à l'abri du vent, sur la pente exposée au soleil (si possible du matin, afin de se débarrasser de la fraîcheur nocturne).

### Le domaine des chercheurs

L'étude méthodique des gisements de la région des Eyzies a permis aux archéologues de mieux connaître la préhistoire. Le département de la Dordogne offre en effet une fabuleuse richesse de vestiges : près de 200 gisements sont dénombrés, dont plus de la moitié se situent dans la basse vallée de la Vézère !

Comme pour Tautavel, ces sites sont souvent inaccessibles pour des raisons de protection. Il est possible de se rendre au musée national de la Préhistoire.

## Le Moustier
### Dordogne (24)

De même que le site de La Madeleine a donné
son nom au Magdalénien, Le Moustier a donné son
nom à une culture du Paléolithique moyen, le
Moustérien. Bâti au pied d'une colline, ce petit village possède un abri préhistorique célèbre. Les gisements paléolithiques du Moustier ont révélé un
squelette d'homme de Neandertal et de nombreux
outils de silex (entre − 100 000 et − 40 000 environ).


− 30 000

## Aurignac
### Haute-Garonne (31)

Aurignac constitue un site préhistorique important. Son nom, attribué à l'une des civilisations du
Paléolitique, est mondialement connu des préhistoriens. Un paléontologue averti vous dira que cette
civilisation était contemporaine de celle de Cro-
Magnon qui, au Paléolithique supérieur, a succédé
au Moustérien.

Tout commence en 1852 par le coup de pioche
d'un terrassier local qui met au jour, sous une roche,
un abri funéraire. Sur le moment, la découverte
n'émeut pas grand monde : les guerres religieuses
sont passées par là et les nécropoles abondent en pays

gascon. Les squelettes sont ensevelis au cimetière communal et plus personne à Aurignac ne repense à l'affaire… jusqu'en 1860, lorsque l'attention du préhistorien gersois Édouard Lartet (1801-1871) est attirée par le gisement. Il entreprend aussitôt des fouilles et sa récolte de silex et d'os taillés est assez fructueuse pour lui permettre d'ébaucher une première chronologie du Paléolithique. C'est une grande aventure scientifique qui commence, du vivant de Lartet, par la découverte, aux Eyzies-de-Tayac, des squelettes de Cro-Magnon, type humain témoin de la période aurignacienne. Les travaux d'Édouard Lartet ont contribué à la renommée de la petite cité dans le milieu scientifique.

L'abri préhistorique est situé à la sortie d'Aurignac, sur la route de Boulogne-sur-Gesse (D 635). *Accès libre.*

– 19 000

## Roche de Solutré
Saône-et-Loire (71)

Site emblématique du Sud Mâconnais, à l'entrée du Val lamartinien, la roche de Solutré s'observe depuis la Bresse, de Bourg à Mâcon. D'une importance archéologique de premier plan, ce superbe escarpement calcaire dont la forme insolite s'élève au-dessus des vignes a révélé l'un des plus riches gisements préhistoriques d'Europe.

*Un immense ossuaire*

Les premières fouilles entreprises au pied de la roche en 1866 mirent au jour un incroyable amoncellement d'ossements de chevaux formant, avec quelques os de bisons, d'aurochs, de cerfs et de mammouths, une couche de 0,5 à 2 m d'épaisseur sur près de 4 000 m² (environ 100 000 individus). Ce site de chasse fut fréquenté pendant plus de vingt-cinq mille ans par les hommes du Paléolithique supérieur (Aurignacien, Gravettien, Solutréen et Magdalénien).

– 18 000

## Grotte de Lascaux
Dordogne (24)

Voici l'un des sites les mieux ornés au monde pour cette période, une œuvre d'art à part entière. Trop fragile, l'original est inaccessible et il faut donc préconiser l'usage de copie — ici de grande qualité. Car la découverte de l'art magdalénien apporte beaucoup, ne serait-ce que la conviction que l'homme n'a attendu ni l'Antiquité ni le monde moderne pour exprimer cette spiritualité qui le distingue au sein du monde animal.

### Le hasard de la découverte

En septembre 1940, à la suite d'un violent orage, le trou béant d'un chêne déraciné attire le chien de Marcel Ravidat, dix-sept ans, en balade ce jour-là avec ses camarades. Parti le rechercher, le jeune Marcel s'aperçoit que dans ce trou s'ouvre un autre orifice, beaucoup plus profond. Le 12 septembre, avec Jacques Marsal, Simon Coencas et Georges Agnel, ils pénètrent dans le sanctuaire inviolé de la grotte de Lascaux.

### La rançon de la gloire

La cavité, aménagée pour la visite en 1949, souffre rapidement de l'affluence des visiteurs : respirations, humidité et introduction de spores accrochées aux semelles entraînent le développement de deux maladies : la « verte », qui se traduit par la poussée de mousses et d'algues, et la « blanche », qui engendre un dépôt de calcite. En 1963, la décision est prise de fermer la grotte au public. En 1983, ouvre enfin un fac-similé, Lascaux II.

### Un ensemble exceptionnel

La grotte est une cavité modeste qui s'étend sur 250 m. Elle comprend plusieurs secteurs, dont la Rotonde et le Diverticule axial, qui recèlent 90 % des peintures ; les parois sont couvertes de plus de 1 500 représentations. Une fermeture naturellement hermétique et l'imperméabilité du plafond expli-

quent l'absence de concrétions et la parfaite conservation des peintures fixées et authentifiées par une
légère imprégnation naturelle de calcite. Ces œuvres
sont traditionnellement attribuées au Magdalénien
ancien (vers − 17 000, mais certains préhistoriens
penchent pour une utilisation prolongée, du Solutréen au Magdalénien moyen), époque où le climat
était relativement clément, comme en témoigne la
présence de cerfs sur les parois. Certains animaux ne
sont représentés qu'une seule fois : l'oiseau, le rhi-
nocéros et surtout l'homme, ici affublé d'une tête
d'oiseau (fac-similé visible au musée du Thot).
Cette représentation est l'une des rares scènes narra-
tives de l'art paléolithique : le thème du « chasseur
en difficulté », que l'on voit aussi dans la grotte de
Villars, sans doute contemporaine. Une partie des
figures de Font-de-Gaume appartient peut-être à la
même époque.

*Le style de Lascaux*

Les animaux de Lascaux ont un aspect très recon-
naissable : des chevaux à gros ventre et à tête effilée,
des aurochs et des bouquetins aux cornes et aux
sabots vus de trois quarts et des cerfs à la ramure fantastique. Mais le critère le plus important est sans
doute le mouvement donné au dessin. L'un d'eux,
un cheval ocre situé au fond du Diverticule axial,
semble tomber dans les entrailles de la Terre. Notez,
dans bien des cas, une savante utilisation des reliefs
et des volumes de la paroi.

*Des saisons superposées ?*

Viennent d'abord les chevaux, puis les bovidés (aurochs, bison), enfin les cerfs : à Lascaux, les animaux ne s'enchevêtrent pas seulement, ils se superposent. Et cette superposition pourrait avoir la même signification que les signes du zodiaque et les travaux des champs des cathédrales. En effet, c'est le cheval qui aborde en premier la saison des amours, à la fin de l'hiver. Il est représenté sur les parois avec son pelage hivernal et, bien souvent, dans l'attitude agressive des mâles qui entrent en compétition pour les femelles. Les taureaux, eux, sont dessinés en pelage d'été, début de la période du rut. Enfin, le grand développement des bois des cerfs et la présence d'un individu en train de bramer indiquent la période du rut, à la fin de l'automne. Par ces animaux, les Magdaléniens ont peut-être fixé sur la pierre le rythme des saisons.

### Lascaux II

À 200 m de la grotte originale, ce fac-similé reconstitue la Rotonde et le Diverticule axial de manière très fidèle.

– 15 000 à – 10 000 :

Fin du Paléolithique,
début du Néolithique.

Plusieurs sites néolithiques apparaissent quasi simul-
tanément en France, comme ceux de :

# Nemours
Seine-et-Marne (77)

## Musée de Préhistoire d'Île-de-France

Un bâtiment résolument moderne en béton brut
accueille ce musée aménagé à l'orée de la forêt de
Nanteau, au centre d'une des régions d'Île-de-France
les plus riches en sites préhistoriques et en monuments
mégalithiques, notamment en « polissoirs », roches
présentant des cannelures dues au frottement des
outils de pierre qu'on y a aiguisés.

En introduction à la visite, vous découvrez tout
d'abord une présentation des méthodes de repérage
aérien des sites archéologiques et la reconstitution du
chantier de fouilles d'Étiolles, dans l'Essonne.

Les salles du Paléolithique (800 000 à 9000 av. J.-C.)
vous apportent ensuite une vision imagée de la préhistoire régionale. Une reconstitution de stratigra-
phie montre comment on peut dater des fossiles de
plantes en s'appuyant sur l'étude des strates qui se
superposent au cours des temps. Un bloc de silex,

dont le débitage a donné les plus grandes lames connues au monde (jusqu'à 60 cm), illustre par ailleurs
les techniques de fabrication de l'industrie lithique.

Un moulage de sol de Pincevent (important site
de fouilles, sur la rive gauche de la Seine, à 7 km au
sud-ouest de Montereau) donne lieu à une présentation audiovisuelle *(15 mn)* sur la vie des populations
magdaléniennes.

On passe ensuite à la vie des chasseurs et pêcheurs
du Mésolithique (9000 à 5000 av. J.-C.), avec un
ensemble d'objets en bois (pirogue, nasse à anguilles)
issus de dépôts bourbeux de Noyen-sur-Seine, et de
minuscules outils en silex provenant des sites de
Sonchamp, Buthiers et de St-Pierre-lès-Nemours.

Les salles du Néolithique (5000 à 2300 av. J.-C.)
et des âges des métaux (2300 à 25 av. J.-C.) offrent
quant à elles les témoignages, plus familiers, de la vie
en village, des occupations agricoles, du goût de la
parure et des armes, des rites funéraires. On remar-
quera des céramiques d'habitat et du mobilier funéraire (dont un magnifique poignard) mis au jour à
Châtenay-sur-Seine.

Enfin, une salle à part contient les vestiges d'une
barque carolingienne. Exceptionnelle par son âge
(834 apr. J.-C.), cette embarcation fut construite à
partir d'un seul tronc d'arbre et faisait environ 14 m
de long sur moins de 90 cm de large.

Des puits de nature, ouverts sur la forêt voisine,
accompagnent votre visite et vous permettent d'imaginer l'environnement dans lequel évoluaient nos ancê-

tres au cours des différentes périodes préhistoriques : lauriers, mousses, bruyères, cultures d'avoine et d'orge, hêtres… La nature s'invite à l'intérieur du musée.

## Grotte du Mas-d'Azil
### Ariège (09)

Site préhistorique célèbre dans le monde scientifique (au point d'avoir donné son nom à la civilisation « azilienne »), Le Mas-d'Azil est aussi l'une des curiosités naturelles les plus spectaculaires de l'Ariège.

Édouard Piette découvrit en 1887 une couche originale d'habitat humain, entre le Magdalénien finissant (11 000 av. J.-C.) et le début du Néolithique : l'Azilien (9500 av. J.-C.). Après lui, l'abbé Breuil et Joseph Mandement continuèrent les recherches, mais aussi Boule et Cartailhac…

### Grotte du Mas-d'Azil

Creusée par l'Arize sous le Plantaurel, cette grotte est un tunnel long de 420 m, d'une largeur moyenne de 50 m. En amont, l'arche d'entrée est magnifique (65 m de haut). En aval, l'ouverture, surbaissée (7 à 8 m), est forée dans un rocher à pic d'une hauteur de 140 m. La route utilise ce passage, côtoyant le torrent dont les eaux sapent les parois calcaires et s'enfoncent sous une voûte majestueuse, étayée au centre par un énorme pilier rocheux.

Les quatre étages de galeries fouillées se développent sur 2 km, dans un calcaire dont l'homogénéité empêche les infiltrations et la propagation de l'humidité. Des vitrines présentent des pièces remontant aux époques magdalénienne (grattoirs, burins, aiguilles, moulage de la célèbre tête de cheval hennissant) et azilienne (harpons en bois de cerf, pointes, galets coloriés, outillage miniaturisé).

Dans la salle Mandement apparaissent, parmi les déblais, des vestiges de faune (mammouth et ours) amoncelés en ossuaire sans doute par des crues souterraines (les eaux de l'Arize, dix fois plus considérables qu'aujourd'hui, pouvaient atteindre le niveau de la voûte).

Les objets trouvés lors des différentes campagnes de fouilles sont exposés dans la grotte et au bourg du Mas-d'Azil.

### Musée de la préhistoire

À 800 m de la grotte, le musée est situé au centre du village, à l'emplacement de l'ancienne mairie. Collection de pièces d'époque magdalénienne, dont quelques galets peints et le célèbre propulseur dit « faon aux oiseaux ».

### Grotte de Niaux

On désigne aujourd'hui la grotte du nom de la commune sur le territoire de laquelle elle est située. Mais les autochtones l'appellent depuis toujours la grotte de la Calbière (nom du lieu-dit). Ses décors étant très fragiles, la visite qui se fait à la seule lumière de torches électriques se limite au Salon noir.

Le porche abrite une gigantesque structure métallique créée par un architecte italien, Massimiliano Fuksas (1994). C'est de là, à 678 m d'altitude, que l'on peut comprendre parfaitement le travail de l'érosion glaciaire qui se produisit dans ce massif du cap de la Lesse. Au cours des millénaires, des glaciers successifs comblèrent parfois la vallée et recouvrirent le massif. D'énormes masses d'eau s'engouffrèrent alors dans les anfractuosités. Taraudant la roche, elles creusèrent peu à peu l'immense réseau dont le porche et la grotte sont les éléments les plus apparents. Avec le temps, le niveau de fond de vallée s'est abaissé ; la rivière coule maintenant le long de la D 8, une centaine de mètres en contrebas. Ainsi apparaît le profil caractéristique des vallées glaciaires, à fond plat et à terrasses et versants abrupts.

La grotte se compose de salles très vastes et très hautes et de longs couloirs qui, à 775 m de l'entrée, conduisent à une sorte de rotonde naturelle, le Salon noir, dont les parois sont décorées de dessins de bisons, de chevaux, de bouquetins et d'un cerf vus de profil. Exécutés avec des oxydes de manganèse, ils traduisent la vision du monde des peuples chasseurs d'Europe occidentale à la fin du Paléolithique. Leur facture, leur finesse et leur réalisme témoignent d'une maîtrise exceptionnelle. Ces peintures rupestres, particulièrement émouvantes, sont datées de l'époque magdalénienne (fin du Paléolithique supérieur, vers 12 000 avant J.-C.).

## – 4000

## Carnac
Morbihan (56)

Les alignements de mégalithes ont fait de Carnac le symbole de la préhistoire, à l'égal de Stonehenge en Grande-Bretagne. Depuis la fin du 18ᵉ s., quand se sont vulgarisés les termes de « dolmen » et de « menhir », aucun site n'a fait naître autant de théories et de controverses... Son musée de Préhistoire est mondialement connu pour sa collection d'objets de la période mégalithique.

### Les mégalithes

Au nord de Carnac, dont le nom vient du celte *karn*, signifiant « pierre » ou « rocher », une promenade fait découvrir l'essentiel des monuments mégalithiques de la région : alignements, dolmens, tumulus. Ils sont aujourd'hui protégés par des clôtures afin que la végétation stabilise le sol et empêche ainsi le déchaussement des menhirs.

### Alignements du Menec

Datés approximativement du Néolithique moyen (3000 av. J.-C.), ces alignements s'étendent sur une longueur de 1 160 m et une largeur de 100 m. Ils comptent 1 099 menhirs disposés sur 11 files — le plus élevé mesure 4 m de haut — et sont orientés sud-ouest / nord-est. Un cromlech (hémicycle) se trouve à chacune des extrémités : l'un comprend 70 menhirs, l'autre 25 seulement (très abîmé).

### Alignements de Kermario

Ici, 1 029 menhirs sont disposés en 10 lignes parallèles sur 1 120 m de long et 100 m de large. Ils sont sensiblement contemporains de ceux du Menec, et de même superficie. De la passerelle latérale, on observe la progression de la taille des menhirs d'est en ouest. Un dolmen à couloir est situé au sud-ouest. Plus loin, les alignements passent sur les restes d'un tumulus de 35 m de long, sur le plateau du Manio. Non loin de là, un menhir de 3 m de haut porte à sa base 5 serpents gravés ; 5 haches polies avaient été enterrées à son pied…

### Alignements de Kerlescan

*Poursuivez vers l'est sur la D 196.*

Dans ce champ de 355 m sur 139 m, 555 menhirs sont rangés sur 13 lignes convergentes. Un cromlech de 39 menhirs les précède.

## Tumulus St-Michel

Le tumulus St-Michel, long de 125 m, large de 60 et haut de 12 m, remonte au Néolithique ancien (4500 av. J.-C.). Il renferme deux chambres funéraires et une vingtaine de coffres de pierre. Les objets trouvés dans les sépultures sont exposés au musée de Préhistoire de Carnac et au musée d'Archéologie de Vannes.

Sur le sommet se trouvent la chapelle St-Michel, décorée de belles fresques (1961) d'Alice Pasco, ainsi qu'un petit calvaire (16ᵉ s.) et une table d'orientation. La vue s'étend sur la région des mégalithes, la côte et les îles.

## Dolmens de Mané-Kerioned

Ensemble de trois dolmens dont le premier présente 8 supports gravés de divers symboles stylisés : haches, spirales, écussons...

## Tumulus de Kercado

Ce cairn, très ancien (4670 av. J.-C.) est vraisemblablement contemporain de celui de Barnenez. Il mesure 30 m de diamètre et 3,50 m de hauteur, et recouvre un beau dolmen. À son sommet se dresse un menhir. Remarquez les sculptures sur la table et quatre supports. Pendant la Révolution, il aurait servi de cachette à des chouans.

### Musée de Préhistoire James-Miln-Zacharie-Le Rouzic

Créé en 1881 par l'Écossais James Miln et enrichi par le Carnacois Zacharie Le Rouzic, le musée rassemble d'exceptionnelles collections allant du Paléolithique inférieur au début du Moyen Âge.

La visite se déroule selon un ordre chronologique : le Paléolithique inférieur (600 000 av. J.-C.), les Paléolithiques moyen et supérieur (de 300 000 à 12 000 av. J.-C.), le Mésolithique (de 12 000 à 5000 av. J.-C.). Le Néolithique (de 5000 à 2000 av. J.-C.), période où l'homme devient agriculteur et éleveur, est marqué par la réalisation des mégalithes : à chaque site correspond une présentation du mobilier funéraire (parures, haches polies, pendeloques, poteries, etc.) ; de nombreux objets évoquent également la vie quotidienne.

Le premier étage est consacré à l'âge du bronze (haches à douille, bijoux en or) et à la période romaine (maquette d'une villa, statuettes de Vénus). Des panneaux évoquent le Moyen Âge breton et les méthodes de fouilles des agriculteurs.

## Tumulus de Bougon
### Deux-Sèvres (79)

C'est l'une des plus anciennes nécropoles d'Europe. On la doit aux hommes du Néolithique qui ont érigé ces monuments funéraires quelque 2 000 ans avant les pyramides d'Égypte. Autour des 5 tumulus de Bougon, remarquablement conservés, et les vestiges d'un prieuré cistercien, le musée propose un parcours didactique passionnant qui replace clairement le Néolithique et les constructions mégalithiques dans la grande chronologie de la Préhistoire.

### Une nécropole mégalithique

Découverts en 1840, les 5 tumulus de Bougon sont des sépultures monumentales de pierre et de terre, de forme allongée ou circulaire. Certains remontent à 4700 ans av. J.-C., soit 2 000 ans avant les pyramides d'Égypte. Ces édifices mégalithiques, qui représentent l'une des plus anciennes formes d'architecture funéraire connues dans le monde, accueillaient des corps accompagnés d'offrandes telles que des haches polies, pendeloques ou autres parures. Concentrées sur moins de 2 ha, les constructions de cette nécropole sont l'œuvre de sociétés néolithiques qui vivaient dans des villages environnants, mais dont les habitations n'ont laissé que fort peu de traces.

### Le musée

Au fil des salles, il évoque l'évolution humaine, technologique, géologique et climatique depuis les origines de l'homme. La galerie archéologique, consacrée à l'évolution de l'outillage de 500 000 à 3000 av. J.-C., propose une incroyable collection de haches, perçoirs, poinçons, aiguilles à os, pics, leviers…

La reconstitution de l'habitat sanctuaire de Çatal Hüyük (Turquie) et celle de la maison de Charavines (Isère) viennent illustrer la période néolithique, tandis que celle du dolmen de Gavrinis (Morbihan) marque l'espace consacré au mégalithisme. La nécropole de Bougon fait quant à elle l'objet d'une exposition d'objets votifs et de crânes trépanés illustrant les rites funéraires d'alors.

*Sortez du musée par le niveau 1, en remarquant au passage les vestiges d'une chapelle cistercienne du 12ᵉ s. intégrée à l'ensemble muséal. Suivez le sentier menant au site archéologique.*

### La nécropole

Un parcours de découverte conduit aux tumulus. Il est jalonné de reconstitutions grandeur nature d'habitats néolithiques et d'un jardin botanique présentant les espèces de plantes cultivées à l'époque à laquelle furent érigés ces mégalithes.

#### Tumulus A

Le premier tumulus à avoir été découvert (1840) est circulaire et date du début du IVᵉ millénaire av. J.-C. On y a trouvé quelque 220 squelettes et des offrandes funéraires.

#### Tumulus B

De forme allongée, il englobait à l'est deux coffres funéraires, à l'ouest deux dolmens à couloirs. Les tessons de poterie qu'il contenait ont été datés du milieu du V<sup>e</sup> millénaire avant notre ère, ce qui en fait le monument le plus ancien de la nécropole.

### Tumulus C

Il est composé d'une butte circulaire de 5 m de haut (3500 av. J.-C.), recouvrant un petit dolmen à couloir, et d'une plate-forme rectangulaire qui servait peut-être de lieu cultuel. Entre les tumulus C et E s'étend un mur de 35 m de long, appelé tumulus D, qui semble séparer le sanctuaire en deux zones.

### Tumulus E

Il comprend deux dolmens qui, précédés d'un couloir orienté vers l'est, contenaient des ossements et des offrandes funéraires (entre 4000 et 3500 av. J.-C.) ; ce sont les plus anciens dolmens connus du centre-ouest de la France.

### Tumulus F

Ses dimensions (longueur : 72 m, largeur : 12 à 16 m, hauteur : 3 m) en font la plus imposante structure du site. Il englobe en fait deux monuments : au nord, un tumulus (F2) avec dolmen à couloir de type dit « angoumoisin » (chambre rectangulaire), datant du début du IV<sup>e</sup> millénaire av. J.-C. ; au sud, un tumulus (FO) remontant à 4700 av. J.-C.

– 2800

# Village préhistorique de Cambous
Hérault (34)

Ce village appartient à la civilisation de Fontbouisse, baptisée ainsi à la suite de la découverte d'un site néolithique près de Sommières.

Le site de Cambous, découvert en 1967, fut activement fouillé et on y a mis au jour les restes conséquents de maisons en pierre datant de 2800 à 2300 av. J.-C. : quatre groupes de cabanes comprenant chacun de 8 à 10 bâtiments distincts mais contigus. Les murs épais de 2,50 m sont en pierres sèches et les ouvertures forment de véritables couloirs limités par des dalles. Une habitation préhistorique a été reconstituée à l'identique avec sa toiture.

À l'intérieur de ces maisons des restes de céramiques, des objets en cuivre, des poignards en silex ont permis de déterminer le mode de vie de cette civilisation fondée sur la culture de céréales et l'élevage, ainsi que sur la métallurgie du cuivre, toute nouvelle à l'époque. Comme sépultures on utilisait des dolmens comme celui qui se trouve à Cambous.

## Village préhistorique de Cambous
(Hérault)

# Deuxième partie

# De la Gaule à l'Empire carolingien

## Châtillon-sur-Seine
Côte-d'Or (21)

Baignée par une Seine encore chétive, Châtillon reçoit les eaux abondantes de la Douix, source de type vauclusien émergeant au cœur de la cité dans un joli cadre verdoyant. Rien ne laisserait présager, en flânant dans les vieux quartiers de cette coquette ville, qu'elle recèle en ses murs les fruits d'une extraordinaire découverte archéologique : des objets issus d'une tombe princière celte, découverts non loin de Châtillon, sur la butte du mont Lassois… Le trésor de Vix est un témoignage essentiel et spectaculaire de la diffusion de la civilisation celtique du Halstatt en France.

### Musée du Châtillonnais

Des fouilles, pratiquées depuis plus de cent ans dans la région, notamment à Vertault (20 km à l'ouest de

Châtillon), avaient déjà mis au jour les vestiges d'une agglomération gallo-romaine — poteries, vases, statuettes —, exposés dans ce musée, lorsque, en janvier 1953, eut lieu près de Vix une extraordinaire découverte archéologique.

Les salles du musée présentent les découvertes des sites protohistoriques et antiques de la région. L'agglomération de Vertault a livré de nombreux objets qui illustrent la vie quotidienne et l'artisanat à l'époque gallo-romaine. Cette période est illustrée par une remarquable collection d'ex-voto anatomiques en pierre provenant des sanctuaires du Tremblois et d'Essarois, et par les monuments funéraires de Nod-sur-Seine.

### Trésor de Vix

*L'ensemble de la sépulture a été reconstitué dans une vaste vitrine.* C'est au pied de l'oppidum du mont Lassois que MM. Moisson et Joffroy découvrirent, sous un tumulus, une tombe princière du premier âge du fer (vers 500 av. J.-C.). Près de la dépouille d'une femme celte d'environ quarante ans ont été exhumés un char d'apparat, des éléments de vaisselle en bronze, en céramique et en argent, un splendide torque (collier) de 480 g en or et un gigantesque cratère à volutes en bronze, trouvaille exceptionnelle prouvant la vitalité des échanges avec le monde méditerranéen.

### Le vase de Vix

Ses dimensions en font le plus grand vase métallique de l'Antiquité qui soit parvenu jusqu'à nous. Vous n'en verrez pas de plus grand, même en Grèce : haut de 1,64 m, large de 1,27 m, d'un poids de 208,6 kg, il pouvait contenir 1 100 l de vin. Mesurez-vous à lui. Le couvercle original du cratère est disposé dans une autre vitrine. La richesse de sa décoration — frise formée de motifs d'appliques en haut-relief figurant une suite de guerriers et de chars, têtes de Gorgones sur les anses — permet de le rattacher aux œuvres les plus abouties des bronziers du sud de l'Italie (la Grande Grèce) au 6ᵉ s.

### Mont Lassois

La butte du mont Lassois (ou mont St-Marcel) domine d'une centaine de mètres la plaine environnante. Au sommet s'élève la petite église romane (12ᵉ s.) de St-Marcel, couverte de « laves » (pierres plates). C'est au pied de la butte, à proximité de la Seine, que fut découvert le fameux « trésor de Vix » exposé au musée de Châtillon-sur-Seine.

# Aix-en-Provence
Bouches-du-Rhône (13)

### Les Salyens

Peuple celto-ligure, les Salyens occupaient au 3ᵉ s. av. J.-C. la basse Provence occidentale et avaient fixé leur capitale à l'oppidum d'Entremont. Si les fouilles révèlent une civilisation urbaine évoluée, cette urbanité n'allait pas sans une certaine rudesse : témoin, leur usage, rapporté par le naturaliste romain Strabon, de couper la tête de leurs ennemis et de la suspendre à l'encolure de leurs chevaux pour la rapporter chez eux et la clouer dans leur entrée en guise de trophée. Les Massaliotes, que ces rudes voisins gênaient dans leurs opérations commerciales, firent appel aux Romains en 124 av. J.-C. Sous la direction du consul Sextius, ceux-ci réduisirent les Salyens en esclavage, détruisirent la ville et fondèrent un camp non loin des sources thermales, Aquae Sextiae : Aix allait pouvoir naître.

### Oppidum d'Entremont

Cette ville forte, fondée en 180 av. J.-C. par les Salyens, était protégée par des escarpements naturels et, au nord, par un rempart aux fortes courtines renforcées de tours. Entre deux tours du rempart s'élevait un portique où, suppose-t-on, les Salyens exposaient les crânes de leurs ennemis.

À l'intérieur, une première ville, la « ville haute », se trouvait elle-même isolée par une fortification. La « ville basse » semble avoir été un quartier artisanal, comme en témoignent des restes de fours et de pressoirs à huile. On distingue encore ce que devaient être les boutiques, entrepôts, ateliers…

Les fouilles ont permis de retrouver un abondant matériel attestant un niveau de développement assez élevé et des traces de sa destruction par les Romains, notamment des boulets de pierre. La statuaire d'Entremont est exposée au musée Granet.

– 118 :

Construction de la Via Domitia,
première route romaine en Gaule.

## Languedoc et Narbonne
Aude (11)

Parmi les plus anciens vestiges de cette route militaire, on peut distinguer le pont romain de St-Thibéry, la route romaine en terre de Pinet dans le Languedoc, ainsi qu'un fragment de la route pavée devant la mairie de Narbonne. Le musée archéologique de Narbonne renferme une borne militaire de cette via domitia.

**– 52 :**

Vercingétorix fédère
plusieurs nations gauloises.

## Mont Beuvray
Saône-et-Loire (71)

Situé à proximité de la source de l'Yonne, ce site a la forme d'un plateau qui se détache du massif du haut Morvan. Occupé dès l'époque néolithique, le mont Beuvray (alt. 821 m) fut choisi au 2ᵉ s. avant J.-C. par la puissante tribu gauloise des Éduens pour y fonder sa capitale : Bibracte.

*La guerre des Gaules*

En 52 av. J.-C., c'est dans l'enceinte de Bibracte que Vercingétorix, roi des Arvernes, est désigné par les tribus gauloises pour prendre la tête des troupes coalisées contre les Romains. Les Éduens, alliés de Rome, avaient, cinq ans auparavant, demandé l'aide de César pour se défendre contre les Helvètes qui commençaient à envahir la région. L'habile proconsul entama alors la conquête des Gaules dans l'optique d'égaler le prestige militaire de Pompée puis d'obtenir les pleins pouvoirs à Rome. Le renversement d'alliance opéré par les Éduens lors de sa défaite à Gergovie, la capitale des Arvernes (proche du Clermont-Ferrand actuel), n'aura freiné qu'un temps sa marche en avant.

Les armées confédérées des Gaulois parties de Bibracte pour défendre Vercingétorix assiégé à Alésia, autre ville éduenne, sont défaites et leur chef fait prisonnier. L'hiver suivant, une fois l'insurrection réprimée, le vainqueur Jules César entreprend à Bibracte la rédaction de ses *Commentaires sur la guerre des Gaules*, dans lesquels l'usage de la troisième personne et un ton détaché masquent sous le couvert d'une chronique d'historien une immense ambition. Un grand pas aura été pour lui franchi, juste avant le Rubicon, entre Bibracte et Rome.

### Oppidum de Bibracte

De l'esplanade de la Chaume *(table d'orientation),* on découvre un panorama sur Autun, le signal d'Uchon et Mont-St-Vincent ; par beau temps, on distingue le Jura et même le mont Blanc. À condition d'avoir beaucoup d'imagination, la visite du site (135 ha) permet d'entrevoir ce que fut la cité gauloise, son étendue, ses différentes composantes, notamment le quartier artisanal du Champlain. Aussi vaut-il mieux suivre les visites guidées. La voierie antique est progressivement réhabilitée. Les vestiges les plus intéressants (fontaine St-Pierre, pâture du couvent) sont protégés par des abris ; un élément de rempart et l'une des quatre portes d'accès monumentales, la porte du Rebout, ont été partiellement reconstitués.

Un centre archéologique européen, dans la localité voisine de Glux-en-Glenne et le musée de la civilisation celtique au pied de l'oppidum permettent de mieux faire connaissance avec la culture gauloise.

– 52 :

Bataille de Gergovie.

# Plateau de Gergovie
Puy-de-Dôme (63)

Un vaste plateau, dont la silhouette légèrement trapézoïdale se découpe en avant de la Limagne et du val d'Allier, se détache dans le paysage clermontois. Érigé sur l'un de ses bords, un curieux monument commémoratif, surmonté d'un casque ailé, permet de l'identifier à coup sûr. Des milliers de visiteurs aiment venir, tout au long de l'année, remonter aux sources d'un passé prestigieux et admirer la vue sur la région.

La vue s'étend sur la Limagne de Clermont, que ferment à l'horizon les monts du Forez et ceux du Livradois, et sur la vallée de l'Allier au-delà de laquelle pointent les puys de la Comté. À droite, derrière La Roche-Blanche et la petite vallée de l'Auzon, se découpe la tour médiévale du Crest, qui se distingue bien dans le paysage. La partie ouest du plateau demeure donc la plus accessible ; c'était déjà le problème le plus épineux pour Vercingétorix.

## Les fouilles

C'est un Florentin dénommé Gabriel Siméoni qui identifia, au 16ᵉ s., cet emplacement comme lieu de la fameuse bataille de Gergovie. Il est à noter que, selon une seconde thèse, la bataille se serait plutôt déroulée sur le plateau de Chanturgue. Dirigée en 1862 par le commandant Stoffel, aide de camp de Napoléon III (qui attribua au site son nom actuel), une première campagne de fouilles permit d'identifier les deux camps de César et le double fossé de liaison. De nouvelles fouilles, entreprises de 1936 à 1939, confirmèrent ces conclusions. Des sondages effectués en 1995 ont précisé l'emplacement des fossés, qui sont bien localisés comme l'indiquait Stoffel. Les dernières campagnes de fouilles menées par le service régional de l'Archéologie renforcent la version traditionnelle. Les objets collectés lors des derniers sondages confirment aussi la datation du Ier s. av. J.-C. et l'hypothèse d'un usage militaire, avec la découverte de pièces d'armement (armatures de flèches, boulets), typiquement romaines. En 2009, de nouvelles fouilles ont été entreprises sur une des voies principales de l'oppidum.

### Le récit de la bataille

Le siège de Gergovie *(Gergobia* ou *Gergovia)* et la bataille qui s'ensuivit durèrent à peine deux ou trois semaines. Il n'est donc pas surprenant que les vestiges archéologiques de cette intervention militaire soient plus modestes que les aménagements romains construits autour d'Alésia. Du haut du plateau de Gergovie, les Gaulois bénéficient d'une vue dominante sur le camp de César, installé sur le serre d'Orcet, en surveillent les manœuvres et conservent l'avantage du terrain lors d'escarmouches. Pour reprendre l'avantage, César s'empare de la colline de La Roche-Blanche, lors d'un assaut nocturne. Il la fortifie et y installe un petit camp que ses soldats relient au premier par deux tranchées parallèles. Après s'être assuré du concours des Éduens et voyant certaines hauteurs dégarnies de défenseurs, César décide d'en finir. Il ordonne un mouvement nocturne vers le col des Goules, exécuté par de nombreux escadrons et soutenu par une légion. Les Gaulois se portent en masse vers ce point faible pour en compléter les défenses. Dès le lendemain, peu après midi, le gros des troupes romaines du grand et du petit camp se lance à l'assaut de l'oppidum par le sud-est. Une première enceinte est franchie et les soldats de César montent à l'assaut du second rempart. À leur vue, les femmes poussent des cris de terreur et jettent des étoffes et de l'argent aux assaillants pour les arrêter. Attirés par les cris et comprenant l'attaque de diversion imaginée par César, les Gaulois reviennent en hâte sur le vrai lieu de la bataille. Fatigués par l'effort fourni au cours de leur escalade et contrariés dans leur manœuvre par l'obstacle des remparts, les Romains, bousculés, se désunissent et bientôt se débandent. Pour leur malheur, ils prennent les Éduens, leurs alliés, qui arrivent sur le champ de bataille, pour une aide gauloise et se retirent en désordre. César donne alors l'ordre du repli. Le monument commémoratif se dresse à l'extrémité de la route.

# Plateau de Chanturgue
Puy-de-Dôme (63)

Des hauteurs qui séparent les vallées de la Tire-taine et du Bédat, le plateau de Chanturgue est la plus jolie avancée sur Clermont. Ses versants portent encore quelques arpents du vignoble, un des quatre terroirs qui constituent les côtes d'Auvergne, mais qui rétrécit peu à peu comme une peau de chagrin ; on peut encore voir, par endroits, quelques cabanes de vignes ou « tonnes ». Sur le plateau, au-delà de deux anciennes carrières, à gauche du chemin, le panorama se développe sur la plaine de la Limagne, l'agglomération clermontoise et, à droite, la chaîne des Puys, que domine le puy de Dôme.

Le petit camp de César ? Dans les bases de murs de pierres sèches, recouvertes de chaume ou enfouies dans les broussailles, observées sur le plateau de Chanturgue, certains archéologues ont cru voir les vestiges du petit camp de César lors du siège de Ger-govie : vestiges de remparts avec leur berme (chemin le long d'un rempart), base d'une tour, redans, nasse de sortie pour une troupe d'attaque, guérite, grand axe de circulation, cantonnements standardisés et orien-tés... Si bien que Chanturgue serait peut-être l'un des camps romains de la fameuse guerre des Gaules.

### Oppidum des côtes de Clermont

*Poursuivez la route d'accès sur 500 m, laissez votre voi-*
*ture dans une amorce de chemin à gauche, sous bois, à*
*hauteur d'un virage à droite, et gagnez (1 h AR) l'arête*
*du plateau des côtes de Clermont.*

Les vestiges de fortifications et ceux d'un habitat
ancien, les amas de pierres, les bases de constructions
que recouvrent des bosselures ou des tertres de terre
gazonnée intéresseront les amateurs d'archéologie.

**– 52 :**

### Bataille d'Alésia

# Alise-Ste-Reine
Côte-d'Or (21)

La recherche de vestiges de la lutte qui mit aux
prises César et Vercingétorix anime ce village depuis
plus d'un siècle. Photos aériennes, fouilles interminables, thèses savantes… rien n'a été oublié dans
cette longue quête. Si, au 19ᵉ s., il s'agissait de prou-
ver que le site était bien celui de la bataille d'Alésia,
les milliers de clichés aériens et les grandes campagnes de fouilles de la seconde moitié du 20ᵉ s. ont
dissipé les doutes. Désormais, archéologues et histo-
riens sont confrontés à un nouveau défi : comment
lire dans un paysage rural grandement préservé les

épisodes mythiques de cette bataille décisive de la guerre des Gaules ?

### Le siège d'Alésia

Après son échec devant Gergovie, fief des Arvernes, près de Clermont-Ferrand au printemps 52 av. J.-C., le proconsul César bat en retraite vers le nord, afin de rallier, près de Sens, les légions de son lieutenant Labienus. Cette jonction opérée, et alors qu'il regagnait ses bases romaines, sa route est coupée par l'armée gauloise de Vercingétorix. Au fait, saviez-vous que ce mot, qui n'est pas un patronyme, signifie littéralement « le chef suprême des combattants », le terme *rix* désignant le roi ?

Malgré l'effet de surprise et l'avantage du nombre, les Gaulois subissent un cuisant échec, et le chasseur devenu chassé décide de ramener ses troupes dans l'oppidum d'Alésia. Commence alors un siège mémorable. Maniant la pelle et la pioche, l'armée de César (50 000 hommes) entoure la place d'une double ligne de tranchées, murs, palissades, tours ; la contrevallation, première ligne de fortifications, face à Alésia, doit interdire toute tentative de sortie des assiégés, la seconde, la circonvallation, tournée vers l'extérieur, est faite pour contenir les assauts de l'armée gauloise de secours. Pendant six semaines, Vercingétorix essaie en vain de briser les lignes romaines. L'armée gauloise de secours, forte de près de 250 000 guerriers, ne parvient pas davantage à forcer le barrage et bat en retraite. Affamés, les assiégés

capitulent. Pour sauver ses soldats, Vercingétorix se
livre à son rival. Celui-ci le fera figurer dans son
« triomphe » six ans plus tard avant de le faire étran-
gler au fond de son cachot, le Tullianum, à Rome.

### Une « bataille » d'érudits

L'emplacement d'Alésia a été vivement contesté
sous le second Empire par quelques érudits qui
situaient le lieu du combat à Alaise, village du Doubs.
Le botaniste Georges Colomb (1856-1945), origi-
naire de Lure en Haute-Saône, fut un ardent défenseur de cette hypothèse comtoise (il croyait par
ailleurs beaucoup en la pédagogie par le dessin ; c'est
ainsi qu'il devint Christophe, le spirituel auteur des
premières BD françaises : *La Famille Fenouillard*, *Le
Sapeur Camember* et *L'Idée fixe du savant Cosinus*).

Pour mettre fin à ces controverses quelque peu politiques, Napoléon III fit exécuter des fouilles autour
d'Alise-Ste-Reine en 1861. Elles ont été dirigées,
notamment de 1862 à 1865, par le baron Eugène Stoffel, aide de camp de l'Empereur. Ces recherches per-
mirent de découvrir de nombreux vestiges d'ouvrages
militaires attribués à l'armée de César, des ossements
d'hommes et de chevaux, des armes ou débris d'armes,
des meules à grain, des pièces de monnaie. Au terme
des fouilles, en 1865, l'érection sur le plateau d'une statue de Vercingétorix n'a pas mis fin aux polémiques.

Les fouilles franco-allemandes des années 1990 ont
clarifié la situation : pour la communauté archéologique européenne, c'est bien autour du mont Auxois

que s'est déroulée la fameuse bataille. Le conseil général de la Côte-d'Or, en partenariat avec le ministère de la Culture, y réalise peu à peu un parc archéologique d'envergure européenne.

### Le mont Auxois

À l'ouest du plateau, à proximité de la colossale statue en bronze de Vercingétorix, œuvre du Bourguignon Millet, le panorama s'étend sur la plaine des Laumes et les sites occupés par l'armée romaine lors du siège d'Alésia ; au loin, la région de Saulieu.

*Les fouilles*

Au sommet de l'oppidum de 100 ha s'étendait une ville gallo-romaine dont la prospérité semble liée à son importante activité métallurgique. Au cours de la visite, on observe sa distribution en quartiers assez distincts autour du forum.

À l'ouest, le quartier monumental regroupe le théâtre (dont le dernier état date du $I^{er}$ s. de notre ère), le centre religieux et une basilique civile.

Au nord s'étendent un secteur prospère réunissant des boutiques, la grande maison de la « Cave à la Mater » équipée d'un hypocauste (système antique de chauffage par le sol) et la maison corporative des bronziers.

Au sud-est, le quartier des artisans présente de petites maisons, souvent accompagnées d'une cour où s'exerçait précisément l'activité artisanale.

Au sud-ouest, les vestiges de la basilique mérovingienne Ste-Reine, entourée seulement d'un cimetière, marquent la fin de l'occupation du plateau par la population, qui s'installe dès lors à l'emplacement du village actuel.

## – 51 :

Bataille finale de la guerre
des Gaules, siège d'Uxellodum
près du Puy d'Issolud.

## Vayrac
Lot (46)

Dernier oppidum gaulois tenant tête à César, Uxellodum, abondamment pourvue de vivres et disposant d'une source d'eau, semblait imprenable. Pour hâter la reddition de la citadelle, César décida tout simplement d'assoiffer les défenseurs en détournant la source par des galeries creusées sous l'oppidum. Une partie des sapes est encore visible aujourd'hui.

## – 43 :

Fondation de Lyon par décision
du sénat romain.

Rhône (69)

*Légende celtique*

Deux princes, Momoros et Atepomaros, se seraient arrêtés un jour au confluent du Rhône et de la Saône et auraient décidé d'y construire une ville. Tandis qu'ils creusaient les fondations, une nuée de corbeaux s'abattit autour d'eux. Reconnaissant dans cette manifestation une intervention divine, ils appelèrent leur cité Lugdunum (colline des corbeaux).

### Une ville entre fleuve et rivière

À l'époque romaine, le confluent se situait au pied de la colline. Les alluvions du Rhône l'ont repoussé vers le sud ; la presqu'île ainsi formée est devenue le centre vital de la ville. La Saône et le Rhône offrent le magnifique spectacle de leurs cours contrastés, au pied des deux célèbres collines de Fourvière et de la Croix-Rousse, face à la basse plaine dauphinoise. Venue du nord, la Saône contourne le petit massif du mont d'Or et s'engage dans le défilé de Pierre-Scize, creusé entre Fourvière et la Croix-Rousse. Le Rhône arrive des Alpes en un large flot qui bute contre la Croix-Rousse.

### La capitale des Gaules

Décidé à conquérir la Gaule, César établit ici son camp de base et, après sa mort, l'un de ses lieutenants, Munatius Plancus, y installe des colons romains. Peu après, Agrippa, qui a reçu d'Auguste la mission d'organiser la Gaule, choisit *Lugdunum* pour capitale.

Dès lors, le réseau des routes impériales s'établit au départ de Lyon : cinq grandes voies rayonnent vers l'Aquitaine, l'Océan, le Rhin, Arles et l'Italie. Auguste séjourne dans la cité. L'empereur Claude y

naît. Au 2ᵉ s., des aqueducs conduisent à Fourvière
l'eau des monts voisins. La ville, gouvernée par sa
curie, a le monopole du commerce du vin dans toute
la Gaule. Les nautes de son port sont de puissants
armateurs ; ses potiers de véritables industriels. Les
riches négociants occupent un quartier à part, dans
l'île des Canabae, à l'emplacement actuel d'Ainay.

Sur les pentes de la Croix-Rousse s'étend la ville
gauloise, Condate. L'amphithéâtre des Trois-Gaules
(dont on a retrouvé en 1958 l'inscription votive) et
le temple de Rome et d'Auguste voient se réunir
chaque année la bruyante Assemblée des Gaules.

### 177 Les martyrs de Lyon

Lugdunum est devenu le rendez-vous d'affaires de
tous les pays. Soldats, marchands ou missionnaires
arrivant d'Asie Mineure se font les propagateurs du
nouvel Évangile et bientôt grandit dans la ville une
petite communauté chrétienne. En 177 éclate une
émeute populaire qui aboutit aux célèbres martyres
de saint Pothin, de sainte Blandine et de leurs compagnons. Vingt ans plus tard, lorsque Septime
Sévère, après avoir triomphé de son compétiteur
Albin soutenu par Lyon, décide de livrer la ville aux
flammes, il trouve encore à Lyon 18 000 chrétiens
qu'il fait massacrer ; parmi eux, figure saint Irénée,
successeur de saint Pothin.

### Amphithéâtre des Trois-Gaules

Selon la dédicace découverte au fond d'un puits en 1958, ce lieu vénérable fut construit en 12 av. J.-C. par Rufus afin de réunir les délégués des soixante tribus gauloises. Agrandi sous l'empereur Hadrien, il connut une triste notoriété sous Marc Aurèle en devenant le lieu de supplice des nouveaux adeptes du christianisme, au nombre desquels figure sainte Blandine qui y périt égorgée, après avoir été épargnée par les lions, en 177 (un poteau dans l'arène signale le lieu du martyre). C'est là que trônaient, à l'origine, les Tables claudiennes. De l'ensemble, composé d'une arène entourée d'un caniveau et d'un podium qui supportait les gradins, n'a été dégagée que la partie nord.

### Ier-IIIe siècle après J.-C :

### La romanisation de la Gaule.

La romanisation est un fait majeur de l'histoire de la Gaule, modifiant profondément son paysage, pour de nombreux siècles. Elle touche surtout les villes, bien que d'énormes domaines agricoles, les *villae*, aient été construits dans les campagnes. Il n'entre pas dans le cadre de cet ouvrage de dresser un inventaire exhaustif des bâtiments ou vestiges de cette période, mais nous nous bornerons à évoquer quelques constructions emblématiques de cette romanisation en Gaule.

# Arles
Bouches-du-Rhône (13)

### De main en main

Les Celto-Ligures établirent à cet endroit leur oppidum, Théliné, que les Grecs de Marseille colonisèrent dès le 6ᵉ s. av. J.-C. Bientôt rebaptisée Arelate, la ville prit son essor lorsque le consul Marius la fit relier, en 104 av. J.-C., au golfe de Fos par un canal, ce qui facilita la navigation. Après la prise de Marseille par César en 49 av. J.-C., Arelate devient une colonie romaine prospère : carrefour de plusieurs routes (sept au total), grand port maritime et fluvial.

### Une colonie romaine

Colonie des vétérans de la 6ᵉ légion, la ville reçoit le privilège de ceinturer les 40 ha de la cité officielle d'un rempart. Un forum, des temples, une basilique, des thermes et un théâtre sont édifiés ; un aqueduc amène à la ville l'eau pure des Alpilles. La ville se développe au 1ᵉʳ s. : amphithéâtre, chantiers navals au sud, quartier résidentiel à l'est. Sur la rive opposée du Rhône, à Trinquetaille, mariniers, bateliers et marchands entretiennent l'animation et un pont de bateaux est lancé sur le fleuve.

### Un siècle d'or

Arles est un centre industriel actif : on y fabrique des tissus, de l'orfèvrerie, des navires, des sarcophages, des armes. Un atelier impérial bat monnaie. On exporte le blé, la charcuterie, l'huile d'olive et le vin noir et épais des coteaux du Rhône, que l'on appelait alors « vin de poix ».

## Théâtre antique

La restauration, en cours actuellement, permettra de reprendre les spectacles avec un équipement contemporain.

Carrière au Moyen Âge, réduit fortifié ensuite, il disparut complètement sous les habitations et ne fut dégagé qu'à partir de 1827. D'un diamètre de 102 m, l'édifice s'appuyait non pas sur une colline (comme celui d'Orange) mais sur un portique extérieur de 27 arches dont une travée a subsisté. Ne restent du mur de scène que deux admirables colonnes, composant avec la végétation un paysage on ne peut plus romantique. On peut voir aujourd'hui le rocher de l'Hauture sous les vestiges de la scène. Le fossé du rideau de scène, l'orchestre et une partie des gradins sont encore visibles.

En prenant sur la droite des arènes, on accède au parvis de la collégiale romane Notre-Dame-de-la-Major, l'un des hauts lieux de la confrérie des Gardians. Une terrasse permet d'apprécier la vue, au premier plan, sur les toits de tuiles romaines aux teintes rose orangé, au second plan sur l'abbaye de Montmajour, la Montagnette et les Alpilles et, au loin, sur les Cévennes délicatement bleutées (table d'orientation).

### Amphithéâtre (arènes)

L'amphithéâtre date vraisemblablement de la fin du $1^{er}$ s. et mesure 136 m sur 107 m. L'arène, de 69 m sur 40 m, était séparée des gradins par un mur de protection et recouverte d'un plancher : sous ce dernier se trouvaient les machineries, les cages aux fauves et les coulisses.

D'une taille inférieure à ceux d'Autun et de Lyon, l'édifice mesure 102 m de diamètre et pouvait contenir environ 12 000 spectateurs. Contrairement à celui d'Orange qui s'adosse à une hauteur naturelle, il s'appuyait sur un portique extérieur de 27 arches constitués de trois étages d'arcades dont une seule travée a subsisté, intégrée au rempart médiéval. Du magnifique mur de scène, il ne subsiste que deux admirables colonnes entières de brèche africaine et de marbre italien, qui se profilent dans un paysage d'une rare nostalgie, et d'autres tronçons qui en jalonnent l'emplacement. La scène, la fosse du rideau, l'orchestre, une partie des gradins sont toujours visibles. Ces gradins s'élevaient jusqu'à la hauteur de la tour de Roland et l'attique s'y ajoutait encore. En 1651, des ouvriers creusant au niveau de la fosse découvrirent la fameuse Vénus qui fut offerte à Louis XIV. Un siècle plus tard, on exhuma le torse nu d'une colossale statue d'Auguste qui devait occuper la grande niche centrale du mur de scène, et dont en 1834 on récupéra la tête.

Les arènes devinrent une ville dans la ville au Moyen Âge. Sous les arcades bouchées, sur les gradins et sur la piste s'élevaient plus de 200 maisons et 2 chapelles, construites avec des pierres prélevées sur l'édifice. Mutilé mais préservé de la destruction par cette utilisation continue, le monument fut dégagé, puis restauré à partir de 1825. Une campagne de restauration est actuellement en cours et doit se poursuivre sur plusieurs années.

Remontez le long des arènes jusqu'au palais de Luppé, édifice du 18e s. qui abrite la fondation Vincent-Van-Gogh.

### Les Alyscamps (« Champs Élysées »)

Ils ont été, de l'époque gallo-romaine jusqu'à la fin du Moyen Âge, une des plus prestigieuses nécropoles d'Occident. Le voyageur antique, arrivant à Arles par la voie Aurélienne, était accompagné, ici comme dans la plupart des villes du monde romain, par un long cortège de tombeaux et de mausolées gravés d'inscriptions. Mais le grand essor des Alyscamps est venu lors de la christianisation de la nécropole, autour des reliques de saint Trophime et du tombeau de saint Genès, fonctionnaire romain qui, ayant refusé de transcrire un édit de persécution contre les chrétiens, fut décapité en 250. Le déclin allait survenir après le transfert des reliques de saint Trophime à la cathédrale en 1152. La nécropole, bientôt jugée démodée, sera petit à petit dépecée par les seigneurs et édiles qui offraient en souvenir à leurs hôtes de marque des sarcophages choisis parmi les mieux sculptés, tandis que les moines puisaient dans les pierres tombales pour bâtir des couvents ou enclore leurs jardins. Par bonheur, quelques pièces admirables ont pu être sauvées et recueillies au Musée de l'Arles et de la Provence antiques.

### Allée des Sarcophages

Offrir au défunt, comme marque d'affection, une tombe aux Alyscamps était chose courante : il suffisait d'expédier au fil du Rhône son cercueil muni d'une obole pour les fossoyeurs qui, interceptant le colis au pont de Trinquetaille, se chargeaient de l'inhumation.

Passez sous le porche du 12ᵉ s. (vestige de l'abbaye St-Césaire). Remarquez que bon nombre de sarcophages sont de type grec (toit à double pente et quatre coins relevés), les autres (à couvercle plat) de type romain. Sur certains sont sculptés un fil à plomb et un niveau de maçon, symbolisant l'égalité des hommes devant la mort, tandis qu'une sorte de hache, la doloire, était censée protéger le sarcophage contre les voleurs.

En 314, se tint à Arles, à l'emplacement de l'actuelle collégiale Notre-Dame-la-Major, le premier concile chrétien en Gaule. Ce concile allait inaugurer une organisation croissante du culte chrétien en Occident. 18 autres conciles arlésiens suivront.

En 395, la cité devient préfecture des Gaules (Espagne, Gaule proprement dite, Bretagne).

## Autun
Saône-et-Loire (71)

La ville gallo-romaine :

### Théâtre romain

Les vestiges de sa *cavea* à trois étages de gradins permettent de mesurer ce que fut le plus vaste théâtre de Gaule : il peut aujourd'hui recevoir jusqu'à 12 000 spectateurs. On y donne encore des jeux, comme au temps de l'Empire : c'est le Péplum d'Augustodunum *(en août)*. Remarquez les fragments lapidaires gallo-romains encastrés dans les murs de la maison du gardien.

### Promenade des Marbres

Cette large promenade plantée d'arbres doit son nom aux vestiges romains qui y ont été retrouvés. Près de là s'élève un bel édifice du 17ᵉ s. précédé d'un jardin à la française et couvert d'un toit en tuiles vernissées. Construit par Daniel Gittard, architecte d'Anne d'Autriche, cet ancien séminaire abrite maintenant l'École militaire préparatoire.

### Porte St-André

Les routes du pays des Lingons venant de Langres et de Besançon aboutissaient ici. C'est l'une des quatre portes qui faisaient partie de l'enceinte gallo-romaine dotée de 54 tours semi-circulaires. Elle présente deux grandes arcades pour le passage des voitures et deux plus petites pour celui des piétons. Elle est surmontée d'une galerie de 10 arcades et a été restaurée par Viollet-le-Duc. Un des corps de garde qui la flanquaient subsiste encore grâce à sa conversion en église au Moyen Âge (l'intérieur est orné de fresques représentant les travaux des mois). La tradition place le martyre de saint Symphorien non loin de là.

### Porte d'Arroux

Celle-ci s'est appelée *Porta Senonica* (porte de Sens) et donnait accès à la Via Agrippa qui reliait Lyon à Boulogne-sur-Mer. De belles proportions, moins massive et en moins bon état que la porte St-André, elle possède le même type d'arcades. La galerie supérieure, ornée d'élégants pilastres cannelés à chapiteaux corinthiens, a été édifiée à l'époque constantinienne.

### Musée lapidaire

L'ancienne chapelle St-Nicolas (édifice roman du 12e s. dont l'abside est ornée d'un Christ peint en majesté) appartenait à un hôpital. La chapelle et ses galeries, qui enserrent le jardin attenant, abritent maints vestiges gallo-romains (fragments d'architec-

ture et de mosaïques, stèles) et médiévaux (sarcophages, chapiteaux), trop grands pour trouver place au
musée Rolin, ainsi que des éléments de statuaire.

### Temple de Janus

Cette tour quadrangulaire, construite extra-muros,
haute de 24 m, dont il ne reste que deux pans, se
dresse solitaire au milieu de la plaine, au-delà de
l'Arroux. Il s'agit de la *cella* d'un temple dédié à une
divinité inconnue (l'attribution à Janus est de pure fan-
taisie ; au Moyen Âge, on l'appelait tour de Genetoye).

En 269, Autun fut prise par l'usurpateur Victori-
nus, pendant l'éphémère période troublée de l'empire
des Gaules (260-275). Les deux portes et un fragment des remparts, visible à hauteur du boulevard
des Résistants-Fusillés, sont les témoins de cette rupture de la *Pax Romana*.

# Condom
Gers (32)

### Villa gallo-romaine de Séviac

Les fouilles menées sur le site depuis un siècle ont
mis au jour les fondations d'une luxueuse villa gallo-
romaine du 4ᵉ s., imbriquée avec un ensemble paléo-
chrétien et des vestiges mérovingiens, témoins d'une
occupation permanente du 2ᵉ au 7ᵉ s.

Établi sur un plateau calcaire peu élevé, le logis résidentiel s'ordonne autour d'une cour carrée, entourée de galeries aux sols couverts de mosaïques et ouvrant sur la cour par une colonnade de marbre.

Au sud-ouest, une cour sépare la demeure du maître d'un vaste ensemble thermal, le plus grand que l'on connaisse au sein d'une habitation privée. Il comporte des salles chauffées par hypocauste (système de circulation d'air chaud sous le sol, l'ancêtre de notre chauffage central), une piscine et des bassins plaqués de marbre et décorés de mosaïques, exceptionnelles par leur nombre, leur richesse et leur état de conservation.

## Ville romaine de Jublains
Mayenne (53)

Les passionnés de la Gaule et de l'Empire romain doivent absolument visiter le site archéologique de l'ancienne cité de Noviodunum. Elle constitue le meilleur témoin de l'époque gallo-romaine dans la région. Encore lisible, le plan de la ville antique aligne les monuments caractéristiques — thermes, temple, théâtre —, auxquels s'ajoute une forteresse militaire unique en son genre.

### L'empreinte romaine

À l'origine de la ville, un sanctuaire gaulois qui devait être le centre religieux et politique du peuple des Aulerques Diablintes. Après la conquête de la

Gaule par Jules César, les Romains divisèrent le pays en cités, qu'ils dotèrent de villes comparables aux chefs-lieux actuels. Ainsi naquit *Noviodunum*, chef-lieu de la cité des Diablintes.

*Noviodunum :*
*un important centre d'échanges*

En bordure de Jublains, les vestiges de la forteresse gallo-romaine du 3ᵉ s. témoignent de l'importance des entrepôts qu'elle abritait. Elle semble avoir été l'un des relais du service de l'*annone*, chargé de ravitailler Rome grâce à des impôts prélevés en nature.

D'autre part, les nombreuses routes dont on a retrouvé le tracé aux alentours, notamment celles qui, venant des côtes de la Manche, conduisaient à Tours et à Lyon, soulignent l'importance du carrefour de Jublains : étape pour les voyageurs et les marchandises, mais aussi chef-lieu groupant boutiques, services officiels et temples.

### Forteresse gallo-romaine

Élevé vers 200 apr. J.-C., le bâtiment central est un vaste entrepôt rectangulaire à étage, dominé par quatre tours d'angle. Il est éclairé par une cour centrale et comporte plusieurs réserves d'eau (puits et citernes). Les portes sont dotées d'un système de blocage par des barres de bois. À l'extérieur, près des angles nord et sud, deux petits édifices abritent des thermes.

Lors de la grande crise que l'Empire romain traversa dans le dernier tiers du 3$^e$ s. (invasions aux frontières, anarchie militaire, révoltes paysannes), l'entrepôt fut entouré par un rempart en terre et par un fossé. Ce dernier fut ensuite comblé pour permettre la construction d'une vaste muraille périphérique, vers 290 apr. J.-C., précédant de peu l'abandon total du monument.

## Thermes publics

La construction des thermes remonterait à la fin du 1$^{er}$ s., mais l'établissement fut remanié au 3$^e$ s., puis transformé en église à la fin de l'époque gallo-romaine.

Les bains s'élevaient au milieu d'une cour, ou palestre, bordée de portiques et de petites pièces destinées au sport et à la lecture...

Le côté ouest, en façade de l'église actuelle, était occupé par le foyer qui alimentait en air chaud l'hypocauste (système de chauffage par le sol) des salles tiède et chaude.

On peut voir le bain froid *(frigidarium)*, doté d'un beau bassin dallé de schiste bleu ; la salle tiède *(tepidarium)*, où l'on se préparait en se décrassant la peau avec des strigiles (sortes de racloirs) ; et l'étuve *(laconicum)*. Le bain chaud *(cella soliaris)* est au-delà de la zone dégagée.

### Théâtre

Situé à l'extrémité sud de la ville romaine, il fut offert à la cité par un riche Diablinte, Orgetorix, sous le règne de Domitien (vers 81-83 apr. J.-C.).

### Temple

Il marque l'autre extrémité de la ville romaine, à 800 m du théâtre. Le sanctuaire gaulois a livré des armes déposées en offrande. Il fut reconstruit sous Néron (65 apr. J.-C.), dans de vastes proportions (environ 80 m de côté), avec des tuffeaux et des calcaires coquilliers de la Loire. Un canal permettait de récupérer l'eau de pluie et de l'amener vers un bassin chauffé situé contre l'enceinte du temple.

## Montmaurin
### Haute-Garonne (31)

À Montmaurin, on trouve des points de vue sur les Pyrénées, l'accès aux gorges de la Save, mais, surtout, une étonnante villa gallo-romaine… bref, de quoi concilier amour de la randonnée et goût pour l'archéologie.

### Les terres de Nepotius

Qui était ce Nepotius qui aurait laissé son nom à la région du Nébouzan ? Un homme fort riche puisque,

au $4^e$ s. de notre ère, ses héritiers disposaient à Montmaurin d'un terroir de quelque 7 000 ha et d'une
villa, véritable palais de 200 pièces ($4^e$ s.), qui est
aujourd'hui le principal centre d'intérêt du village.

### Villa gallo-romaine

Il s'agit en fait d'une vaste exploitation composée
d'une *villa rustica* ($1^{er}$ s.) qui concentrait ses bâtiments
agricoles autour de la résidence du maître des lieux,
comme dans nos grands domaines agricoles de plaine.
Après sa destruction (peut-être due à une crue de la
Save), cette demeure fit place, au $4^e$ s., à un palais de
marbre, clos sur lui-même et éloigné des bâtiments
utilitaires dispersés sur les terres. Délassement, loisirs et
accueil inspirèrent la conception de cette *villa urbana*,
dotée de jardins, de portiques et d'un nymphée.
200 pièces étaient réparties autour de trois cours en
enfilade, agrémentées de péristyles et de pergolas. À
gauche de la cour centrale, à proximité des cuisines et
des jardins, les salles exposées au nord-ouest étaient en
partie chauffées et servaient sans doute de salles à man-
ger. Au nord-est, l'ensemble s'achevait sur des appartements d'été surélevés, aux terrasses étagées. Quant
aux thermes, ils étaient installés du côté des communs.

Des gentlemen-farmers qui ne se refusaient rien :
tels semblent avoir été les occupants de la villa, qui
disposaient de thermes privés et du chauffage par
hypocauste… De plus, extrêmement raffinés, ils
avaient pour habitude de consommer régulièrement
des huîtres.

# Nîmes
Gard (30)

*Quand la ville prend forme*

Les légionnaires romains qui, selon la tradition, succédèrent en 31 av. J.-C. aux Volques Arécomiques, venaient de l'armée d'Égypte. Une vaste enceinte de 16 km de longueur est élevée ; la ville, traversée par la voie Domitienne, se couvre de splendides édifices : un forum, bordé au sud par la Maison carrée, un amphithéâtre, un cirque, des thermes et des fontaines qu'alimentaient un aqueduc (le pont du Gard en est le plus spectaculaire vestige) débitant 20 000 m³ d'eau par jour. Au 2ᵉ s., choyée par Hadrien et plus encore par Antonin le Pieux (de mère nîmoise), la ville atteint son apogée : elle compte près de 25 000 habitants, voit s'édifier la mystérieuse basilique de Plotine et le quartier de la Fontaine.

## Arènes

Même époque (fin du 1ᵉʳ s., début du 2ᵉ s.), dimensions, contenances comparables (133 m sur 101 m, 24 000 spectateurs) : cet amphithéâtre ne se distingue de son frère arlésien que par des points de détail, comme les voûtes des galeries en berceau, suivant la tradition romaine. Si de par ses dimensions, il n'est que le 9ᵉ des 20 amphithéâtres retrouvés en Gaule, il est le mieux conservé du monde romain.

Construit en grand appareil de calcaire de Barutel,
il présente à l'extérieur deux niveaux de 60 arcades
chacun (hauteur totale 21 m) couronnés d'un attique. La principale des quatre portes axiales, au nord,
a conservé un fronton orné de taureaux. Une visite
de l'intérieur permet d'apprécier le système complexe de couloirs, d'escaliers, de galeries et de vomi-
toires qui permettait au public d'évacuer l'édifice en
quelques minutes. Du sommet des gradins, on
appréciera une vue d'ensemble du monument et de
la *cavea*, ensemble des gradins. Sous l'arène (68 m sur
37 m), deux larges galeries disposées en croix servaient de coulisses. Dans la partie supérieure subsistent des consoles percées d'un trou : elles recevaient
les mâts supportant le *velum* destiné à protéger le
public du soleil.

Les spectacles étaient extrêmement variés et, la plupart du temps, sanguinaires. Annoncés à grand fracas
publicitaire, les combats de gladiateurs étaient très
prisés. Prisonniers de guerre, condamnés, profession-
nels ou aventuriers, les gladiateurs appartiennent à
différentes écuries, entraînées par des *lanistae* qui les
louent très cher à de riches notables, le plus souvent
des candidats à des fonctions publiques. Armement
et équipement varient selon le type des combattants.
Le « mirmillon », casqué et armé d'un bouclier et
d'une courte épée, le « rétiaire » au filet et au trident,
le « thrace » et son épée recourbée, le « samnite » et
son grand bouclier rectangulaire, le « crupellaire » et
son armure métallique, l'« essédiaire » monté sur son

char, l'« andabata » aux yeux bandés se battent à mort pour la plus grande joie du public. La règle veut que le vainqueur égorge le vaincu, sauf si le président des jeux accorde sa grâce en levant le pouce. On fait s'affronter également des hommes et des fauves. Les combats d'animaux mettent en scène des fauves et des bêtes exotiques (en principe uniquement en présence de l'empereur) mais surtout des taureaux, des ours, des sangliers, des molosses spécialement dressés. En guise d'amuse-gueule, on chasse à courre le cerf, on lâche des éperviers sur des lièvres, des lapins ou des pigeons ; des chiens se mettent le museau en sang en retournant des hérissons, etc. Pour neutraliser l'odeur des bêtes, des brûle-parfums sont répartis dans l'amphithéâtre ; les esclaves vaporisent de suaves effluves sur les notabilités. Un orchestre ponctue les jeux de vigoureuses harmonies. Aux entractes, on rencontre des amis dans les promenoirs tandis que l'on peut se restaurer sous les arcades. Les exécutions se déroulaient généralement dans les arènes : les condamnés à mort non citoyens romains étaient livrés aux bêtes ou au bourreau, les premiers chrétiens en furent plus d'une fois les malheureuses victimes. C'est d'ailleurs sous l'influence du christianisme que les combats de gladiateurs furent interdits à partir de 404.

Les arènes furent ensuite transformées en forteresse par les Wisigoths : il leur suffit de boucher les arcades, d'ajouter quelques tours, de creuser un fossé et, peut-être, d'édifier une petite enceinte supplémen-

taire (vestiges dans le sous-sol du palais de justice).
Deux arcades murées, percées de petites fenêtres
romanes, du côté de l'esplanade, sont les seuls témoignages subsistant d'un château des vicomtes de Nîmes,
édifié à l'intérieur du monument. Lui succéda un véritable village qui comptait encore 700 habitants au
18ᵉ s. Le dégagement commença à partir de 1809,
prélude à la restauration de l'édifice qui retrouva sa
vocation première, l'organisation de courses de taureaux camarguaises puis, à partir de 1853, de corridas.

Aujourd'hui l'amphithéâtre est toujours un monument vivant. Il accueille des événements nécessitant
des gradins, malheureusement la structure métallique
et les barres en bois ne sont pas des plus élégants.

## Maison carrée

Avec son portique aux colonnes sculptées, elle
devait avoir fière allure aux abords du forum… La
Maison carrée, sans doute le temple romain le mieux
conservé, fut édifiée sous le règne d'Auguste (fin du
1ᵉʳ s. av. J.-C.), sur le plan du temple d'Apollon à
Rome. Elle était probablement vouée au culte impérial et dédiée aux princes de la jeunesse, les petits-fils
d'Auguste, Caïus et Lucius Caesar.

Au fait, pourquoi qualifier de carré un bâtiment
rectangulaire ? Tout simplement parce que le mot
rectangle est d'apparition récente et que ce que nous
désignons ainsi s'appelait autrefois un « carré long ».
La pureté des lignes, les proportions de l'édifice et

l'élégance gracile de ses colonnes cannelées dénotent sans doute une influence grecque (décoration sculptée). Mais, avant tout, il s'en dégage un charme empreint de fragilité qui tient autant à l'harmonie du monument proprement dit qu'à son inscription dans la cité, désormais bien mise en valeur : au centre d'une vaste place dallée, la proximité audacieuse du Carré d'art semble lui avoir donné une nouvelle jeunesse. Comme tous les temples classiques, elle se compose d'un vestibule délimité par une colonnade et d'une *cella*, chambre consacrée à la divinité, auxquels on accède par un escalier de 15 marches. Elle a servi de modèle lors de l'édification du State Capitol de Richmond (Virginie), car ce bâtiment avait eu l'heur d'enthousiasmer Thomas Jefferson, lors de son passage à Nîmes en 1787.

Les consuls de la ville avaient fait de la Maison carrée, au Moyen Âge, leur salle de réunion, avant que le monument ne soit « privatisé » en 1540. Dès lors, ses propriétaires successifs s'acharnèrent à lui chercher une utilisation : les ducs d'Uzès, en toute modestie, voulaient en faire leur chapelle funéraire ; le projet n'aboutit pas mais au 16ᵉ s. un sieur de Brueys, plus terre à terre, n'hésita pas à y installer son écurie. En 1670, les Augustins en firent l'église de leur couvent proche tandis que Colbert envisageait de la démonter pierre par pierre pour l'installer à Versailles. Après la Révolution, elle abrita tour à tour les archives départementales, le musée des Beaux-Arts et le Musée archéologique, jusqu'en 1875, et, encore récemment, des collections d'art contemporain. Aujourd'hui, toute de grâce et de légèreté, sa beauté n'a plus pour autre fin que d'illuminer la vie de ceux qui la côtoient.

## Orange
Vaucluse (84)

Porte du Midi, important marché de primeurs, Orange doit le meilleur de sa célébrité à deux prestigieux monuments romains classés au Patrimoine mondial de l'Unesco : l'arc commémoratif et le théâtre antique, ce dernier constituant depuis bientôt un siècle et demi l'extraordinaire cadre des Chorégies.

### Une cité romaine
Établie en 35 av. J.-C., la colonie romaine d'Orange accueille les vétérans de la II$^e$ légion. La ville nouvelle se construit selon un plan très régulier, se pare de monuments et s'entoure d'une enceinte qui englobe environ 70 ha. Elle commande un vaste territoire que les arpenteurs romains cadastrent avec précision. Des lots fonciers sont attribués en priorité aux vétérans ; d'autres, plus médiocres, sont donnés en location ; d'autres encore restent propriété de la collectivité. Ainsi est facilitée la colonisation et la mise en valeur du sol, au détriment des autochtones. Jusqu'en 412, date du pillage de la cité par les Wisigoths, Orange connaît une existence prospère et devient le siège d'un évêché.

*À l'entrée de la ville sur la N 7.*

Véritable porte de la cité, cet arc magnifique s'élève à l'entrée nord d'Orange, sur la via Agrippa qui reliait Lyon et Arles. S'il est remarquable pour ses dimensions imposantes (19,21 m de hauteur, 19,57 m de largeur et 8,40 m de profondeur, le troisième par la taille des arcs romains qui nous sont parvenus), c'est surtout l'un des mieux conservés : la face nord en particulier a gardé pour une bonne part sa décoration d'origine, qui tient à la fois du classicisme romain et de l'art hellénistique. Les scènes guerrières évoquent la pacification de la Gaule tandis que les attributs marins semblent faire référence à la victoire remportée par Auguste à Actium sur la flotte d'Antoine et Cléopâtre.

Construit vers 20 av. J.-C., et dédié plus tard à Tibère, il commémorait les exploits des vétérans de la II$^e$ légion. Percé de trois baies encadrées de colonnes, surmonté à l'origine par un quadrige en bronze flanqué de deux trophées, il présente deux particularités : le fronton triangulaire, au-dessus de la baie centrale, et deux attiques superposés.

Théâtre antique

Édifié sous le règne d'Auguste (alors Octave), ce théâtre fait, à juste titre, la fierté d'Orange : il s'agit en effet du seul théâtre romain qui ait conservé son mur de scène pratiquement intact. Lorsque l'on arrive sur la place, on est avant tout frappé par ce mur imposant, long de 103 m et haut de 36 m, qui se dresse devant nous et que Louis XIV, dit-on, avait qualifié de « plus belle muraille du royaume ». On aperçoit, tout en haut, la double rangée de corbeaux (pierres en saillie) au travers desquels passaient les mâts servant à tendre le voile *(velum)* qui protégeait les spectateurs du soleil. Au bas, les 19 arcades donnaient accès aux coulisses et aux loges. La scène a été couverte d'un toit de verre, mesurant 61 m de long et pesant plus de 200 t.

L'hémicycle *(cavea)* pouvait contenir environ 7 000 spectateurs, répartis selon leur rang social. Il se divise en 3 zones, étagées en 34 gradins et séparées par des murs. En contrebas, l'*orchestra* forme un demi-cercle ; en bordure, on plaçait des sièges mobiles qui étaient réservés aux personnages de haut rang. De part et d'autre de la scène, de grandes salles superposées (on entre actuellement par la salle inférieure occidentale) servaient à l'accueil du public et abritaient les coulisses. La scène, faite d'un plancher de bois sous lequel était logée la machinerie, mesure 61 m de longueur pour 9 m de profondeur utile : elle dominait l'*orchestra* d'environ 1,10 m, soutenue par un mur bas, le *pulpitum*. À l'arrière se trouve la fosse du rideau (que l'on abaissait pendant les représentations).

Au fait, comment se faire entendre lorsqu'on est acteur ? Certes, les masques faisaient office de porte-voix ; le plafond, les portes en creux et les vases résonateurs jouaient un rôle ; pourtant, s'ils ont aujourd'hui disparu, même du haut des gradins (sauf coup de mistral), on peut vérifier que le théâtre a conservé une acoustique étonnante.

Le mur de scène atteint le niveau du sommet de la *cavea* ; il présentait un riche décor de placages de marbre, de stucs, de mosaïques, de colonnades étagées et de niches abritant des statues, dont celle d'Auguste, haute de 3,55 m, qui a été remise en place en 1950. Ce mur est percé de trois portes : la porte royale au centre (entrée des acteurs principaux) et les deux portes latérales (entrée des acteurs secondaires).

Quant à la statue de l'empereur, sa tête est amovible, ce qui permettait d'en changer au gré des aléas politiques…

### Les spectacles

Le théâtre romain est un lieu polyvalent. On vient y écouter des discours, de la poésie, de la musique. Des concours, des distributions de pain ou d'argent s'y déroulent. Les spectacles sont, quant à eux, très variés. Les divertissements les plus simples se résument à des exhibitions de prestidigitateurs, de mimes, de montreurs d'ours, de danseurs, d'avaleurs de sabre, de jongleurs et autres acrobates. Lorsqu'ils sont plus élaborés — donc coûteux —, ils peuvent consister en des tableaux scéniques utilisant de nombreux figurants. La représentation des comédies et des tragédies, avec une troupe organisée, reste en principe l'objet principal du théâtre. Néanmoins, ni les pièces ni leurs auteurs ne sont connus. On suppose que les pièces grecques des âges classique et hellénistique étaient couramment jouées, mais elles ne semblent pas avoir emporté auprès du public gallo-romain un succès mérité. Les comédies latines, plus populaires, étaient plus prisées surtout lorsqu'elles nécessitaient un vaste déploiement de mise en scène. Il y avait encore les spectacles inspirés de la mythologie, en liaison avec le calendrier religieux.

Les acteurs, rassemblés au sein d'une troupe financée par de riches notables, portent des masques en carton-pâte. Chaque genre de personnage — père, mère, jeune fille, jeune homme, parasite, esclave, tyran, etc. — arbore un type de masque bien déterminé ; dès l'entrée de l'artiste, on sait quel rôle il joue. Les acteurs tragiques, pour paraître plus impressionnants, portent des cothurnes, sandales pourvues d'une très haute semelle de liège.

## Paris

### Musée national du Moyen Âge
### — Thermes et hôtel de Cluny

#### Thermes

Aux $2^e$-$3^e$ s. s'élève un vaste édifice gallo-romain dont les vestiges actuels ne représentent que le tiers environ. Les fouilles ont permis de déterminer qu'il s'agissait d'un établissement de bains publics, saccagé et incendié par les Barbares à la fin de l'Empire romain. La partie la mieux conservée est le frigidarium : haute de 13,50 m, sa voûte d'arêtes reposant sur des consoles en forme de proue de navire permet de penser que la construction fut financée par les nautes parisiens. Sous le règne de Tibère (14-37 apr. J.-C.), cette corporation fit ériger le Pilier des nautes, dédié à Jupiter. Mis au jour en 1711 sous le chœur de Notre-Dame, ce monument dont les différentes parties ont été minutieusement restaurées (une maquette en plâtre permet d'en restituer la composition d'ensemble), constitue un exemple remarquable de la sculpture gallo-romaine.

### Souterrains des Thermes

Dégagés en partie, on peut visiter ces vastes souterrains (500 m environ). On y retrouve les voûtes en berceau faites principalement de briques romaines.

## Arènes de Lutèce

Ce monument gallo-romain du 2$^e$ s. fut détruit en 280 par les Barbares et hiberna pendant quinze siècles : seule la toponymie (clos des Arènes) en avait conservé le souvenir. Le percement de la rue Monge réveille en 1869 les arènes, qui prennent leur aspect actuel en 1910. Elles accueillent joueurs de boules et compagnies théâtrales.

Conçues pour les jeux du cirque et les représentations théâtrales, les arènes ont perdu une partie de leurs gradins. On voit encore la plate-forme de la scène et l'emplacement des loges des acteurs. Les dalles gravées, exposées contre un mur du square Capitan, indiquaient sur les gradins les places des notables de la Lutèce gallo-romaine.

## La Cathédrale Notre-Dame

*Crypte archéologique*

Sous le parvis ont été dégagés, sur une longueur de 118 m, les vestiges de monuments anciens du 3ᵉ au 19ᵉ s. Au cours de la visite, on observera particulièrement les restes de deux salles gallo-romaines chauffées par hypocauste *(à gauche en entrant)*, les fondations du rempart du Bas-Empire, les caves des maisons de l'ancienne rue Neuve-Notre-Dame, certaines d'origine médiévale, les soubassements de l'hospice des Enfants-Trouvés construit par Boffrand et une partie de ceux de l'église Ste-Geneviève-des-Ardents.

# Reims
Marne (51)

*Reims antique*

L'origine de Reims est très ancienne. Après la conquête romaine, elle devient capitale de la province de Belgique. La ville se développe à partir de la fin du 1ᵉʳ s. et prend sa véritable forme de ville romaine, dont ne subsistent aujourd'hui que la porte de Mars et le cryptoportique du forum. Dès le 3ᵉ s., comme partout en Gaule, les invasions provoquent un rétrécissement de l'espace urbain. La fonction militaire de la cité, placée au carrefour de routes stratégiques, ne cesse de prendre de l'ampleur.

### Porte de Mars

Cet arc de triomphe d'ordre corinthien a été érigé en l'honneur d'Auguste, mais il est postérieur au 3ᵉ s. Au Moyen Âge, il servit de porte aux remparts qui ont été supprimés au 18ᵉ s. Haute de 13,50 m, la porte Mars est percée de trois arches décorées intérieurement de bas-reliefs sculptés, où l'on reconnaît difficilement Jupiter et Léda, Romulus et Rémus.

## Valognes
### Manche (50)

### Thermes romains d'Alauna

Valognes correspond à l'antique *Alauna*, important centre administratif gallo-romain équipé d'un théâtre d'environ 3 500 places, d'un fort et de thermes. Ces derniers, du 1ᵉʳ s., abritaient une dizaine de salles parmi lesquelles des piscines et une étuve. De larges pans de murs sont conservés, certains sur une douzaine de mètres de hauteur, alternant de petits blocs de pierre taillée et des lits de brique.

## Vieux
Calvados (14)

### Musée et site archéologique

Difficile d'imaginer aujourd'hui que le paisible village de Vieux était Aregenua, l'ancienne capitale des Viducasses, au temps des Romains. Les fouilles entreprises depuis des décennies ont mis au jour de riches décors, présentés avec une scénographie claire et moderne dans le musée. La visite se poursuit sur le site, difficile à reconstituer, mais qui révèle d'intéressants vestiges dont la somptueuse villa au Grand Péristyle *(suivre le fléchage dans le lotissement).*

IIIe s. - Ve s.

## Tours
Indre-et-Loire (37)

Installés dès le 5e s. av. J.-C. sur les rives et les îles de la Loire, les Turones occupent encore une cité prospère au temps de César. Sous le nom de *Cæsarodunum* ou « Colline de César », elle s'étendait sur une quarantaine d'hectares. Mais les invasions de la fin du 3e s. contraignirent les habitants à se réfugier dans l'actuel quartier de la cathédrale, où se trouvaient les arènes. Ils entourèrent la cité d'une muraille dont on peut voir d'importants restes près du château et, non loin de là, dans la rue des Ursulines. En 375, la ville, qui a repris le nom **de** Turones, devient siège de la IIIᵉ Lyonnaise, province qui comportait la Touraine, le Maine, l'Anjou et l'Armorique.

### Place Grégoire-de-Tours

Belle vue sur le chevet de la cathédrale et ses arcs-boutants gothiques. À gauche se dresse le pignon médiéval du palais des Archevêques (occupé par le musée des Beaux-Arts) : de la tribune Renaissance, on donnait lecture des jugements du tribunal ecclé-siastique. Remarquez, sur la rue Manceau, une mai-son canoniale (15ᵉ s.) surmontée de deux lucarnes à gâble et, à l'entrée de la rue Racine, une maison de tuffeau à toit pointu (15ᵉ s.), qui abritait la Justice-des-Bains (siège de la juridiction du chapitre métro-politain). Elle est construite sur les vestiges d'un amphithéâtre gallo-romain, considérés à tort, sous la Renaissance, comme des thermes.

*Gagnez la place des Petites-Boucheries et, de là, prenez la rue Auguste-Blanqui, puis à droite la rue du Petit-Cupidon.*

### Enceinte gallo-romaine

À l'angle de cette rue et **de** la rue des Ursulines, passez sous une voûte d'immeubles, et pénétrez dans le jardin des archives départementales d'Indre-et-Loire. À cet endroit, on peut voir la partie la mieux conservée de l'enceinte gallo-romaine de l'antique *Cæsarodunum*, avec l'une de ses tours de défense, dite tour du Petit-Cupidon, et sa poterne sud creusée dans la muraille qui devait permettre le passage d'une voie romaine.

## 410

# Île St-Honorat
Alpes-Maritimes (06)

À la fin du 4$^e$ s., saint Honorat se fixe dans la plus petite des deux îles, Lérina, mais sa retraite est vite connue et les disciples accourent. Le saint fonde un monastère qui comptera parmi les plus illustres de la chrétienté. L'île est alors interdite aux femmes. Marguerite, la sœur d'Honorat, voulant rester proche de lui, aurait fondé son propre couvent dans l'île voisine… mais, pour continuer à voir son frère, n'y interdit pas les hommes !

Moitié plus petite que Ste-Marguerite, la popularité de St-Honorat est également moins grande. L'île est un domaine privé appartenant au monastère. Actuellement, 25 moines y résident. Depuis plus d'une dizaine d'années, ils ont réhabilité le vignoble qu'ils travaillent selon des méthodes écologiques. Le reste est couvert par une belle forêt de pins, d'eucalyptus et de cyprès. On peut toutefois se promener et se baigner librement, notamment entre les deux îles, dans l'étroit chenal dit « plateau du Milieu ».

## Tour de l'île

Partant de l'embarcadère, un joli chemin ombragé permet de faire le tour de l'île. Tantôt se rapprochant de la mer, tantôt s'en éloignant, il donne des aperçus très variés sur l'île elle-même, ses cultures, ses nombreuses essences, ses belles allées boisées, ainsi que sur l'île Ste-Marguerite et le continent.

## Ancien monastère fortifié

Ce remarquable édifice, dont les murs baignent dans la mer sur trois côtés et dont la silhouette altière s'aperçoit de loin, est situé sur une pointe avancée de la côte sud. On l'appelle aussi « donjon » ou « château ». Il fut élevé en 1073 par Aldebert, abbé de Lérins, sur des soubassements gallo-romains, pour mettre les moines à l'abri des pirates.

Un escalier de pierre remplace l'échelle qui donnait accès à la porte, à 4 m du sol. En face de l'entrée, un escalier mène au cellier. À gauche, quelques marches conduisent au 1$^{er}$ étage où se trouve le cloître dont les arcades ogivales et les voûtes datent des 14$^e$ et 17$^e$ s. (l'une des colonnes est une borne milliaire romaine).

Il entoure une cour carrée recouvrant une citerne d'origine romaine, dallée de marbre, destinée à recevoir les eaux de pluie. La galerie supérieure, à colonnettes de marbre blanc, conduit à la chapelle de la Ste-Croix, haute salle voûtée d'ogives appelée encore

« le saint des saints » en raison des nombreuses reliques qu'elle renfermait.

La vue, depuis le sommet du vieux donjon garni de créneaux et de mâchicoulis du 15ᵉ s., s'étend sur les îles de Lérins et la côte avec, à l'arrière-plan, les cimes souvent enneigées de la chaîne alpine.

## Monastère moderne

Les constructions du 19ᵉ s. encadrent les anciens bâtiments occupés par les moines (certaines parties remontent aux 11ᵉ et 12ᵉ s.).

### Église

L'église abbatiale fut construite au 19ᵉ s. en style néoroman. Dans le croisillon gauche subsiste une chapelle des morts datant du 11ᵉ s. Les offices religieux, ouverts au public, offrent une très belle liturgie, chantée en français sur des modes byzantins.

## Chapelles

Sept chapelles réparties dans l'île complétaient le monastère ; elles étaient destinées aux anachorètes. Deux d'entre elles ont gardé leur physionomie ancienne.

### La Trinité

À la pointe est de l'île, la chapelle de La Trinité, restaurée par Jules Formigé, est antérieure au 11ᵉ s. D'inspiration byzantine (ce qui la fait dater par certains du $5^e$ s.), elle est bâtie sur un plan tréflé avec une coupole ovale sur pendentifs.

*St-Sauveur*

Située au nord-ouest de l'île, la chapelle St-Sauveur est aussi ancienne que la précédente mais de plan octogonal. Elle a été restaurée au $17^e$ s. et de nos jours.

25 octobre 732 :

Bataille de Poitiers.

# Près de Moussais-la-Bataille
Vienne (86)

La bataille opposant le maire du palais Charles Martel à l'émir Abd al-Rhaman est l'une des plus célèbres de l'histoire de France et pourtant l'une des moins bien connues dans ses dimensions stratégiques et politiques. N'y eut-il qu'une bataille, ou plusieurs escarmouches entre Tours et Poitiers ? Quelle fut l'ampleur des pertes de chaque camp ?

Ce qui est certain, c'est que Charles Martel n'arrêta pas les Arabes à Poitiers, qui restèrent encore bien présents en Septimanie. Cependant, la bataille fut bien décisive, car elle mit fin aux raids de pillage en profondeur des musulmans d'Espagne et permit à Charles Martel de commencer à prétendre au pape qu'il était bien plus apte à diriger le royaume franc que les derniers rois mérovingiens. Ainsi allaient commencer la légende des rois fainéants et la dynastie des Carolingiens.

Le lieu le plus probable de la bataille, prétexte à de nombreuses controverses, semble être situé à Moussais-la-Bataille, dans la Vienne, où l'on peut voir encore une plaine où les cavaliers de l'émir de Cordoue ont probablement affronté l'infanterie lourde franque.

## 911

# Vallée de l'Epte
Eure (27)

### La formation du duché de Normandie

En 911, Rollon, le chef des Normands, rencontre Charles le Simple à St-Clair-sur-Epte. Dudon de Saint-Quentin, premier historien de Normandie, rapporte que pour sceller l'accord créant le duché de Normandie, le Viking mit ses mains entre celles du roi de France. Ce « tope là » de maquignons valait un solennel échange de sceaux et de signatures, car il n'y eut jamais de traité écrit. L'Epte forme la frontière au nord de la Seine, l'Avre au sud. La frontière normande a été l'enjeu de luttes séculaires entre les rois de France et les ducs de Normandie, devenus rois d'Angleterre à la fin du 11e s.

*Troisième partie*

# La France capétienne

Hugues Capet devient
roi de France

## Senlis
Oise (60)

*L'élection d'Hugues Capet*

Sur la première enceinte gallo-romaine, les conquérants ont dressé un château fort où les rois des
deux premières dynasties franques résident volontiers, attirés par le gibier des forêts voisines. En 987,
Louis V succombe à un accident de chasse. Cette
mort met fin à la dynastie carolingienne. C'est à
Senlis, en 987, dans le château, que l'archevêque de
Reims propose aux barons assemblés de choisir pour
roi le « duc de France », Hugues Capet. Le dernier
souverain qui séjourne au château de Senlis est
Henri IV. Plus tard, le château, délabré, n'est plus
apte à recevoir les rois qui abandonnent peu à peu la
ville au profit de Compiègne et de Fontainebleau.

### Ancien château royal

Le site fortifié du château fut occupé au moins depuis le règne de l'empereur Claude (41-54). Bien qu'il semble dater du haut Moyen Âge, son histoire reste encore marquée d'incertitudes.

La forte tour carrée « du Prétoire », aux murs épais de 4,5 m renforcés par des contreforts, est le vestige le plus original. Une pittoresque confusion de ruines en jalonne l'histoire, jusqu'au règne d'Henri II. Plus à l'ouest, compris dans l'enceinte du château, le prieuré St-Maurice abrite le musée de la Vénerie.

### Chapelle royale St-Frambourg

C'est la pieuse Adélaïde, femme d'Hugues Capet, qui fonda cette chapelle avant 990 pour conserver les reliques d'un solitaire du Bas-Maine, saint Fraimbault ou Frambourg. Elle est reconstruite à partir de 1177 par Louis VII. Désaffectée à la Révolution, la chapelle fut restaurée en 1977 comme « auditorium Franz-Liszt », grâce au pianiste Georges Cziffra. La fondation Cziffra y organise dès lors des concerts et des expositions.

*Descendez à la crypte archéologique.*

Les fouilles y ont exhumé le sol d'un sanctuaire remontant à l'an 1000 environ et des fragments de colonnes. Deux vestiges de pilastres appartenant au chevet plat de cette église montrent encore les peintures murales d'évêques. Cette crypte bute sur une tour ronde arasée, en petit appareil, puis sur l'enceinte intérieure de la ville, suivant le tracé gallo-romain.

1066 :

Guillaume s'embarque
pour conquérir l'Angleterre.

## Dives-sur-Mer
Calvados (14)

Face à Cabourg, Dives s'étend sur la rive droite de la rivière du même nom, à l'embouchure de laquelle un petit port de pêche et de plaisance a été aménagé. Au Moyen Âge, il y avait là un port très important aujourd'hui ensablé et d'où Guillaume le Bâtard, duc de Normandie, s'embarqua pour la conquête de l'Angleterre. C'est toute l'histoire que raconte la tapisserie de Bayeux.

## Bayeux, la tapisserie

*La vieille capitale du Bessin*

Le charme nostalgique de Bayeux est le reflet d'un patrimoine hors du commun et miraculeusement préservé. L'histoire de Bayeux est en effet marquée par deux conquêtes : celle en 1066 de l'Angleterre par les Normands, et celle en 1944 des Alliés sur les plages de Normandie qui fit de Bayeux la première ville de

France libérée. La cathédrale continue à veiller sur les vieilles ruelles, les hôtels particuliers et la tapisserie dite « de la reine Mathilde », témoignage d'une valeur unique et sans doute la plus grande « BD » du monde, qui fait toujours l'enchantement des visiteurs.

### Destinée ducale

Bayeux a suscité bien des convoitises : d'abord capitale gauloise des Bajocasses ou Baiocasses ou encore Badiocasses, puis grande ville romaine et importante cité épiscopale, elle fut successivement prise par les Bretons, les Saxons et les Normands. Le Viking Rollon, premier duc de Normandie, épousa Popa, fille du comte Béranger, gouverneur de la ville. En 905, leur fils, le futur Guillaume Longue-Épée, naît à Bayeux, qui devient ainsi le berceau de la dynastie ducale. Alors que Rouen est francisé, Bayeux reste une ville scandinave où l'on parle le « norrois ».

### Un Normand sur le trône d'Angleterre

Le roi d'Angleterre, Édouard le Confesseur, n'ayant pas d'héritier, choisit le duc Guillaume de Normandie pour lui succéder. Il envoya le principal noble saxon, Harold Godwinson, jurer fidélité à Guillaume. Le serment se serait déroulé dans la crypte de la cathédrale Notre-Dame de Bayeux.

Mais Guillaume lui ayant fait prêter serment, sans le lui dire, sur des reliques sacrées, Harold s'estima dégagé de son serment et, à la mort d'Édouard le

Confesseur le 5 janvier 1066, se proclama roi d'Angleterre.

La « grande épopée normande », qui vaudra à Guillaume son surnom, va commencer. Ce sera la conquête de l'Angleterre. La flotte normande quitte
Dives-sur-Mer le 27 septembre 1066. Le 28, les Normands prennent pied dans le Sussex, à Pevensey,
puis occupent Hastings. Harold se retranche sur une
colline. Le 14 octobre, Guillaume donne l'assaut. Le
soir, grâce à une ruse de guerre, la victoire lui est
acquise, Harold reçoit une flèche dans l'œil et succombe au combat.

La tapisserie de Bayeux (c'est en fait une broderie), dite à tort « de la reine Mathilde », est exposée
au Centre Guillaume-le-Conquérant qui occupe un
majestueux bâtiment du 17ᵉ s. Ce joyau de l'art roman
bénéficie d'une présentation exceptionnelle organisée en deux temps : la sombre salle où se trouve la
tapisserie et l'exposition au 1ᵉʳ étage.

La tapisserie est exposée sous vitrine dans un long
corridor, la salle Harold, spécialement aménagé pour
elle. Il est probable qu'elle a été commandée en
Angleterre par Odon de Conteville, comte de Kent,
évêque de Bayeux et demi-frère de Guillaume, à un
atelier de brodeurs saxons pour orner la cathédrale.
L'œuvre figure officiellement dans un inventaire du
Trésor daté de 1476. C'est au 18ᵉ s. qu'elle a été
faussement attribuée à la reine Mathilde. La broderie
est exécutée en laine de couleur sur une bande de
toile en lin mesurant 70 m de long et 0,50 m de

haut. Cet ouvrage constitue le document le plus précis et le plus vivant que nous ait légué le Moyen Âge sur les costumes, les navires, les armes et, en général, les mœurs de l'époque.

La muséographie du 1er étage a été refaite en 2007 pour que chacun puisse replacer l'œuvre magistrale dans son contexte historique. Les thèmes traités étaient jusqu'alors inabordés : l'histoire mouvementée de la tapisserie, les secrets de sa réalisation, les méthodes de conservation, etc. Des maquettes, panneaux et vitrines expliquent les modifications liées au règne de Guillaume, comme la construction de forteresses ou la noblesse normande exilée en Angleterre. La visite s'organise, dans un espace aéré et moderne, en îlots thématiques qui facilitent la compréhension des plus petits. En fin de parcours, un film illustre l'histoire de la conquête de l'Angleterre par Guillaume le Conquérant et celle de la tapisserie de Bayeux.

### L'essentiel sur la tapisserie

La rivalité de Harold et de Guillaume, de la conquête à la victoire finale, est contée en 58 scènes aux détails piquants. Dans la 1re partie, un arbre stylisé marque le début et la fin de chaque séquence ; dans la 2e partie, les scènes se succèdent de manière continue. La bande est « surtitrée » de longues inscriptions latines orthographiées à la saxonne. Les bordures supérieure et inférieure sont brodées d'animaux fantastiques ou de motifs se rapportant aux scènes principales. Parmi les tableaux les plus typiques, on remarque l'embarquement et la traversée de Harold (4 à 6), l'audience de Guillaume (14), la traversée du Couesnon et le Mont-St-Michel (17), le serment de Harold (23), la mort et l'enterrement d'Édouard le Confesseur (26 à 28), l'apparition de la comète de Halley, présage de malheur pour Harold (32), la construction de la flotte (36), la traversée de la Manche et la marche vers Hastings (38 à 40), la cuisine et le repas (41 à 43), la bataille et la mort de Harold (51 à 58).

Pour vous aider à mieux lire la tapisserie : les Saxons se reconnaissent à leurs moustaches et à leurs cheveux longs, les Normands à leur nuque rasée, les clercs à leur tonsure, les trois femmes à leurs vêtements amples et au voile qui leur couvre la tête.

## 1088 :

### Début de la construction de Cluny III.

#### Saône-et-Loire (71)

Saccagée à la Révolution, puis démontée et vendue pierre par pierre, celle qui fut longtemps la plus grande église de la chrétienté ne nous est parvenue qu'à l'état de maigres fragments. Ces vestiges donnent pourtant une idée de l'étendue et de la richesse de ce haut lieu du christianisme, qui exerça une influence considérable sur la vie religieuse, intellectuelle, politique et artistique de l'Occident tout entier.

## Lumière du monde

### *L'ascension*

L'abbaye bénédictine connaît, peu après sa fondation en 910 par Guillaume d'Aquitaine, un développement très rapide. « Partout où le vent vente, l'abbaye de Cluny a rente », a-t-on coutume de dire dans la région. L'ordre voit quelques-uns de ses fils élus papes : Sylvestre II, dont la papauté dure de 999 à 1003, et Urbain II qui, reconnaissant lui-même le pouvoir de Cluny, lance en 1098 à l'attention de l'abbé Hugues la fameuse phrase : « Vous êtes la lumière du monde. » Lorsque saint Hugues meurt, après soixante ans de « règne », il a légué au monastère une prospérité inouïe. La construction de la gigantesque église abbatiale qu'il avait lancée s'achève sous Pierre le Vénérable, abbé de 1122 à 1156. L'abbaye compte alors 460 moines.

### *La décadence*

Le train de vie des moines, qui dirigent alors un véritable empire monastique, les expose très vite aux stigmatisations de saint Bernard. Celui-ci dénonce ces évêques qui « ne peuvent s'éloigner à quatre lieues de leur maison sans traîner à leur suite soixante chevaux », et pour qui « la lumière ne brille que dans un candélabre d'or ou d'argent ».

La guerre de Cent Ans correspond, pour Cluny, à une ère de moindre rayonnement. Les abbés se partagent entre la Bourgogne et Paris où, à la fin du

15ᵉ s., Jacques d'Amboise fait rebâtir l'hôtel élevé après 1330 par un de ses prédécesseurs, Pierre de Châlus. Ce simple pied-à-terre, mis à la disposition des rois de France qui souvent en usèrent, donne une idée du luxe princier dont s'entouraient les abbés clunisiens.

Tombée en commende au 16ᵉ s. (c'est-à-dire que l'abbé est nommé par le roi), la riche abbaye, qui n'est plus qu'une proie, est dévastée durant les guerres de Religion. Pillée, elle perd alors ses plus précieux ouvrages.

### La destruction

En 1791, l'abbaye ferme. Commencent alors les profanations. En septembre 1793, la municipalité donne l'ordre de démolir les tombeaux et d'en vendre les matériaux. Les bâtiments sont vendus comme biens nationaux en 1798 à un marchand de biens de Mâcon, qui entreprend consciencieusement la démolition de la nef. L'abbatiale est peu à peu mutilée. En 1823, ne restent debout que les parties encore visibles de nos jours.

### Un site en pleine métamorphose

Un grand programme de restauration est en œuvre à l'abbaye de Cluny. À l'horizon 2010, un circuit de visite remodelé, enrichi d'écrans supplémentaires, permettra de mieux imaginer ce qu'était le site à son apogée.

## Ancienne abbaye

Élevée en grande partie de 1088 à 1130, l'église St-Pierre-et-St-Paul fait suite à celle de Cluny II, dont on a retrouvé les fondations au sud, à la place du cloître actuel. Symbole de la primauté de l'ordre clunisien à son apogée, Cluny III fut la plus vaste église de la chrétienté (longueur intérieure de 177 m) jusqu'à la reconstruction de St-Pierre de Rome au 16ᵉ s. (186 m) ; l'église comportait une avant-nef, une nef de cinq vaisseaux et de onze travées, deux transepts, cinq clochers et près de 300 fenêtres ; elle était meublée de 225 stalles ; la voûte de l'abside peinte était soutenue par une colonnade de marbre. De cette merveille ne restent que les bras droits des deux transepts.

C'est un archéologue américain, le professeur Conant, qui fut responsable des fouilles de 1928 à 1960. Les deux maquettes du Farinier, celle du grand portail et celle de l'abside de la basilique, ont été réalisées selon ses plans.

### Avant-nef

Les fouilles archéologiques ont permis de dégager ce vaste espace et de mettre au jour les bases des piliers et du portail de la nef. À l'avant, deux tours carrées appelées les Barabans encadraient le portail gothique. Dans les églises clunisiennes, l'avant-nef est également appelée « Galilée », en référence aux processions pascales qui célébraient l'apparition du Christ en terre de Galilée après sa mort.

Sur la place de l'Abbaye se dresse une longue façade gothique, restaurée, dite « du pape Gélase », mort à Cluny en 1119. En prenant beaucoup de recul, on voit le clocher et le haut de la tour de l'Horloge. À l'opposé, anciennes écuries de saint Hugues et hôtellerie (1095).

### Maior Ecclesia

Dans le bâtiment du pape Gélase, grâce à la magie du virtuel, l'église Cluny III apparaît au temps de sa splendeur.

### Cloître et bâtiments abbatiaux

Abritant l'École des arts et métiers, les bâtiments abbatiaux construits au 18ᵉ s. autour d'un immense cloître forment un ensemble harmonieux ; deux grands escaliers de pierre avec rampe en fer forgé marquent deux des angles. Dans la cour, beau cadran solaire.

### Passage Galilée

Cet ancien passage du 12ᵉ s., permettant de relier la Galilée (ou avant-nef) de Cluny II au collatéral sud de la grande église de Cluny III, était emprunté par les grandes processions des bénédictins. Une installation permet d'y découvrir la perspective vers l'intérieur de l'église Cluny III que les moines avaient sous les yeux lorsqu'ils pénétraient dans ce passage.

### Vestiges de la basilique
### St-Pierre-et-St-Paul

Les dimensions du bras sud du grand transept, aussi long à lui seul que la cathédrale d'Autun (80 m), permettent d'imaginer les proportions audacieuses de l'abbatiale. Son élévation (32 m sous la coupole) est unique dans l'art roman, dont il est un pur spécimen. Il compte trois travées, dont la centrale, couverte d'une coupole octogonale sur trompes, porte le beau clocher octogonal de l'Eau-Bénite. La chapelle St-Étienne est romane, celle de St-Martial date du 14$^e$ s. Le bras sud du petit transept renferme la chapelle Bourbon, de la fin du 15$^e$ s. (consoles sculptées), et une abside romane.

### Farinier

Construit à la fin du 13$^e$ s. contre la tour du Moulin (début du 13$^e$ s.), et long de 54 m, il fut amputé de près de 20 m au 18$^e$ s., pour dégager la partie sud de la façade de l'édifice claustral donnant sur les jardins.

La salle basse, ancien cellier, comprend deux nefs voûtées d'ogives. La salle haute, couverte d'une forte charpente en chêne du 13$^e$ s, forme un cadre de secours admirable aux sculptures provenant de l'abbaye : le sanctuaire de l'abbatiale est restitué à une échelle réduite, pour présenter les très beaux chapiteaux du chœur et les fûts de colonnes, disposés en hémicycle autour de l'autel en marbre des Pyrénées (consacré par Urbain II en 1095). Ces pièces soustraites à la ruine sont les premiers témoins de la sculpture romane bourguignonne qui allait s'épanouir à Vézelay, Autun, Saulieu.

C'est à Cluny qu'eurent lieu sous Odilon, la première commémoration des défunts le lendemain de la Toussaint ; la traduction du Coran en latin ; le premier vote à bulletin secret pour élire l'abbé ; l'apparition du fameux chapeau rouge sur la tête des cardinaux.

Trois grandes étapes de construction :

— Cluny I : première église, de taille modeste, construite dans la tradition carolingienne (date de construction inconnue).

— Cluny II : seconde église, exemple précoce du premier art roman (fin $10^e$ s.). Elle reçoit, dès sa consécration, des reliques de saint Pierre et saint Paul.

— Cluny III : basilique St-Pierre-et-St-Paul, dont le chantier débute vers 1085. Elle est environ 6 fois plus étendue que Cluny II.

### 1095 :

#### L'appel à la première croisade.

## Clermont-Ferrand
Puy-de-Dôme (63)

*Le prêche de la première croisade*
*(1095)*

Lorsque Urbain II arrive à Clermont, il découvre une ville importante soumise à son évêque, Durand, ancien moine de La Chaise-Dieu. Le concile s'ouvre le 14 novembre 1095. Le pape, propagateur de la réforme grégorienne, s'élève contre les abus du clergé et contre la mainmise des laïcs sur l'Église. Aux seigneurs turbulents, il veut imposer la « Trêve de Dieu » (cessation des guerres pendant certains jours de la semaine et pendant l'Avent, le Carême et Pâques) et canaliser leurs énergies au service d'une grande cause. Lors de la dernière réunion, le 28 novembre, il lance un vibrant appel en faveur de la délivrance des lieux saints. Un trône lui a été élevé sur l'emplacement de l'actuelle place Delille ; 13 archevêques, 315 évêques et abbés mitrés, une foule immense de barons, de chevaliers et de menu peuple lui répondant dans l'enthousiasme : « Dieu le veut. » Se conformant à la parole de l'Évangile — « Chacun doit renoncer à soi-même et se charger de la croix » —, tous les assistants fixent sur leurs épaules la croix d'étoffe rouge qui sera leur insigne. Le commandement de la croisade sera assuré par l'évêque du Puy, Adhémar de Monteil, et non par le roi de France Philippe I$^{er}$ que le pape excommunie pour avoir répudié son épouse légitime.

**1122 :**

Suger est nommé
abbé de l'abbaye.

## St-Denis
Seine-St-Denis (93)

D'un semis de rues basses émerge la cathédrale, nécropole des rois de France depuis les Capétiens : elle abrite une collection, unique en Europe, de gisants et tombeaux du 12ᵉ s. au 16ᵉ s.

### Le temps des pèlerins

Au nord de Lutèce se développe depuis le 1ᵉʳ s. une cité romaine, *Catulliacus*. Une grande voie la traverse pour obliquer vers la future ville de Rouen. Saint Denis est inhumé en ces lieux, vers 250, dans un cimetière gallo-romain. Vers 475, la tradition attribue à sainte Geneviève l'édification d'une première église, but d'un pèlerinage extrêmement populaire. En 630, Dagobert devient le bienfaiteur du monastère qui s'y est implanté. Il en fait une abbaye royale, et y installe une communauté bénédictine qui prend en charge les pèlerins.

### Le cimetière aux rois

Dagobert est le premier souverain qui se fait inhumer à St-Denis. En 754, Pépin le Bref s'y fait sacrer roi par le pape. Sous le chœur, il aménage un « martyrium » où l'on vénère les reliques de saint Denis et ses compagnons, Éleuthère et Rustique. Les liens de l'abbaye avec le pouvoir royal s'amplifient : les rois mérovingiens, pour la plupart, étaient enterrés à Paris, mais, à partir d'Hugues Capet, tous les souverains seront inhumés à St-Denis — sauf cinq d'entre eux.

### Précieuses reliques

Si les rois se font enterrer à St-Denis, c'est à cause de la présence des reliques. Au Moyen Âge, on considère qu'elles protègent le corps et l'âme des rois défunts, mais aussi les objets du sacre, qui font partie du trésor de St-Denis : sceptre, main de justice... Enfin, elles protègent l'oriflamme que le roi vient chercher à la basilique pour l'emporter à la bataille. Aujourd'hui, on peut voir une copie de cette bannière, au sud du déambulatoire.

Suger, moine et homme d'État, homme aux dons exceptionnels (vers 1081-1151), confère à St-Denis un éclat sans précédent. Né dans une famille pauvre, il a été « placé » à l'abbaye dès l'âge de dix ans. Il prend un grand ascendant sur son condisciple, le futur Louis VI, qui l'appelle à la cour, devient son conseiller et son ambassadeur auprès du pape. Élu abbé de St-Denis en 1122, Suger redessine lui-même les plans de l'église, dans le style gothique. Ministre de Louis VII, il est régent pendant que le roi participe à la seconde croisade. Sa sagesse, son souci du bien public sont tels que Louis VII, à son retour, lui donne le nom de « père de la Patrie ».

### La foire du Lendit

Créée par l'abbaye en 1109, cette foire garde pendant six siècles une réputation européenne. 1 200 loges de bois accueillent les marchands. Chaque année, l'Université de Paris s'y rend en corps pour acheter du parchemin. Mais la proximité de Paris engendre aussi de nombreux fléaux (guerres et épidémies) qui expliquent en partie la participation active de St-Denis à la Révolution.

### La colère révolutionnaire

En 1793, l'abbaye est transformée en temple de la Raison. Barrère demande à la Convention de démonter les statues, symboles de la monarchie. Certains tombeaux — comme celui d'Hugues Capet — sont détruits, les corps profanés sont déposés dans des fosses communes. Alexandre Lenoir, membre de la Commission des monuments, transporte les tombeaux les plus précieux à Paris, au dépôt des Petits-Augustins, qui deviendra le musée des Monuments français. En 1817, sous le règne de Louis XVIII, ces tombeaux sont ramenés à la basilique. Deux ans plus tôt, les corps de Louis XVI et Marie-Antoinette ont été transférés depuis le cimetière de la Madeleine.

### Au temps du numérique

Baptisée Franciade à la Révolution, St-Denis retrouve son nom en 1800. C'est le début de l'ère industrielle : des fabriques de teinture et d'impression apparaissent, puis des industries lourdes sur le site de La Plaine. Aujourd'hui, la ville confirme sa mue et se rénove, tout en retrouvant ses racines : la moisson d'objets découverts lors de fouilles menées dans les années 1970 a permis au ministère de la Culture et de la Communication de faire resurgir en images de synthèse la ville et son évolution, depuis le début de notre ère jusqu'à nos jours !

## La basilique

La basilique actuelle est essentiellement l'œuvre de Suger au 12ᵉ s. et de Pierre de Montreuil au 13ᵉ s. Premier manifeste de l'art gothique pour le chevet, ce fut un modèle pour les cathédrales de la fin du 12ᵉ s., comme celles de Chartres, Senlis et Meaux.

### La construction

De 1136 à 1140, Suger fait élever la façade et les deux premières travées de la nef. Le chevet et la crypte sont bâtis de 1140 à 1144. La nef carolingienne, provisoirement conservée, est remaniée de 1145 à 1147. Au début du 13ᵉ s., la tour de gauche reçoit une magnifique flèche de pierre. Au cours de ce siècle, le chevet et le chœur sont repris, le transept et la nef sont entièrement reconstruits. Saint Louis confie les travaux à Pierre de Montreuil qui les dirige de 1247 jusqu'à sa mort, en 1267.

*La décadence*

Au fil des siècles, l'entretien de la basilique laisse à désirer. La Révolution cause de nouvelles déprédations. Dans le *Génie du christianisme*, Chateaubriand évoque l'aspect désolant du lieu : « St-Denis est désert, l'oiseau l'a pris pour passage, l'herbe croît sur les autels brisés. » Napoléon Ier fait exécuter les réparations urgentes, et rend l'église au culte en 1806.

*La restauration*

Entamée en 1813, elle est conduite par François Debret, avec une méconnaissance de l'esprit du Moyen Âge qui soulève l'indignation. En 1837, la foudre tombe sur la flèche, provoquant un incendie qui dévaste la tour. Reconstruite avec des pierres trop lourdes, elle s'affaisse si dangereusement qu'il faut l'abattre en 1846. Viollet-le-Duc, qui remplace Debret en 1847, s'attache à rassembler des documents pour opérer des restitutions fidèles. De 1858 à sa mort, en 1879, il fournit un travail considérable : l'église apparaît telle que nous la voyons aujourd'hui.

*L'extérieur*

Au Moyen Âge, l'ensemble monastique était entouré d'une enceinte. La tour qui se trouvait à gauche a disparu en 1847, une absence qui nuit à l'équilibre de la façade. Le tympan du portail central représente le Jugement dernier : celui de droite (refait), la dernière communion de saint Denis ; celui de gauche (refait), le supplice du saint et de ses compagnons. Aux piédroits des portails : Vierges folles et Vierges sages *(au centre)*, travaux des mois *(à droite)*, signes du zodiaque *(à gauche)*. Sur le côté gauche de la basilique, des arcs-boutants doubles contrebutent la nef. La façade du transept, ornée d'une très belle rose, devait comporter deux tours — l'église en aurait comporté six en tout —, mais la construction s'est arrêtée au $1^{er}$ étage.

*L'intérieur*

La basilique est longue de 108 m, large de 39 m au transept et haute de 29 m sous voûte, dimensions légèrement inférieures à celles de Notre-Dame. Le narthex est formé par les deux travées établies sous les tours. Leurs voûtes d'ogives, soutenues par de massifs piliers, sont en partie celles de Suger. La nef, due à Pierre de Montreuil, est d'une élégance remarquable. Les baies du triforium sont ouvertes sur l'extérieur — c'est l'un des premiers exemples de cette disposition. Les vitraux de la nef sont modernes.

*Gisants et tombeaux*

À St-Denis reposent 46 rois, 32 reines, 63 princes et princesses et 10 grands serviteurs de la Couronne, comme Du Guesclin. Depuis la Révolution, leurs tombes sont vides.

*Trouvailles d'archéologues*

Entre 1952 et 1960, des fouilles ont été entreprises dans la crypte. Elles ont permis de dégager les bases d'une église primitive, construite entre le 4ᵉ s. et le 5ᵉ s. Des pans de murs montrent qu'elle fut agrandie à deux reprises : s'agit-il de l'église bâtie par sainte Geneviève, comme le pensent certains archéologues ? En tout cas, le site abrita des tombes du Bas-Empire (entre 260 et 476). Une découverte reste célèbre : la sépulture de la reine Arégonde, épouse de Clothaire Iᵉʳ et belle-fille de Clovis (558-561).

Aujourd'hui, la basilique est ceinturée par des jardins. Et rien ne subsiste des édifices qui la cernaient au Moyen Âge. Au nord, un cimetière se développa dès le 6ᵉ s. Au nord-ouest, un grand bâtiment fut édifié au 8ᵉ s. — peut-être un palais destiné à Charlemagne. D'autres fouilles, au sud, ont mis au jour des vestiges du cloître médiéval : débris de chapiteaux, de colonnettes, d'écoinçons… Il fut détruit au 18ᵉ s. par les moines qui vendirent certaines sculptures à des amateurs d'art. Une dizaine d'entre elles ont été récupérées par de grands musées, notamment le Louvre et le musée de Cluny, à Paris.

1152 :

2ᵉ concile de Beaugency.

Loiret (45)

Les deux conciles eurent à trancher les problèmes conjugaux des rois.

Reçu à Tours par Foulques le Réchin, Philippe Iᵉʳ séduisit la comtesse Bertrade et répudia la reine Berthe peu après. Invoquant un vague prétexte de consanguinité, le roi pensait faire constater facilement l'invalidité de son mariage. Mais le pape Urbain II le débouta et, devant l'obstination du monarque, l'excommunia. Finalement, en 1104, le concile de Beaugency leva l'excommunication et, quatre ans plus tard, le roi put mourir l'âme en paix. Il fut inhumé à St-Benoît-sur-Loire.

Bien plus important, le concile de 1152 déclara nul le mariage de Louis VII avec Aliénor d'Aquitaine. Fille et héritière du duc d'Aquitaine, la belle et séduisante Aliénor avait épousé Louis en 1137. Pendant dix ans, le ménage royal vécut en harmonie. En 1147, tous deux partirent en croisade, mais, une fois sur place, en Palestine, leurs rapports se détériorèrent. La rupture devint inévitable et, le 20 mars 1152, le concile de Beaugency, qui se tint dans l'église Notre-Dame, l'officialisa en dénouant les liens unissant Louis et Aliénor pour cause de parenté : tous deux descendaient en effet de Robert le Pieux... Elle se remaria presque aussitôt avec Henri Plantagenêt, futur roi d'Angleterre, et emportait avec elle tout le sud-ouest de la France. Cet événement, lourd de conséquences, contenait en germe plusieurs siècles de rivalités franco-anglaises.

1190 :

Philippe Auguste fait construire
le Louvre.

# Paris

Le Louvre fut à travers huit siècles la demeure des
rois et des empereurs. Des agrandissements successifs,
qui résument aussi l'histoire de l'architecture, en ont
fait le plus grand palais du monde, avec celui du
Vatican. Sa renommée universelle, il la doit à son
musée, écrin séculaire de chefs-d'œuvre absolus
comme *La Joconde* ou la *Vénus de Milo*.

## L'histoire d'un palais royal

### Philippe Auguste (1180-1223)

En 1190, le roi ordonne la construction, sur la
rive droite de la Seine, au point le plus menacé de sa
capitale, du château fort du Louvre. Un donjon
entouré d'un fossé, symbole du pouvoir monarchique, en marque le centre. Cette forteresse occupait
le quart sud-ouest de l'actuelle Cour carrée.

### Saint Louis (1226-1270)
### et Philippe le Bel (1285-1314)

Le premier fait aménager une grand-salle et une salle
basse ; le second place au Louvre son arsenal, les archives et le trésor royal, qui y restera durant quatre siècles.

### Charles V (1364-1380)

Sans changer ses dimensions, le roi fait transformer, par Raymond du Temple, la vieille forteresse en une résidence habitable, où il installe sa fameuse librairie (bibliothèque) de 973 livres, la plus riche du royaume. Une miniature des *Très Riches Heures du duc de Berry* représente ce « joli Louvre » de Charles V. Après lui, le Louvre ne reçoit plus guère d'hôtes pendant cent cinquante ans.

### François I<sup>er</sup> (1515-1547)

De retour de captivité en 1528, le roi a de gros besoins d'argent et s'apprête à mettre les Parisiens à contribution. Pour les amadouer, il annonce qu'il va habiter au Louvre. Des travaux sont entrepris : le donjon, qui encombre et obscurcit la cour, est rasé ; les défenses avancées sont abattues. Mais ce n'est qu'en 1546 que le roi commande à Pierre Lescot de construire un palais — qui va devenir celui des rois de France — sur les fondations de l'ancienne forteresse. L'œuvre de Lescot introduit à Paris le style de la Renaissance italienne, déjà apprécié sur les bords de la Loire. À la mort du roi, en 1547, les bâtiments sortent à peine de terre.

### Henri II (1547-1559)

Il vit au Louvre et confirme Lescot dans ses fonctions. Celui-ci transforme l'ancienne grand-salle en salle des Caryatides *(Sully, RDC, salle 17)* dans

laquelle sont donnés concerts et bals. À l'étage, la
salle des gardes précède les appartements royaux de
l'aile sud (ceux de la reine étaient au rez-de-chaussée). L'escalier Henri II, qui desservait les deux
salles, a une voûte de caissons sculptés par Jean
Goujon. Les rois n'ont jamais habité les autres parties de la Cour carrée. La porte du Louvre, large de
2 m, s'ouvrait entre deux grosses tours à l'est ;
l'accès en était libre à tous les piétons proprement
vêtus. Les pages et les laquais des personnages en
visite se tenaient dans la cour et aux abords de la
porte, jouant aux dés, « chahutant » les bourgeois
au passage.

### Catherine de Médicis

À la mort accidentelle du roi, sa veuve Catherine
de Médicis (1519-1589) s'est retirée au Marais dans
son hôtel des Tournelles. Nommée régente, elle
décide de revenir au Louvre, mais ne se plaît guère
au milieu du chantier de Lescot. En 1564, elle
ordonne à Philibert Delorme de lui construire une
demeure particulière, où elle serait plus libre de ses
mouvements, au lieu dit « les Tuileries ».

Entre les deux palais, la reine mère a prévu un
passage couvert qui permettra de franchir les 500 m
à l'abri des intempéries et des indiscrets. La Petite
Galerie et la galerie du Bord-de-l'Eau (ou Grande
Galerie, 432 m, 46 fenêtres), qui longe la Seine, sont
commencées pour raccorder les deux palais, mais les
guerres de Religion mettent un frein aux travaux. La

nuit du 23 au 24 août 1572, le Louvre est le théâtre principal de la sanglante St-Barthélemy.

### Henri IV (1589-1610)

Dès son entrée à Paris en 1594, le roi fait poursuivre les travaux : Louis Métezeau ajoute un étage à la galerie du Bord-de-l'Eau ; Jacques II Androuet du Cerceau achève la Petite Galerie et construit le pavillon de Flore, d'où une autre galerie part à angle droit rejoindre les Tuileries. Le chantier du Louvre affirme le prestige retrouvé de la monarchie, sous les auspices du « Grand Dessein » d'Henri II.

### Louis XIII (1610-1643)

Il vit au Louvre, où la cour est terriblement à l'étroit. Poussé par Richelieu, il entreprend de quadrupler la surface de l'édifice et poursuit la construction de la Cour carrée. Son ministre installe la Monnaie et l'Imprimerie royale dans la Grande Galerie, dont la décoration avait un temps été confiée à Poussin.

### Louis XIV (1643-1715)

La régente Anne d'Autriche s'installe au Palais-Royal avec le jeune Louis, mais, neuf ans plus tard, elle quitte cette demeure, dont la vulnérabilité lui est apparue pendant la Fronde, et choisit de demeurer au Louvre. Louis XIV fait reprendre le projet d'extension du palais par Le Vau, qui construit la galerie d'Apollon et poursuit la fermeture de la Cour carrée.

En 1682, le roi quitte la capitale pour Versailles, où il installe la cour. Toute activité cesse au Louvre : les bâtiments de Le Vau et Perrault restent sans toit ni voix.

### Louis XV (1715-1774)

Il réside aux Tuileries pendant la Régence (1715-1722), puis à Versailles.

### Louis XVI (1774-1791)

Il est ramené de Versailles le 6 octobre 1789 ; il loge aux Tuileries avant son incarcération au Temple.

### La Convention (1792-1795)

Après sa chute, elle occupe le théâtre et le Comité de Salut Public (1793) les appartements des Tuileries, que s'adjuge Bonaparte, Premier consul.

### Napoléon Ier (1799-1814)

Il vit aux Tuileries. L'Empereur s'intéresse beaucoup au Louvre ; son premier soin est d'en chasser les intrus, artistes et membres de l'Institut. Les architectes Percier et Fontaine achèvent la Cour carrée, agrandissent la place du Carrousel, où Napoléon passait ses légions en revue, et y élèvent un arc de triomphe. La chute de l'Empereur, en 1814, interrompt les constructions.

### Napoléon III (1852-1870)

Habitant les Tuileries, c'est lui qui termine le Louvre. Il décide la fermeture nord de la Grande Cour et confie cette tâche à Visconti puis à Lefuel. Celui-ci remédie à la dénivellation entre les deux bras du Louvre en reconstruisant le pavillon de Flore dans un style emphatique (haut-relief de Carpeaux, *Le Triomphe de Flore*) et la partie ouest de la galerie du Bord-de-l'Eau avec la salle des États ; les guichets du Carrousel sont percés pour permettre le passage des voitures.

### La République

Le soulèvement de la Commune (la « semaine sanglante », du 21 au 28 mai 1871) est fatal au palais des Tuileries, qui est incendié. Les collections sont sauvées *in extremis*. Depuis 1873, les présidents de la République résident à l'Élysée. En 1875, sous la présidence de Mac-Mahon, Lefuel restaure le Louvre. Malgré les nombreux projets de reconstruction, l'Assemblée décide en 1882 de raser les ruines du palais des Tuileries, faisant disparaître un symbole monarchique et un monument capital de l'histoire architecturale.

## Le Louvre médiéval

En poursuivant après la rotonde, une fois franchie la crypte Sully où une ligne noire, au sol, marque l'emplacement de l'une des dix tours que comprenait le Louvre, le visiteur pénètre dans l'univers impressionnant de la forteresse élevée par Philippe Auguste au début du 13ᵉ s.

Le circuit emprunte les fossés nord et est : à gauche, le mur de contrescarpe, simple parement réparé à plu-

sieurs reprises ; à droite, la courtine de 2,60 m d'épaisseur. À l'est, une construction quadrangulaire indique
l'emplacement du soubassement du corps de logis
ajouté par Charles V en 1360 ; au milieu du fossé, la
pile du pont-levis est encadrée par les deux tours
jumelles de la porte orientale du château de Philippe
Auguste. Sur ces pierres rectangulaires, assemblées
régulièrement, apparaissent çà et là des boulins et des
marques en forme de cœur gravées par les tâcherons.

Une galerie moderne conduit au fossé du donjon
circulaire ou « grosse tour », bâtie entre 1190 et 1202
pour Philippe Auguste. Le fossé, large de 7,50 m en
moyenne, était autrefois dallé d'énormes pierres. La
visite se termine par deux salles d'exposition : dans la
première sont rassemblées des poteries découvertes
au cours des fouilles de la Cour carrée ; dans la « salle
Saint Louis », voûtée au milieu du 13ᵉ s., sont présentés des objets royaux trouvés au fond du puits du
donjon ; parmi ceux-ci, la réplique du casque
d'apparat ou « chapel doré » de Charles VI.

1199 :

Mort de Richard Cœur de Lion.

## Châlus
Haute-Vienne (87)

Situé au centre des monts de Châlus, dont les lourdes masses granitiques et boisées forment les contre-

forts du Massif central, Châlus est dominé par la silhouette ruinée de Châlus-Maulmont, point central de la vieille ville, et celle de Châlus-Chabrol, témoin de la fin tragique de Richard Cœur de Lion.

Les causes exactes de la venue à Châlus de Richard Cœur de Lion, roi d'Angleterre (1189-1199) et maître de tout l'ouest de la France, restent incertaines. Pour certains, le vicomte de Limoges, Adhémar V, ayant refusé de remettre en totalité à son suzerain un trésor découvert en 1199 par un paysan sur la terre de Châlus, le roi Richard aurait alors lancé une expédition pour recouvrer par la force son dû. Mais, en toute probabilité, l'épisode s'inscrirait plutôt dans le cadre de la lutte entre Capétiens et Plantagenêts. Pendant la captivité de Richard en Allemagne, plusieurs de ses vassaux, dont le vicomte de Limoges, avaient pris parti pour Philippe Auguste, au mépris de leur serment de fidélité au souverain anglais. De retour en 1194, ce dernier, bien décidé à prendre sa revanche sur son rival, entreprit de châtier ceux qui lui avaient manqué en détruisant leurs châteaux.

Survenant peu après la trêve de Vernon, l'affaire du trésor ne fut sans doute qu'un prétexte. Richard, accompagné de Mercadier et de ses routiers, arriva sous les murs du château de Châlus-Chabrol en mars 1199. Son intransigeance provoqua une résistance acharnée des assiégés qui, réfugiés dans le donjon, faisaient face aux assaillants sous le commandement de Pierre Brun. Le 26 mars, le roi s'approcha du donjon d'où partit un carreau d'arbalète tiré par l'un des chevaliers barricadés. Atteint à la base du cou, Richard Cœur de Lion succomba à la gangrène le 6 avril, à Chinon. « Que mon corps soit enterré à Fontevrault, mon cœur dans ma cathédrale de Rouen ; quant à mes entrailles, qu'elles restent à Châlus… » Avant de mourir, Richard Cœur de Lion avait appelé sa mère, la reine Aliénor, à son chevet, et avait fait venir Pierre Basile, le soldat responsable du tir mortel, pour le gracier. Mais sitôt après la mort de son seigneur, Mercadier lança ses hommes à la poursuite de l'arbalétrier qui fut écorché vif et pendu.

### Château de Châlus-Chabrol

Le château du Haut-Châlus, comme on l'appelle aussi, se dresse sur une éminence dominant la ville et la haute vallée de la Tardoire. Il se compose d'un corps de logis des 11e et 13e s. agrandi au 17e s. et d'un donjon cylindrique isolé (25 m de hauteur et 10 m de diamètre) remontant sans doute au 11e s., qui témoigne de l'architecture militaire à l'âge d'or de la féodalité. La construction, en gros moellons de gneiss formant des murs épais de 2,50 m à 3 m, opposait à l'adversaire une maçonnerie aux parois verticales et lisses qui offrait peu de prise au bélier et à la pioche, encore moins à l'incendie. À l'origine, le donjon possédait quatre niveaux, mais le dernier, couronné de mâchicoulis, s'effondra en 1870. À quelques mètres du donjon subsistent les vestiges de la chapelle castrale où reposent depuis des siècles les entrailles du grand roi que fut Richard Cœur de Lion. Sur l'esplanade du château, un jardin médiéval a été reconstitué, avec ses plantes médicinales et sa fontaine close centrale.

**1204 :**

**Prise de Château-Gaillard
par les Français.**

## Les Andelys
Eure (27)

Pour barrer au roi de France la route de Rouen par la vallée de la Seine, Richard Cœur de Lion, duc de Normandie et roi d'Angleterre, fait construire en 1196 une solide forteresse sur la falaise qui domine le fleuve près d'Andely. Les travaux sont vivement menés. L'année suivante, Château-Gaillard est debout et Richard peut s'écrier : « Qu'elle est belle, ma fille d'un an ! »

Malgré son audace, Philippe Auguste n'ose d'abord s'attaquer à la forteresse, tant celle-ci lui paraît redoutable. La mort de Richard Cœur de Lion, à qui succède l'hésitant Jean sans Terre, le décide à tenter sa chance. Cherchant à obtenir la reddition de la place par la famine, il l'isole, fin 1203, par un double fossé, renforcé par des tours de bois. Mais apprenant, en février 1204, que les assiégés ont encore des vivres pour un an, il décide de donner l'assaut. Le seul

accès possible est un isthme étroit. Il relie le promontoire sur lequel est bâtie la forteresse aux collines où le roi de France a établi son camp. C'est là
que portera l'attaque.

Premier obstacle : le châtelet, redoute triangulaire
gardant le point vulnérable. Sous la protection de
claies, un chemin est établi jusqu'au fossé profond
de 15 m. De la terre et des arbres y sont précipités
pour le combler et, quand les échelles permettent d'y
descendre, l'assaut est donné. Une sape provoque
l'effondrement partiel de la tour d'angle et ouvre
une **brè**che dans le châtelet dont les défenseurs se
retirent dans le fort principal. Le 6 mars, quelques
assaillants pénètrent par les latrines dans l'enceinte
du château : ils abaissent le pont-levis qui relie basse
cour et châtelet. Le gros des Français s'y précipite.
Sous les coups répétés des machines, la dernière
enceinte se lézarde, les attaquants s'engouffrent dans
une brèche et forcent la garnison à se rendre. Trois
mois plus tard, Rouen tombe aux mains du roi de
France.

## Château-Gaillard

Du parking supérieur, vue sur le château, la Seine
et Les Andelys.

### Le châtelet

Un fossé très profond le séparait du fort principal.
Des cinq tours qui le défendaient, il ne reste que la

plus haute, celle qu'attaquèrent les soldats de Philippe Auguste. Un sentier étroit le contourne.

*Le fort principal*

Gagnez l'esplanade dite basse cour, située entre le bastion avancé (barbacane) et le fort principal, puis longez le mur d'enceinte à gauche. On passe devant la chapelle et les soubassements du donjon : il a été habilement tiré parti de la forme naturelle du roc. Poursuivez jusqu'à l'extrémité des murailles d'où l'on a un joli point de vue à pic.

Revenez sur vos pas en longeant le fond du fossé. On passe devant les celliers creusés dans le roc et destinés à abriter les réserves de vivres de la garnison.

Pénétrez dans l'enceinte du fort par la passerelle qui a remplacé le pont-levis de l'entrée principale.

On peut alors admirer le donjon de 8 m de diamètre intérieur avec des murailles de 5 m d'épaisseur. Il comptait trois étages reliés par des escaliers de bois mobiles. À droite, attenant au donjon, on distingue les ruines du logis du gouverneur.

En ressortant de l'enceinte, il est possible de prolonger la promenade jusqu'au bord de l'escarpement rocheux : vue très étendue sur la vallée de la Seine.

1204 :

Le « miracle du feu ».

## Fanjeaux
Aude (11)

Lieu sacré dès l'époque romaine (son nom vient de *Fanum Jovis*, le temps de Jupiter), le bourg garde de beaux témoignages des premières prédications de saint Dominique en pays cathare.

### Saint Dominique et l'Inquisition

Missionné en terres cathares en 1206, Dominique de Guzmán, le futur saint Dominique, avait choisi d'évangéliser les « bonshommes » à la manière des apôtres : celle de la pauvreté et de la non-violence. En avril 1207, après la célèbre dispute qui eut lieu à Montréal avec les Cathares, Dominique se fixe au pied de la colline de Fanjeaux, foyer actif de l'hérésie, et fonde à Prouille une communauté de femmes converties. Hélas, la croisade de Simon de Montfort, déclenchée deux ans plus tard, marque la fin de son entreprise de conversion. Il part ensuite pour Toulouse, où naîtra, en 1215, l'ordre des Frères prêcheurs ou ordre dominicain, solidement formés en théologie. Saint Dominique décède en 1221. En 1235, le pape retire aux évêques la responsabilité de l'Inquisition, qu'il confie aux théologiens les plus reconnus de l'époque, les dominicains. Ironie du sort, qui éloigne gravement l'ordre du pacifisme évangélique de ses débuts.

## Maison de saint Dominique

Lors de ses séjours à Fanjeaux, Dominique s'installait dans la sellerie du château aujourd'hui disparu. La « chambre de saint Dominique » a gardé ses vieilles poutres et une cheminée. Transformée en oratoire en 1948, elle a été dotée de vitraux de Jean Hugo représentant les miracles de la mission du saint.

## Église

C'est un grand édifice méridional de la fin du 13ᵉ s. Le chœur, raffiné, présente un bel ensemble décoratif de six peintures du 18ᵉ s. La chapelle de saint Dominique *(2ᵉ à gauche)* abrite la poutre, témoin du « miracle du feu ». Sur la fin d'un jour d'hiver, passé à débattre avec les Cathares, Dominique donne à l'un de ses contradicteurs un écrit résumant ses arguments. Rentré chez son hôte, le Cathare soumet publiquement la feuille à l'ordalie : lancée dans le feu du foyer par trois fois, elle reste intacte mais, par trois fois, s'élève jusqu'au plafond, laissant sur la poutre des traces de combustion.

Remarquer encore les vitraux et le beau bénitier.

Dans le trésor, bustes reliquaires de saint Louis d'Anjou, l'un des patrons de l'ordre franciscain (vers

115), et de saint Gaudéric, protecteur des paysans (1541).

## Le Seignadou

*À 5 mn à pied de l'église.* C'est le promontoire-belvédère d'où saint Dominique vit par trois fois un globe de feu descendre sur le hameau de Prouille *(au premier plan).* Ce prodige le décida à fonder là sa première communauté, perpétuée par un couvent de dominicaines (contemplatives). Du haut de cette colline, vues lointaines sur le Lauragais, la Montagne noire, les Corbières et les Pyrénées.

## 22 juillet 1209 :

### Prise et sac de Béziers.

#### Hérault (34)

*Le massacre de 1209*

« Tuez-les tous… Dieu reconnaîtra les siens ! » Cet ordre, qui aurait été délivré aux soldats se préoccupant de reconnaître les « hérétiques » des « bons chrétiens », est d'une historicité douteuse. Mais il reste à juste titre emblématique du sac de Béziers lors de la croisade contre les albigeois. En effet, les « barons du Nord » mettent le siège devant Béziers en 1209. Les catholiques, invités à quitter la place avant l'assaut, refusent de partir. Ensemble, les Biterrois livrent bataille en avant des murs et sont mis en déroute. Les croisés entrent en même temps qu'eux dans la ville. Le massacre est effroyable : on n'épargne ni jeunes ni vieux, on tue jusque dans les églises. Béziers est ensuite pillée et incendiée, « afin qu'il ne restât chose vivante ».

La ville finit par renaître de ses cendres, mais reste longtemps languissante. Seuls l'arrivée du chemin de fer et le développement de la vigne, au 19ᵉ s., lui ont rendu l'activité et la richesse.

### Église de la Madeleine

Édifice roman modifié à l'époque gothique, puis au 18ᵉ s. Elle fut l'un des principaux théâtres du massacre de 1209.

### Ancienne cathédrale St-Nazaire

Perchée sur une terrasse au-dessus de l'Orb, la cathédrale fut le symbole de la puissance des évêques du diocèse de Béziers de 760 à 1789. L'édifice roman, endommagé en 1209, reçut des modifications dès 1215 et jusqu'au 15ᵉ s. Dans la façade occidentale flanquée de deux tours fortifiées (fin 14ᵉ s.) s'ouvre une belle rose de 10 m de diamètre. Au chevet, les fortifications sont un élément décoratif : les arcs entre les contreforts forment des mâchicoulis.

15 août 1209 :

Prise de Carcassonne.

Aude (11)

*Un cœur fier*

Pendant quatre cents ans, Carcassonne reste la capitale d'un comté, puis d'une vicomté sous la suzeraineté des comtes de Toulouse. Elle connaît alors une époque de grande prospérité, interrompue au 13ᵉ s. par la croisade contre les albigeois.

Les croisés du Nord, descendus par la vallée du Rhône, pénètrent en Languedoc en juillet 1209, pour châtier l'hérétique. Le comte Raimond VI de Toulouse ayant été obligé, pour sauver l'essentiel, de se croiser, le poids de l'invasion retombe sur son neveu et vassal Raimond-Roger Trencavel, vicomte de Carcassonne. Après le sac de Béziers, l'armée des croisés investit Carcassonne le 1ᵉʳ août. Malgré l'ardeur de Trencavel — il n'a que vingt-quatre ans —, la place est réduite à merci au bout de quinze jours par le manque d'eau. Le Conseil de l'armée investit alors Simon de Montfort de la vicomté de Carcassonne, en lieu et place de Trencavel. L'année n'est pas terminée que ce dernier est trouvé sans vie dans la tour où il était détenu. Après la chute de Carcassonne, ses habitants furent contraints à l'exode pendant sept années. Autorisés à revenir, ils bâtirent sur la rive opposée une ville nouvelle au plan quadrillé, celle qu'on appelle aujourd'hui la ville basse.

La cité de Carcassonne est la plus grande forteresse d'Europe. Elle se compose d'un noyau fortifié, le château comtal, et d'une double enceinte : l'enceinte extérieure, qui compte 14 tours, séparée de l'enceinte intérieure (24 tours) par les lices.

Elle garde une population résidante d'environ 130 habitants, échappant ainsi au sort des villes-musées uniquement animées par le tourisme.

### Porte Narbonnaise

C'est l'entrée principale, la seule où passaient les chars. Un châtelet à créneaux, édifié sur le pont franchissant le fossé, et une barbacane percée de meurtrières précèdent les deux tours Narbonnaises, de part et d'autre de la porte, massives constructions à éperons (ou à becs) destinés à repousser l'assaillant ou à faire dévier les projectiles (à l'intérieur, expositions temporaires). Entre les tours, au-dessus de l'arche, statue de la Vierge.

### Rue Cros-Mayrevieille

Elle permet d'accéder directement au château.

À droite de la place du Château se situe un grand puits profond de près de 40 m.

### Château

Érigé au 12$^e$ s. par Bernard Aton Trencavel, le château était à l'origine le palais des vicomtes, adossé à l'enceinte gallo-romaine. Il fut transformé en citadelle après le rattachement de Carcassonne au domaine royal en 1226. Depuis le règne de Saint Louis, un immense fossé et une grande barbacane de plan semi-circulaire le protègent et en font une véritable forteresse intérieure. Du pont, remarquez les hourds, à droite. *La visite commence par le musée.*

Des vestiges provenant de la cité et de la région sont réunis dans le Musée lapidaire : lavabo (12ᵉ s.) de l'abbaye de Lagrasse, calvaire de Villanière (fin 15ᵉ s.), belles fenêtres du couvent des Cordeliers, petits personnages finement sculptés, bornes milliaires, stèles funéraires discoïdales du Lauragais, abusivement dites « cathares », et gisant d'un chevalier mort au combat. Salle d'iconographie de la cité.

Spacieuse, la cour d'honneur est entourée de constructions modernes. Du côté sud, le bâtiment présente une façade romane dans sa partie inférieure, gothique au milieu et Renaissance dans sa partie supérieure. Des colombages sont bien visibles. Sur la droite, portes de cachots.

À l'angle sud-ouest de la cour du Midi s'élève la plus haute des tours, la tour de Guet, très bien conservée, desservie par un unique escalier de bois.

*Sortez du château pour prendre à gauche la rue de la Porte-d'Aude.*

## Porte d'Aude

C'est l'élément majeur des lices. Un chemin forti-fié, la Montée de la porte d'Aude, qui part du pied de la colline (du côté ouest, où s'élève l'église St-Gimer), y donne accès depuis la ville basse. De tous côtés, elle est puissamment défendue : grand châte-let, petit châtelet, place d'armes et portes.

## Lices basses

*Accès par la porte d'Aude à droite.*

Les lices sont la partie comprise entre les deux enceintes. Les lices basses se situent entre la porte d'Aude et la porte Narbonnaise, au nord-ouest. À l'ouest, elles se rétrécissent jusqu'à devenir inexistan-tes au niveau de la tour de l'Évêque qui barre le pas-sage.

D'abord se dresse la tour de l'Inquisition. Comme son nom l'indique, elle était le siège du tribunal de l'Inquisition. Un pilier central, avec des chaînes, et un cachot sombre témoignent des tortures subies par les hérétiques.

Plus loin s'élève la tour carrée de l'Évêque. Elle est construite à cheval sur les lices, empêchant ainsi toute communication entre la partie nord et la partie sud de celles-ci. Comme elle était réservée à l'évê-que — sauf le chemin de ronde supérieur —, elle fut aménagée plus confortablement. Depuis la deuxième salle, bonne vue sur le château.

*Revenez vers la porte d'Aude et continuez dans les lices basses.*

Vous êtes au pied de la tour de la Justice où les Trencavel, vicomtes de Béziers et de Carcassonne, protecteurs des Cathares, se réfugièrent avec le comte de Toulouse pour échapper à l'armée de Simon de Montfort lors de la croisade contre les albigeois. C'est une tour ronde dont les ouvertures étaient protégées par des volets roulants permettant de voir le pied des murailles sans être vu.

Passez ensuite devant le Château comtal pour circuler sur le front nord, wisigoth, partie la plus ancienne des lices. Là, les courtines et les tours de l'enceinte intérieure sont très élevées ; les toitures d'origine, plates, de style méridional, sont bien visibles sur les tours de l'enceinte extérieure (alors que celles refaites par Viollet-le-Duc sont pointues).

*Passez sous le pont-levis, à hauteur de la porte Narbonnaise et continuez vers le sud-est.*

### Lices hautes

Côté est, à la tour du Trésau (ou Trésor), elles sont très larges et bordées de fossés. Après la porte Narbonnaise, à gauche, remarquez sur l'enceinte extérieure la tour de la Vade, donjon avancé, haut de trois étages, destiné à la surveillance de tout le côté est. La promenade sur le front sud jusqu'à la tour d'angle du Grand Brulas, face à la tour Mipadre, présente, elle aussi, beaucoup d'intérêt.

## Tour St-Nazaire

C'est là que se termine le tour des lices. Bel ouvrage de plan carré dont la poterne — masquée par une échauguette d'angle — n'était accessible qu'avec des échelles. La tour conserve un puits et un four (au I$^{er}$ étage). Elle protégeait l'église, placée en arrière dans la cité. Table d'orientation au sommet.

*Rentrez dans la cité par la porte St-Nazaire.*

## Basilique St-Nazaire

De l'ancienne église consacrée en 1006 ne subsiste que la nef, mais la basilique reste une totale réussite architecturale. En pénétrant à l'intérieur, on est saisi par le contraste entre la nef centrale, échantillon d'art roman méridional, simple et sévère sous sa voûte en berceau, et le chevet gothique, illuminé par les baies de l'abside et de six chapelles. Cet ensemble, ajouré à l'extrême, présente des proportions parfaites, des lignes pures et légères joliment décorées.

Les vitraux de St-Nazaire forment un ensemble exceptionnel, considéré comme l'un des plus intéressants du Midi. L'architecture tout en lumière est de la même veine que celle de la Ste-Chapelle de Paris, fenêtres et rosaces datant pour la plupart des 13$^e$ et 14$^e$ s. Le vitrail central (1280) du chœur illustre la vie de Jésus encadré par deux verrières (14$^e$ s.) figurant les apôtres Pierre et Paul. Toujours dans le chœur, les vitraux à grands personnages (saint Nazaire et saint Celse), jugés trop vétustes, ont été remplacés au 16$^e$ s. et portent les blasons des évêques Pierre d'Auxillon (1497-1512) et Martin de Saint-André (1521-1546). Dans le transept nord, la chapelle de la Vierge est éclairée par l'Arbre de Jessé, illustrant la généalogie du Christ, alors que dans le transept sud, c'est l'Arbre de Vie (14$^e$ s.), arbre du paradis dont le fruit offrait l'immortalité, qui inonde de lumière la chapelle de la Croix. C'est à la lumière du matin qu'ils prennent toute leur beauté.

De remarquables statues — rappelant celles de Reims et d'Amiens — ornent le pourtour du chœur. Dans la chapelle du croisillon droit, plusieurs tombeaux d'évêques, dont celui de Pierre Roquefort (14$^e$ s.), retiennent l'attention.

C'est à Viollet-le-Duc que l'on doit les modifications à l'ouest : il crut par erreur que l'église appartenait à une enceinte fortifiée « wisigothique » et s'autorisa donc à couronner le clocher-mur de créneaux.

*Revenez à la porte Narbonnaise par la rue du Plô.*

1210 :

**Échec des croisés
devant les châteaux de Lastours.**

Aude (11)

Entre les profonds vallons de l'Orbiel et du ruisseau de Grésillou, une arête rocheuse porte les ruines de quatre châteaux dans un site sauvage. Nommés Cabaret, Tour Régine, Fleur d'Espine et Quertinheux, ces châteaux constituaient au 12ᵉ s. la forteresse de Cabaret dont le seigneur, Pierre-Roger de Cabaret, était un ardent défenseur de la cause cathare. Pendant la croisade contre les albigeois, en 1210, Simon de Montfort dut reculer devant ces murailles, alors que Minerve puis Termes capitulaient. Les rescapés venaient se réfugier à Cabaret qui résistait à toutes les attaques. Simon de Montfort n'en prit possession qu'en 1211 à la suite de la reddition volontaire de Pierre-Roger de Cabaret.

1213 :

**Bataille de Muret.**

Haute-Garonne (31)

*Le jour où le destin bascula*

On a peine à imaginer aujourd'hui Muret comme la place forte investie d'où sortirent, ce 12 septembre 1213, les trois corps de bataille des croisés de Simon de

Montfort. Ils partaient alors à la rencontre des milices urbaines et de la chevalerie languedocienne commandées par Raimond VI de Toulouse et aidées par les troupes de Pierre II d'Aragon, auréolé de sa victoire contre les Maures à la bataille de Las Navas de Tolosa (1212). Pierre II fut tué dès le premier choc et les troupes de Raimond VI, soudain privées de la couverture de la cavalerie, furent balayées de la plaine, « comme le vent fait de la poussière à la surface du sol ».

En quelques heures, le grand rêve d'un royaume méditerranéen sous la houlette du roi d'Aragon s'était effondré. C'est que son aide au turbulent voisin (et néanmoins beau-frère) toulousain s'accompagnait de quelques arrière-pensées : déjà en possession de la Provence, du Gévaudan et de la région de Montpellier, une victoire lui aurait sans doute permis d'étendre son influence sur le Languedoc et de poser les bases du futur royaume.

Deux monuments commémorant la bataille (inscriptions en occitan) furent élevés au bord de la route de Seysses (D 12), à 1 km au nord.

### Église St-Jacques

Dans la chapelle du Rosaire (12ᵉ s.) s'ouvrant sur le bas-côté gauche, où saint Dominique se serait retiré en prière au matin de la bataille de Muret, remarquez les voûtes de brique enrichies de belles clés. Dehors, un soldat de pierre attend toujours l'issue de la bataille.

**25 avril 1215 :**

Fondation de l'ordre
des Dominicains.

## Toulouse
Haute-Garonne (31)

### Les Jacobins

En 1215, saint Dominique, effrayé par les progrès de l'hérésie albigeoise, avait fondé l'ordre des Frères prêcheurs, dans la maison de Pierre Seilhan, située actuellement au 7 place du Parlement. Le premier couvent des dominicains fut installé à Toulouse en 1216. Lorsque ceux-ci arrivent à Paris, en 1217, ils s'installent dans une chapelle consacrée à saint Jacques : ceci leur valut le nom de « Jacobins ».

La construction de l'église et du couvent, première université toulousaine, commencée en 1230, se poursuivit aux 13ᵉ et 14ᵉ s. L'ensemble fut par la suite défiguré par sa transformation en quartier d'artillerie sous le premier Empire. L'église servit d'écurie avant d'être intégrée dans le lycée Pierre-de-Fermat. Certains anciens élèves se souviennent de quelques parties de ballon dans le cloître. De longs travaux de dégagement et de restauration ont abouti, en 1974, à la réhabilitation de l'église, du cloître ainsi que des bâtiments conventuels rescapés, dont la grande sacristie.

## L'église de brique

C'est un chef-d'œuvre de l'école gothique du Midi, dont elle marque l'apogée. Extérieurement, elle frappe par ses grands arcs de décharge disposés entre les contreforts et surmontés d'oculi, et par sa tour octogonale allégée d'arcs en mitre qui servit de modèle pour de nombreux clochers d'églises de la région et reçut, à son achèvement en 1298, la cloche unique de l'Université dominicaine.

L'église-mère de l'ordre des Frères prêcheurs, achevée vers 1340, accueillit en 1369 le corps de saint Thomas d'Aquin. Les reliques du « Docteur angélique », transportées à la basilique St-Sernin lors de la Révolution française, sont à nouveau exposées sous un maître-autel en marbre gris (monastère de Prouille), depuis les solennités du 7ᵉ centenaire de la mort du saint en 1974.

Le grandiose vaisseau à deux nefs fut bâti par surélévations et agrandissements successifs. Il traduit le rayonnement de l'ordre, sa prospérité et ses deux missions bien tranchées : le service divin et la prédication. Sur le pavement, le plan du premier sanctuaire (1234), rectangulaire et couvert de charpente, est rappelé par cinq dalles de marbre noir (base des anciens piliers) et par un cordon de carreaux, également noirs (les murs). Les sept colonnes portent la voûte à 28 m de hauteur sous clé. La dernière colonne repose la voûte tournante l'abside : ses

22 nervures, alternativement minces et larges, composent le fameux « palmier ». La décoration polychrome des murs ayant subsisté en grande partie, les restaurateurs ont pu restituer l'ambiance de l'église. Jusqu'à l'appui des fenêtres hautes, les murs présentent un faux appareil de pierres ocre et rosées. D'autres contrastes de teintes soulignent l'élan des colonnettes engagées ainsi que la souplesse des nervures de la voûte. Les verrières (grisailles dans le chœur, plus chaudement colorées dans la nef) furent posées à partir de 1923. Seules les deux roses de la façade datent du 14e s.

### Cloître

La porte nord ouvre sur un cloître à colonnettes jumelées typique du gothique languedocien (autres exemplaires à St-Hilaire et Arles-sur-Tech). Les galeries sud et est, qui avaient disparu vers 1830, ont pu être reconstituées à partir d'épaves, retrouvées çà et là dans la région, ou d'autres fragments de la même école.

### Chapelle St-Antonin

À gauche de la salle capitulaire, elle fut élevée de 1337 à 1341 comme chapelle funéraire par le frère Dominique Grima, devenu évêque de Pamiers (clé de voûte au-dessus de la tête du Christ de l'Apocalypse). Elle constitue une délicate œuvre gothique, parée, en 1341, de peintures murales à dominante bleue.

Les médaillons inscrits dans les voûtains sont consacrés à la deuxième vision de l'Apocalypse. Sur les murs, au-dessous d'anges musiciens, se déroulent, en deux registres, les scènes de la fantastique légende de saint Antonin de Pamiers, dont la clé de voûte de l'abside donne la conclusion : les reliques du martyr naviguent sous la garde de deux aigles blancs.

### Salle capitulaire

Construite vers 1300. Deux fines colonnes prismatiques en supportent les voûtes. La gracieuse absidiole a retrouvé son décor polychrome.

### Grand réfectoire

Construit en 1303, c'est un vaste vaisseau avec couverture de charpente supportée par six arcs diaphragme. Il est aujourd'hui utilisé pour des expositions temporaires d'art moderne, en liaison avec Les Abattoirs, le nouveau musée d'Art contemporain de Toulouse.

1244 :

Siège de Montségur.

Ariège (09)

Monségur, du latin *securus*, *segur* exprime l'impression de sécurité et désigne souvent des lieux fortifiés.

Perché sur son « pog » à 1216 m d'altitude, le château occupe un site dominant des à-pics de plusieurs centaines de mètres. Il offre un panorama remarqua-

ble sur les rides du Plantaurel, la coupure de la vallée
de l'Aude et le massif du St-Barthélemy.

C'est dans ce lieu que l'épopée cathare a pris fin.
Un site grandiose et isolé, un « pog » (rocher) sur
lequel s'inscrit, tel un aigle, un château où les « parfaits » s'étaient réfugiés.

### Un lieu de mémoire

Reconstruit en 1204 à l'emplacement d'une forteresse antérieure, le château de Montségur abrite une
centaine d'hommes sous le commandement de Pierre
Roger de Mirepoix. À l'extérieur, mais toujours sur le
pog, vit une communauté de réfugiés cathares avec
son évêque, ses diacres, ses parfaits et ses parfaites. Le
prestige du lieu, les pèlerinages qu'il génère, sa fière
indépendance, bien que la croisade contre les albigeois
soit en voie de s'achever, portent ombrage à l'Église
et à la royauté. Le massacre des membres du tribunal
de l'Inquisition à Avignonet, par une troupe venue de
Montségur le 28 mai 1242, met le feu aux poudres
et la décision est prise de réduire ce foyer de résistance. Le siège, dirigé par le sénéchal de Carcassonne, Hugues des Arcis, à la tête d'une armée de
10 000 hommes, commence en juillet 1243. Entrecoupé de combats, il dure dix mois et s'achève une
nuit de janvier 1244 lorsqu'une escouade de montagnards basques, escaladant à la faveur de la nuit la
falaise abrupte, prend pied sur le plateau supérieur.
Elle y installe un trébuchet monté par pièces détachées avec lequel les murailles sont criblées de boulets.

Les secours promis par le comte de Toulouse n'arrivant toujours pas, Pierre Roger de Mirepoix offre de rendre la place et obtient la vie sauve pour la garnison. Une trêve de quinze jours est conclue, du 1$^{er}$ au 15 mars 1244. Refusant d'abjurer, les religieux cathares, au nombre de 207, descendent de la montagne le matin du 16 mars et montent sur le gigantesque bûcher du « Camp dels Cremats », sous la conduite de leur évêque, Bertrand Marty. Parmi eux, Esclarmonde de Péreilhe, fille du seigneur de Montségur et épouse de Pierre Roger de Mirepoix, et sa mère, qui choisirent de recevoir la mort avec les autres albigeois réfugiés sur le site. Depuis lors, érudits, tenants de la tradition occitane, chercheurs d'un prétendu trésor cathare et adeptes de théories ésotériques fréquentent le pog où s'élève un nouveau château édifié après 1245 par le nouveau seigneur de Mirepoix, Guy de Lévis II, sur les ruines de celui qui connut le drame.

## Château

On accède à la forteresse, dont le plan pentagonal épouse le contour de la plate-forme du sommet, par une porte au sud. Autour de la cour intérieure, divers bâtiments (logis, annexes) étaient adossés au rempart.

Autrefois, une porte au 1$^{er}$ étage du donjon permettait d'y accéder à partir du rempart. Un escalier intérieur menait à la salle basse, réservée à la défense et à l'entrepôt de vivres. Aujourd'hui, on pénètre dans la

salle basse après avoir contourné l'enceinte par la porte
nord, à travers une brèche qui donne sur l'ancienne
citerne. Deux meurtrières de la salle basse reçoivent le
soleil du solstice d'été de telle sorte que la lumière ressort par les deux meurtrières qui leur font face. Cette
curiosité, sans doute fortuite, n'a pas manqué de
débrider l'imagination des ésotéristes qui y ont vu on
ne sait quel culte cathare au soleil… oubliant seulement que le château actuel n'est plus celui de 1244 !

Au pied du donjon, côté nord-ouest, s'étagent les
vestiges du village cathare qui font encore aujourd'hui
l'objet de fouilles.

### Village

Il s'étend au pied du rocher, dans la vallée du Las-
set. Le bâtiment de la mairie abrite le Musée archéologique du château de Montségur qui expose des
objets révélés par des fouilles effectuées sur les lieux :
important mobilier du 13$^e$ s., outillage permettant de
faire remonter au Néolithique l'occupation du « pog »
et documentation sur le catharisme.

### 27 juillet 1214 :

### Bataille de Bouvines.

Nord (59)

Ce nom reste gravé dans l'histoire de France en
raison de la bataille qui s'y déroula. Dans l'église

St-Pierre, 21 vitraux relatant les épisodes de cette victoire française. Malgré les infrastructures modernes et contemporaines, la plaine où s'affrontèrent Français, milices des communes du Nord, barons allemands, flamands et anglais est encore visible.

### Les comtes de Flandre

La première mention de L'Isle, qui vient d'*insula*, apparaît en 1066 dans une charte de dotation de la collégiale St-Pierre par Baudouin V, comte de Flandre et propriétaire d'un château situé sur une île de la Deûle. Au 11ᵉ s., Lille se développe autour de ce château et du port situé à l'emplacement de l'avenue du Peuple-Belge. Au fil des siècles, les marais sur lesquels la ville est bâtie sont asséchés, la Deûle est canalisée et le port se déplace progressivement, en même temps que le développement de Lille, jusqu'à son emplacement actuel. Le comte de Flandre Baudoin IX devient empereur de Constantinople en 1204, à l'issue de la quatrième croisade, mais il est tué l'année suivante. Il laisse deux héritières. À l'âge de cinq ans, l'une d'elles, Jeanne, épouse le fils du roi du Portugal, Ferrand, sur ordre de Philippe Auguste. Le couple s'installe à Lille.

### La bataille de Bouvines

Vassale du roi de France, la Flandre est économiquement liée à l'Angleterre et au Saint Empire romain germanique. Aussi, devant les prétentions de Philippe Auguste sur les régions du Nord, une coalition se forme : elle rassemble le roi d'Angleterre Jean sans Terre, l'empereur germanique Otton IV, les comtes de Boulogne, du Hainaut et de Flandre. Le 27 juillet 1214, Bouvines est la première grande victoire française. Fait prisonnier, « Ferrand le bien enferré » est enfermé au Louvre, tandis que Jeanne gouverne la ville.

## 1223 :

### Premier sacre rituel d'un roi de France à Reims.

Marne (51)

#### *Reims médiévale*

Sous l'épiscopat de Remi, la vocation religieuse de Reims prend une importance décisive. L'événement le plus marquant est le sacre impérial de Louis le Pieux, en octobre 816, dans la vieille cathédrale. Sous les épiscopats d'Ebbon et d'Hincmar (9ᵉ s.), le rayonnement artistique de l'école de Reims atteint son apogée, tandis que s'élève une nouvelle cathédrale. Du 11ᵉ au 13ᵉ s., la ville se développe et s'embellit de prestigieux édifices, comme l'abbatiale St-Remi et la cathédrale Notre-Dame. De 1160 à 1210, la superficie bâtie a presque doublé et la ville atteint les limites de son extension médiévale. Reims confirme définitivement sa vocation de ville du sacre.

*Le cérémonial du sacre*

Réglé dès le 12ᵉs., il sera observé pour les 25 sacres, de Louis VIII à Charles X (1223 à 1825). Le jour du couronnement, un dimanche matin, deux évêques vont en procession chercher le roi au palais archiépiscopal, qu'une galerie de bois ornée de tapisseries relie à la cathédrale. Lorsque le cortège parvient à la porte du roi, un chantre frappe et le dialogue suivant se poursuit, par trois fois : Le grand chambellan : « Que demandez-vous ? ». Un des évêques : « Le roi. » L'évêque dit enfin : « Nous demandons Louis que Dieu nous a donné pour roi. » La porte s'ouvre alors et la compagnie est conduite au lit de parade du roi. Les évêques mènent ensuite le roi à la cathédrale : celui-ci prend d'abord place dans le chœur, puis s'agenouille au pied de l'autel et s'assied enfin sous le dais. La sainte ampoule, apportée de St-Remi, est placée sur l'autel près de la couronne de Charlemagne et d'autres objets sacrés : son épée Joyeuse, le sceptre, la main de justice, les éperons, le livre des Cérémonies, une camisole de satin rouge garni d'or, une tunique et le manteau royal de velours violet à fleurs de lys.

Ayant prêté serment, le roi monte à l'autel où les dignitaires le ceignent de son épée et lui fixent ses éperons. Avec une aiguille d'or, l'archevêque prend dans la sainte ampoule une goutte du saint chrême qu'il mélange avec les huiles consacrées sur la patène de saint Remi ; il procède ensuite à l'onction sur la tête, le ventre, les épaules, le dos et les jointures des bras. Le roi revêt alors le manteau, reçoit l'anneau, le sceptre et la main. Avec l'assistance des pairs, l'archevêque le couronne, le mène au trône, sous le jubé, l'embrasse et crie : « *Vivat Rex æternum !* »

Après l'acclamation des assistants, le lâcher de colombes et la salve de mousqueterie, on entonne le *Te Deum*. Enfin, le roi regagne l'archevêché et la cérémonie se conclut par un banquet. Le lendemain, il se rend à l'abbaye de Corbeny pour vénérer les reliques de saint Marcoul qui donnent le pouvoir de guérir les écrouelles.

## Cathédrale Notre-Dame

Classée au Patrimoine mondial, elle est l'une des plus grandes cathédrales du monde chrétien par son unité de style, sa statuaire et les souvenirs qui la lient à l'histoire des rois de France. Sa longueur totale atteint 138 m ; la hauteur sous voûte est de 38 m.

Une première cathédrale avait été élevée en 401 par saint Nicaise. Elle fut remplacée au 9ᵉ s. par un édifice plus vaste, détruit lors d'un incendie en 1210. L'archevêque Aubry de Humbert décida alors la construction d'une cathédrale gothique à l'image de celles qui étaient en chantier depuis la fin du 12ᵉ s. à Paris, Soissons et Chartres. L'élaboration des plans fut confiée au maître Jean d'Orbais et la première pierre posée en 1211. En 1285, l'intérieur de la cathédrale était achevé ; les tours s'élevèrent au cours du 15ᵉ s. Le projet était de construire quatre autres tours et sept clochers, mais en 1481 un incendie ravagea les combles.

La cathédrale souffrit de quelques modifications au 18ᵉ s. : suppression du jubé, de vitraux et du labyrinthe. Mais elle passa la Révolution sans grands dommages. Au 19ᵉ s. fut menée une campagne de consolidation et de restauration. Elle s'achevait à peine lorsque la guerre de 1914-1918 frappa la cathédrale de plein fouet.

### L'extérieur

De nombreuses statues sont nichées dans chaque recoin. On en a dénombré plus de 2 300, mais certaines, trop abîmées par la guerre et les intempéries, sont désormais exposées au palais du Tau. La plupart ont été remplacées par des copies, taillées par Georges Saupique et Louis Leygue.

### Façade

C'est l'une des plus belles qui soient en France. Son système d'élévation est semblable à celui de Notre-Dame de Paris, mais ses lignes sont magnifiées par le mouvement vertical que créent les tympans, les gâbles et les pinacles aigus, les colonnettes élancées et les gigantesques effigies de la galerie des rois.

Les trois portails correspondent aux trois nefs. Ils sont surmontés d'un gâble qui sert de support au groupe de sculptures habituellement situé sur le tympan — mais celui de Reims est ajouré. Celles-ci sont caractéristiques du style champenois au 13ᵉ s. : variété des attitudes, simplicité des vêtements, imitation de la nature. Au portail central, consacré à Marie, la *Vierge au trumeau* sourit. Dans les ébrasements de droite : groupes de *La Visitation* et de *L'Annonciation* ; dans ceux de gauche : la *Présentation de Jésus au Temple* avec la Vierge près du vieillard Siméon, et saint Joseph au visage malicieux, portant des colombes ; dans le gâble : *Couronnement de la Vierge par le Christ* (l'original se trouve au palais du Tau). Au-dessus de la rosace et de la scène décrivant le combat de David et Goliath, la galerie des Rois compte 56 statues dont chacune mesure 4,50 m de haut et pèse 6 à 7 tonnes. Au centre, on découvre le *Baptême de Clovis*.

### Contreforts

L'aspect latéral de la nef, avec ses contreforts et arcs-boutants, a conservé son allure d'origine, aucune chapelle n'ayant été construite ultérieurement. On surnomme Notre-Dame de Reims la « Cathédrale des anges », car les contreforts sont surmontés de niches dont chacune abrite un grand ange aux ailes déployées, parmi lesquels le célèbre Ange au sourire *(portail de gauche, le 1ᵉʳ à gauche de la porte)*.

### Façade du transept nord

Elle est dotée de trois portails dont la statuaire est plus ancienne que celle de la façade occidentale. Celui de droite provient de l'ancienne cathédrale romane :

son tympan, orné d'une Vierge en majesté sous une arcade en plein cintre, est encadré de beaux entrelacs de feuillages. Le portail du milieu figure, au trumeau, *Saint Calixte pape*. Celui de gauche montre, dans les ébrasements, six belles statues d'apôtres encadrant le *Beau Dieu*, qui a retrouvé sa belle tête. Le tympan présente des scènes du Jugement dernier aux détails pittoresques. Parmi les damnés du premier registre, on reconnaît un roi, un évêque, un moine et un juge. Au-dessus, les morts se contorsionnent pour sortir de leurs tombes.

### Chevet

Du cours Anatole-France s'offre une belle vue sur le chevet de la cathédrale. La multiplicité des chapelles rayonnantes, avec leurs toits surmontés de galeries à arcatures, et les deux séries superposées d'arcs-boutants, créent une harmonieuse association de volumes.

### À l'heure

La cathédrale a conservé une horloge astronomique du 15ᵉ s. Chaque heure déclenche deux cortèges de figurines : L'Adoration des Mages et La Fuite en Égypte.

### L'intérieur

L'impression de clarté et d'élancement est accentuée par les dimensions de la nef, étroite par rapport à sa longueur, et par le tracé des doubleaux formant des arcs très aigus.

*Nef*

Elle s'élève sur trois étages. Au-dessus des arcades étayées de piliers cylindriques, le triforium aveugle correspond à l'appui des toitures des bas-côtés : il court sous les hautes baies, divisées en lancettes par un meneau. Les chapiteaux englobent dans leur pourtour les quatre demi-colonnes engagées dans le pilier : ils sont ornés d'une décoration florale plus ou moins élaborée selon l'étape de la construction. Les plus anciens (en partant du chœur) dessinent des feuilles d'acanthe traitées en crochet, des monstres et même deux vignerons portant un panier de raisin *(6ᵉ pilier de la nef à droite)*. Les plus récents illustrent avec fidélité et délicatesse la flore locale.

*Chœur*

Il ne comporte que deux travées, mais la partie réservée au culte déborde très largement sur la nef qui possède trois travées : le déroulement des sacres et l'importance du chapitre exigeaient un vaste espace. Autrefois, un jubé clôturait le chœur, qui servait d'élévation pour le trône royal. Les piliers diminuent de section et se resserrent à chaque travée, accentuant l'effet d'élévation. Les chapelles rayonnantes, qui s'ouvrent sur le déambulatoire, sont reliées entre elles par un passage à la base des ouvertures, typique de l'architecture champenoise.

Le revers de la façade, œuvre de Gaucher de Reims, est unique dans l'histoire de l'architecture gothique. Le mur est creusé de niches dans lesquelles ont été sculptées des statues. Les différents registres sont séparés par une luxuriante décoration florale, évoquant celle des chapiteaux de la nef.

Au-dessus, la grande rose (12 m de diamètre) surmonte le triforium qui découpe ses arcatures sur des verrières de même forme. Au-dessous, dans le revers du portail dont le tympan est ajouré, s'inscrit une rose plus petite.

Le revers du portail central est le mieux conservé. À gauche se déroule la *Vie de la Vierge*. Deuxième registre : l'archange Gabriel annonce à Anne et Joachim la naissance de Marie ; troisième registre : Joseph et Marie se rencontrent à la Porte Dorée ; quatrième registre : un prophète (sans doute Isaïe annonçant la venue d'un enfant sauveur) présente la crèche ; cinquième et sixième registres : massacre des Innocents ; dernier registre : fuite en Égypte. À droite est représentée la *Vie de saint Jean-Baptiste*. En bas, la *Communion du chevalier* (en habits du 13ᵉ s.) montre Melchisédech offrant le pain et le vin à Abraham.

### Vitraux

Créés au 13ᵉ s., ils ont beaucoup souffert. Certains ont été remplacés par du verre blanc au 18ᵉ s. D'autres ont été détruits pendant la guerre de 1914-1918. Il subsiste ceux de l'abside représentant, au centre, Henri de Braine le donateur *(partie inférieure de la lancette de droite)* et, de part et d'autre, les évêques suffragants dépendant de l'archevêque de Reims avec leur église : Soissons, Beauvais, Noyon, Laon, Tournai, Châlons, Senlis, Amiens et Thérouanne.

La grande rosace de la façade, chef-d'œuvre du 13ᵉ s., est dédiée à la Vierge : au centre, la *Dormition*, et dans les corolles qui l'entourent, les apôtres puis des anges musiciens.

Les maîtres verriers Simon travaillent depuis plusieurs générations à la restauration des verrières. Jacques Simon a refait, entre autres, les vitraux des *Vignerons*. Sa fille Brigitte Simon-Marcq a exécuté une série de verrières abstraites, dont *Les Eaux du Jourdain*, à droite des fonts baptismaux dans le transept sud. Depuis 1974, la chapelle absidale est ornée de vitraux de Chagall qui frappent par leur dominante bleue et par leur luminosité : dessinés par l'artiste, ils furent réalisés par les ateliers Simon. Au vitrail central, le *Sacrifice d'Abraham (à gauche)* fait pendant au *Sacrifice de la Croix (à droite)*. La fenêtre de gauche figure L'Arbre de Jessé et celle de droite les grands moments de la cathédrale : baptême de Clovis, sacre de Saint Louis.

Pourquoi le sacre est-il à Reims ? Selon une légende, une colombe, symbole de l'Esprit-Saint, aurait apporté à Remi la sainte ampoule contenant le chrême, huile sainte destinée à la consécration du roi. En effet, Remi était incapable de se mouvoir au milieu d'une foule immense. Tel est le récit que la tradition a conservé et qui place les premiers jours de la monarchie française sous le signe de la volonté divine. En souvenir de cette onction, et plus tard du sacre de Louis le Pieux, les rois de France vinrent régulièrement se faire sacrer à Reims à partir du 11ᵉ s.

**1244 :**

**Fondation d'Aigues-Mortes par Saint Louis.**

Gard (30)

*Une création de Saint Louis*

Au début du 13ᵉ s., le roi de France ne possède, en propre, aucun débouché sur la Méditerranée. Louis IX, projetant de conduire une croisade en Palestine et ne voulant pas s'embarquer dans un port « étranger » comme Marseille, cherche à acquérir un point de la côte pour y établir un port d'embarquement et une ville, qui assoirait du même coup l'influence capétienne dans la région.

En 1240, il obtient des moines de l'abbaye voisine de Psalmody un territoire vierge de toute construction, fréquenté par des pêcheurs, sur lequel il fait rapidement édifier la puissante tour de Constance. Afin d'attirer des habitants en ce lieu peu réjouissant, le roi octroie, en 1246, une charte de franchise très alléchante, prévoyant, entre autres, de multiples exemptions fiscales et des privilèges commerciaux. À l'instar des bastides méridionales, la ville nouvelle est bâtie selon un plan régulier à l'intérieur d'un rectangle de 550 m sur 300 m, strié par cinq rues longitudinales, elles-mêmes coupées par cinq rues transversales. Des îlots d'habitations, orientés de façon à ne pas recevoir le vent de plein fouet, se forment autour de trois établissements religieux (Notre-Dame-des-Sablons, le couvent des Cordeliers et la maison des moines de Psalmody), mais la place principale n'est pas au centre.

## Le centre-ville

La ville fut dessinée sur le modèle des bastides, selon un plan régulier de 550 sur 300 m quadrillé par des rues rectilignes. Protégée du vent salé par ses hautes murailles, Aigues-Mortes semble avoir aussi échappé à l'usure du temps. Vous y trouverez de nombreux cafés, échoppes d'artisans, magasins de souvenirs et galeries d'art autour de la place St-Louis et dans les rues principales. Les ruelles plus excentrées, à l'est de la ville, aux alentours des portes de la Reine et des Cordeliers, sont beaucoup moins animées, comme hors du temps.

*Entrer par la porte de la Gardette que prolonge la Grand-Rue-Jean-Jaurès et prendre à gauche la rue de la République.*

### Chapelle des Pénitents blancs

Cette chapelle baroque, rendue au culte tous les ans pour le dimanche des Rameaux, abrite ostensoirs, dais et lanternes, qui étaient utilisés lors des processions par cette confrérie instituée en 1622. Remarquez, derrière le chœur, l'immense *Pentecôte* de Xavier Sigalon.

*Poursuivre tout droit par la rue Baudin, puis tourner à droite dans la rue Rouget-de-l'Isle et enfin à gauche dans la rue Paul-Bert.*

### Chapelle des Pénitents gris

Toujours dans le style baroque, cette charmante chapelle encadrée de cyprès fut élevée en 1607. Elle servit sous la Révolution d'entrepôt à fourrage : c'est sans doute ce qui a sauvé de la destruction le délirant retable baroque sculpté par Jean Sabatier.

*Revenir sur ses pas et prendre en face la rue Pasteur jusqu'à la place St-Louis.*

### Église Notre-Dame-des-Sablons

Édifiée sous Saint Louis, l'église gothique fut parfois pillée, souvent remaniée… et subit bien des avatars (elle servit même, un temps, d'entrepôt à sel). Une belle charpente et un décor dépouillé sont mis en lumière par les vitraux contemporains de Claude Viallat, l'apôtre nîmois du groupe Support/Surface.

### Place St-Louis

Jolie place ombragée de platanes, cœur animé de la cité. Au centre, juché sur son piédestal, Saint Louis (par Pradier, 1849) surveille d'un œil indulgent la foule qui, l'été, envahit les terrasses des cafés et des restaurants. La chapelle des Capucins, édifiée au 17ᵉ s. avec

des pierres venant de l'ancien môle de la Peyrade, servit de halle couverte jusqu'à sa reconversion en lieu
d'exposition. Tout à côté, au n° 4, la Galerie Z, qui
décline le verre sous toutes ses formes, est ici une institution, tandis qu'au coin de la rue Émile-Jamais un
passage couvert a été investi par des galeries d'art.

*Rejoindre les remparts à la porte de l'Organeau par la
rue Victor-Hugo et suivre à droite le boulevard Intérieur-
Sud puis le boulevard Intérieur-Ouest, voies qui permet-
taient à la garnison de se déplacer rapidement. On rejoint
ainsi la porte de la Gardette.*

## Les fortifications

### Tour de Constance

Ce puissant donjon circulaire de 40 m de hauteur
(y compris la tourelle) fut édifié entre 1240 et 1249 ;
le châtelet d'entrée et le pont qui le relie au rempart
datent, eux, du 16ᵉ s. On y enferma des Templiers et
quelques soudards accusés de trahison, mais c'est à
partir de la révocation de l'édit de Nantes (1683) que
la tour de Constance reçut ses pensionnaires les plus
nombreux, les huguenots. En 1703, un chef camisard, Abraham Mazel, parvint à s'enfuir, avec 16 de
ses compagnons, en descellant une pierre de la pointe
d'un couteau et en se glissant au pied des murs à
l'aide d'une corde. En 1715, la tour de Constance
fut choisie comme lieu de détention perpétuelle pour

les femmes. Les dernières ne furent libérées qu'en 1768. Leur grande figure demeure la Vivaraise Marie Durand, incarcérée de 1730 à 1768, à qui l'on attribue le fameux « RÉSISTER », gravé dans la pierre de la margelle du puits central.

La salle de garnison, voûtée de belles ogives, a gardé son four à pain ; un oculus percé en son centre servait d'accès au cul-de-basse-fosse. Un escalier à vis mène à l'oratoire du roi, petite pièce ménagée dans le mur, puis à la salle haute, où furent emprisonnés maints huguenots. La tourelle de guet *(fermée au public)*, que surmonte une cage en fer forgé, protégeait jadis une lanterne servant de phare. Depuis la terrasse, un immense panorama se découvre au-delà des remparts sur les salins, la Camargue, les pyramides de La Grande-Motte, Sète et la barre bleutée des Cévennes.

### Les remparts

Un tour des remparts par le chemin de ronde permet de découvrir la ville, avec de belles perspectives sur le chenal maritime (aujourd'hui port de plaisance) et les salins d'Aigues-Mortes. Les plus imaginatifs se mettront sans peine dans la peau des soldats de la garnison chargés de défendre la cité, à ceci près que les douves qui protégeaient l'enceinte ont été comblées. Édifiées à partir de 1270, les murailles d'Aigues-Mortes (en pierre de Beaucaire et des Baux) nous sont parvenues intactes, ce qui en fait le meilleur exemple d'architecture militaire du 13$^e$ s.

Elles dessinent un grand quadrilatère dont les murs, surmontés de chemins de ronde, sont flanqués de tours. Les plus fortes, placées aux angles et aux portes principales, sont couvertes de terrasses comprenant deux salles voûtées.

S'il n'y avait que deux portes côté nord, les quais d'embarquement du port de l'étang de la ville (aujourd'hui asséché), côté sud, étaient desservis par cinq portes. La porte de l'Organeau doit son nom à l'organeau (anneau de fer) où les nefs venaient s'amarrer. Quant à la porte des Galions, elle rappelle que les galères venaient se ranger à cet endroit.

### En 1248 et 1270, deux croisades partent d'Aigues-Mortes

En 1248, une immense armada, affrétée à Venise et Gênes, se rassemble à Aigues-Mortes qui, à cette époque, est reliée à la mer par un chenal, le Grau Louis. Au total, environ 1 500 bateaux de toutes dimensions, transportant 35 000 hommes plus chevaux et matériel, appareillent au chant du Veni Creator, le 28 août, pour Chypre. Sur la nef amirale, le saint roi dispose d'une grande chambre aux larges sabords, la reine également, avec, en plus, une chambre pour ses suivantes et une chapelle. Sur chaque navire, il est prévu que tout passager doit apporter un long coffre qui sert à la fois de malle, de couchette et, en cas de décès, de cercueil que l'on jette à la mer. En outre, chacun doit se munir d'un petit tonneau d'eau douce, de provisions diverses, d'un vase intime et d'une lanterne. L'arrivée à Chypre a lieu vingt-trois jours plus tard ; après quelques succès, la 7ᵉ croisade échoue à Mansourah en 1250 où le roi est fait prisonnier. En 1270, Saint Louis, malade, part à nouveau d'Aigues-Mortes à bord d'une flotte marseillaise qui le conduit à Tunis. C'est là qu'il meurt de la peste contractée en soignant les croisés.

10 avril 1302 :

## Les premiers états généraux à Paris.

Philippe IV le Bel réunit pour la première fois en France les états généraux. Il s'agit pour lui d'obtenir par une assemblée de bourgeois et de nobles un rejet de la bulle de Boniface VIII *Unam Sanctam*, qui plaçait l'autorité spirituelle papale au-dessus de celle temporelle des rois. L'assemblée se réunit dans la cathédrale Notre-Dame, symbolisant par ce lieu l'unité des laïcs et des religieux pour défendre les prétentions du roi.

## La Cathédrale Notre-Dame

Il y a vingt siècles que l'on prie en ce lieu : temple gallo-romain, basilique chrétienne et église romane s'y sont succédé avant l'actuelle Notre-Dame.

En effet, les fouilles effectuées depuis trois siècles ont révélé l'existence d'une première basilique mérovingienne dédiée à saint Étienne, dont l'emplacement se trouve à l'ouest, sous les premières travées actuelles de la cathédrale.

C'est Maurice de Sully qui, vers 1163, entame la construction de la cathédrale. Fils d'une pauvre bûcheronne de Sully-sur-Loire, il a été remarqué des autorités ecclésiastiques. En 1159, il est nommé chanoine de la cathédrale de Paris et, l'année suivante, est placé à la tête du diocèse, où il reste trente-six ans. À la suite de Suger, constructeur et abbé de St-Denis, il entreprend de donner à la capitale une cathédrale digne d'elle. À côté de ressources épiscopales et des offrandes royales, l'humble peuple des corporations participe avec ses bras : tailleurs de pierre, charpentiers, forgerons, sculpteurs et verriers travaillent au 13ᵉ s. sous la direction de Jean de Chelles et de Pierre de Montreuil, l'architecte de la Ste-Chapelle. Les travaux sont achevés vers 1300. Notre-Dame est la dernière des grandes églises à tribunes et l'une des premières à arcs-boutants ; idée novatrice, on les prolongea par un col destiné à rejeter les eaux pluviales loin des fondations : ce sont les premières gargouilles.

Bien avant d'être achevée, Notre-Dame est le théâtre de grands événements religieux et politiques. Ainsi, Saint Louis y dépose la couronne d'épines en 1239 en attendant la consécration de la Ste-Chapelle. En 1302, Philippe le Bel y ouvre solennellement les premiers états généraux du royaume. Puis les cérémonies, actions de grâces et services funèbres vont s'y succéder, fidèles reflets de l'histoire de France : couronnement du jeune roi d'Angleterre Henri VI

(1431) comme roi de France ; ouverture du procès de réhabilitation de Jeanne d'Arc (1455) ; couronnement de Marie Stuart ; curieux mariage entre Marguerite de Valois, seule dans le chœur, et le huguenot Henri de Navarre, qui a dû rester à la porte (1572) : il reconnaîtra plus tard que « Paris vaut bien une messe » et assistera dans le chœur à l'office d'action de grâces pour la reddition de la capitale. En 1687, Bossuet y prononce l'oraison funèbre du Grand Condé. Plus tard, les drapeaux ennemis conquis en Flandre par le maréchal de Luxembourg lui valent le glorieux surnom de « tapissier de Notre-Dame ».

## 11 juillet 1302 :

### Courtrai, la bataille des éperons d'or.

#### Flandre-Occidentale — Belgique

Sous les murs mêmes de Courtrai eut lieu le 11 juillet 1302 la célèbre bataille marquant la lutte des Flamands contre l'hégémonie du roi de France. La chevalerie française de Philippe le Bel y fut battue par les gens de métiers (artisans) d'Ypres et de Bruges commandés par Pieter de Coninck et Jan Breydel. Les éperons d'or ramassés sur le champ de bataille ont tapissé les voûtes de l'église Notre-Dame jusqu'en 1382, date à laquelle ils ont été repris par l'armée française, victorieuse des Flamands à la bataille de Westrozebeke. Ce fut alors, dit-on, que le duc de

Bourgogne, Philippe le Hardi, vola les statues du jaquemart qui couronnaient le beffroi et les donna à l'église Notre-Dame de Dijon. Une restitution symbolique eut lieu le 23 septembre 1961 : Manten et son épouse Kalle surmontent de nouveau le beffroi.

**14 septembre 1307 :**

**Philippe IV décide l'arrestation
des Templiers.**

## St-Ouen-l'Aumone
Val d'Oise (95)

*Abbaye de Maubuisson*

Cette abbaye cistercienne de femmes fut fondée en 1236 par Blanche de Castille sous le nom de Notre-Dame-la-Royale. Dirigée avec sagesse et forte du soutien royal, elle connaît un essor important au Moyen Âge. C'est dans cette abbaye que Philippe le Bel signe un ordre secret d'arrestation des chevaliers du Temple. L'ordre sera accompli le 13 octobre.

**9 mars 1309 :**

**Le pape Clément V s'installe
à Avignon.**

Vaucluse (84)

Cité des papes et du théâtre, ville d'art à l'origine d'une véritable explosion culturelle, Avignon affiche une richesse exceptionnelle qui lui valut, en 1995, l'inscription au patrimoine mondial de l'Unesco du palais des Papes et du pont St-Bénezet. Son étincelante beauté illumine le Rhône : remparts, clochers et toits de tuiles roses s'y reflètent, surplombés par la Vierge dorée de la cathédrale et le majestueux palais.

### Ombres et lumières

Il ne reste que de rares vestiges des monuments de la florissante Avenio, cité gallo-romaine. Après les invasions barbares, le renouveau vient aux 11ᵉ et 12ᵉ s. : profitant alors des rivalités entre Toulouse et Barcelone, qui se disputaient la Provence, Avignon constitue une petite république municipale. Mais son engagement en faveur des albigeois lui attire des représailles et, en 1226, Louis VIII s'empare de la cité, l'obligeant à raser ses fortifications. Toutefois, la ville se relève bien vite et connaît à nouveau la prospérité sous la suzeraineté de la maison d'Anjou.

### Quand le destin bascule

À Rome, les sempiternelles querelles de partis rendent aux papes la vie impossible. Élu en 1305 sous le nom de Clément V, le Français Bertrand de Got, lassé, choisit de se fixer dans ses terres du Comtat Venaissin, propriété papale depuis 1274. Mais si Clément V entre solennellement le 9 mars 1309 en Avignon, il n'y réside pas, préférant le calme du prieuré du Groseau, près de Malaucène, ou du château de Monteux, près de Carpentras. Il décède en

1314 et le conclave ne parvient pas à lui trouver de successeur. Finalement, en 1316, est élu un vieillard de soixante-douze ans, ancien évêque d'Avignon : c'est Jacques Duèse, élu pape sous le nom de Jean XXII, qui installe durablement la papauté en Avignon où, de 1309 à 1377, sept papes, tous français, se succèdent. Parmi eux, Benoît XII fait édifier le palais et Clément VI achète la cité à la reine Jeanne en 1348 pour 80 000 florins.

*Des pontifes fort édifiants*

La cour pontificale et celle des cardinaux mènent grand train ; dans leur sillage évolue une foule d'étrangers, de religieux, d'artistes, de pèlerins, de plaideurs et de marchands. Avignon devient alors un immense chantier : partout s'édifient des couvents, des églises, des chapelles, de splendides « livrées » cardinalices, tandis que le palais pontifical s'agrandit et s'embellit sans cesse. L'université (fondée en 1303) compte des milliers d'étudiants. Le pape se veut le plus puissant des princes de ce monde. Si sa richesse éblouit, elle ne va pas sans susciter quelques convoitises à une époque où les « routiers » pullulent dans le pays. Ces soldats licenciés vivent de pillages et de rapines, et le pape doit se protéger en faisant de son palais une forteresse et en élevant des remparts pour défendre la ville. Les soldats licenciés menacent néanmoins la cité à plusieurs reprises ; à chaque fois, le pape doit acheter leur départ à prix d'or : 40 000 écus en 1310, 100 000 écus en 1365.

Liberté, tolérance et prospérité, rien d'étonnant à ce que la cité pontificale attire du monde : sa population passe rapidement de 5 000 à 40 000 habitants. Terre d'asile, elle accueille une communauté juive, des proscrits politiques (comme le poète Pétrarque). Mais elle attire aussi des condamnés en fuite, des aventuriers, des contrebandiers, des faux-monnayeurs et des aigrefins en tout genre qui mettent en coupe réglée les marchands de passage comme les simples badauds. Tripots et maisons de plaisir se multiplient, scandalisant les Italiens qui réclament le retour de la papauté à Rome et appellent ces années d'exil « la seconde captivité de Babylone ». Le poète Pétrarque réclame ardemment le retour du Saint-Siège à Rome et lance de violentes invectives contre Avignon : « C'est un égout où viennent se réunir toutes les immondices de l'univers. On y méprise Dieu, on y adore l'argent, on y foule aux pieds la loi divine et les lois humaines. Tout y respire le mensonge : l'air, la terre, les maisons et surtout les chambres à coucher. »

Ébranlés par les multiples critiques et par les fléaux du temps (routiers, peste), les papes songent à un retour à Rome. Urbain V part en 1367 pour la Ville éternelle. Mais les troubles qui secouent l'Italie l'obligent à revenir au bout de trois ans. Grégoire XI quitte Avignon en septembre 1376 et meurt en 1378.

### Papes, antipapes et légats

Les réformes du nouveau pape Urbain VI, un Italien, irritent les cardinaux (en majorité languedociens) du Sacré Collège ; en représailles, ils élisent un autre pape, Clément VII (1378-1394), qui retourne en Avignon : c'est le Grand Schisme, qui divise la chrétienté. La France, Naples et l'Espagne prennent parti pour Avignon contre Rome. Papes et antipapes s'excommunient allégrement. Successeur de Clément VII, Benoît XIII n'a plus le soutien du roi de France. Il s'enfuit d'Avignon en 1403, mais ses partisans résistent dans le palais jusqu'en 1411. Le Grand Schisme prend officiellement fin en 1417 avec l'élection de Martin V. Dès lors et jusqu'à la Révolution, Avignon sera gouverné par un légat, puis un vice-légat du pape. Les brimades envers la communauté juive se multiplient : installés dans un quartier à part, la « carrière », dont on verrouille chaque soir les portes, les Juifs doivent porter un chapeau jaune, verser une redevance, écouter des sermons obligatoires, ne pas fréquenter de chrétiens et n'exercer que certaines activités (tailleur, fripier, usurier, commerçant). Quant aux tensions sociales entre riches et pauvres, elles s'exacerbent, et de durs affrontements les opposent entre 1652 et 1659. Pendant la Révolution, l'Assemblée constituante vote la réunion du Comtat Venaissin à la France.

## Le Palais des papes

Cette résidence de 15 000 m² se compose de deux édifices distincts, le Palais Vieux et le Palais Neuf, dont la construction dura au total une trentaine d'années.

Benoît XII, après avoir rasé l'ancien palais épisco-pal, confia en 1334 à son compatriote Pierre Poisson, de Mirepoix, l'exécution du Palais Vieux : forteresse d'architecture austère, ses quatre ailes ordonnées autour d'un cloître sont flanquées de tours dont, au nord, la tour de Trouillas, à la fois donjon et prison.

Clément VI, grand prince d'Église, artiste et pro-digue, dut trouver le nid bien sévère : il commanda en 1342 à Jean de Louvres, architecte d'Île-de-France, un nouveau palais, le Palais Neuf. La tour de la Garde-Robe et deux nouveaux corps de bâti-ments vinrent fermer la cour d'honneur, jusqu'alors place publique. Si l'aspect extérieur ne changeait guère, l'intérieur fut transformé par une équipe d'artistes, dirigée par Simone Martini, puis par Matteo Giovanetti qui en décora somptueusement les diffé-rentes pièces. Les travaux se poursuivirent jusqu'en 1363, avec quelques ajouts ultérieurs.

Quelque peu détérioré après les deux sièges de 1398 et de 1410-1411, le palais fut, après le départ des papes, affecté aux légats, mais, bien que restauré en 1516, il continua à se dégrader. En piteux état lors de la Révolution, il fut livré au pillage : mobilier dispersé, statues et sculptures brisées. Après quelques épisodes sanglants en 1791, le palais dut sa survie à sa transformation en prison et en caserne, même s'il fut encore mis à rude épreuve. Nul ne songerait à van-ter les qualités artistiques du badigeon réglementaire des casernes. Du moins a-t-il ici permis de protéger les chefs-d'œuvre qu'il recouvrait. Un regret ? Que cette sauvegarde toute militaire ait été tardive : des soldats, soucieux d'arrondir leur solde, avaient eu le temps de découper l'enduit des fresques et d'en vendre les morceaux.

Un Musée de l'œuvre a été mis en place en 2005 : éclaté dans sept salles du palais, il explicite les tribulations de la construction, puis celles de la sauvegarde. Aussi longue que complexe, l'histoire de l'édifice est désormais exposée de façon pédagogique, à l'aide de « totems » illustrés, lutrins interactifs et autres maquettes.

## 1311 :

### Concile de Vienne.

Isère (38)

Entre octobre 1311 et mai 1312, un concile convoqué par Clément V, sous la pression de Philippe le Bel, va légitimer l'acharnement du roi de France contre l'ordre des Templiers. Réunis dans la cathédrale St-Maurice, évêques et abbés vont pourtant ne pas aller spontanément dans la direction voulue par le roi, proposant une réforme du Temple ainsi que sa mise sous tutelle et non sa destruction. Ce n'est que sous la menace d'une armée rassemblée à Lyon, que Philippe obtient la condamnation des Templiers.

**19 mars 1314 :**

Exécution de Jacques de Molay.

# Place Dauphine
Paris

Pendant longtemps, la Cité s'est terminée à l'ouest par un archipel à fleur d'eau que des bras marécageux de la Seine coupaient de la grande île et que les crues recouvraient. En 1314, le dernier grand maître des Templiers, Jacques de Molay, y est brûlé vif sous le regard imperturbable de Philippe le Bel. Au 16ᵉ s., Marie de Médicis installe ici le premier jardin des Plantes. À la fin du 16ᵉ s., Henri II fait combler les fossés boueux, souder les îlots entre eux, aménager le relief central du futur Pont-Neuf et exhausser de 6 m la rive sud. Enfin, en 1607, Henri IV cède le terrain au président du Parlement, Achille de Harlay, à charge d'y édifier une place triangulaire aux maisons uniformes. La place Dauphine est née, ainsi baptisée en l'honneur du futur Louis XIII. Quelques immeubles, comme le n° 14, offrent encore leur aspect d'origine.

# Quatrième partie

# De la France des Valois aux guerres de Religion

# Crécy-en-Ponthieu
Somme (80)

Ce bourg paisible du pays de Ponthieu campe à deux pas de la forêt de Crécy. Il a été le théâtre d'une bataille parmi les plus illustres de la guerre de Cent Ans : son issue tragique pour la noblesse française serait due à une étourderie des arbalétriers génois…

### La bataille de Crécy

Le 26 août 1346, au début de la guerre de Cent Ans, Philippe VI de France subit ici une sévère défaite devant Édouard III d'Angleterre. Ce dernier, ayant débarqué en Normandie et remontant vers les Flandres, établit son camp près de Crécy. C'est alors qu'il est attaqué, avec une fougue irréfléchie, par Philippe VI et la chevalerie française. Leur assaut se brise sur les lignes d'archers anglais, soutenus, pour la première fois dans l'histoire européenne, par des bombardes (canons primitifs tirant des boulets de pierre). La bataille rassembla à l'époque 3 900 chevaliers anglais, 11 000 archers et 5 000 coutiliers gallois (soldats armés d'une épée pointue), contre 1 200 chevaliers français, 6 000 arbalétriers génois et 20 000 fantassins. Un roi (Jean de Bohême), 11 princes, 1 542 chevaliers et 10 000 soldats y laissèrent la vie.

### L'erreur fatale des Génois

Méticuleux et prévoyants, les archers anglais ont protégé leurs arcs de la pluie, ce que n'ont pas fait les Génois. Éblouies par le soleil, noyées par un orage qui a détendu les cordes des arbalètes, les troupes sont décimées. Édouard III fait tirer les canons. Les coutiliers gallois poignardent les chevaux français, puis leurs cavaliers désarçonnés. Atteignant le soir même le château de La Broye, Philippe VI hèle les sentinelles : « Ouvrez, c'est l'infortuné roi de France. » Une phrase célèbre, consignée par le chroniqueur Froissart.

## Moulin Édouard-III

Le tertre marque l'emplacement du moulin d'où le roi d'Angleterre aurait assisté à la bataille. Du sommet, vue sur la plaine ondulée (table d'orientation).

## Croix de Bohême

*Sur la D 56, au sud-est.* Elle honore la mémoire de Jean l'Aveugle, roi de Bohême et allié de Philippe VI, qui périt au cœur du combat, alors qu'il se faisait porter près de son fils grièvement blessé. Elle est érigée à l'endroit même où il tomba.

3 août 1347.

Reddition de Calais.

Pas-de-Calais (62)

La proximité des côtes anglaises a présidé à la destinée de Calais. Située sur le « pas » (détroit) auquel elle a donné son nom, la ville est le premier port de France et le deuxième au monde pour le trafic des voyageurs. Depuis l'époque des conflits impliquant la France et l'Angleterre, jusqu'à la dernière guerre mondiale, Calais est une porte stratégique entre les deux pays. Après sa victoire de Calais, Édouard III veut terminer sa « chevauchée », nous dirions aujourd'hui un raid en profondeur, en embarquant à Calais.

Le roi anglais entame le siège de la place le 3 septembre 1346. Onze mois plus tard, le gouverneur résiste toujours. Affamés, les assiégés sont néanmoins obligés de capituler. Le roi d'Angleterre accepte de laisser la vie sauve aux Calaisiens à condition que six bourgeois se sacrifient et se livrent « les chefs nus, les pieds déchaux, la hart [corde] au col, les clefs de la ville en leurs mains ». Menés au bourreau par Eustache de St-Pierre, en chemise, les héros se présentent devant le roi. La reine, Philippa de Hainaut pâlit :

« Ah, gentil sire, depuis que j'ay passé la mer en grand péril, je ne vous ay rien demandé ; si vous prye et requier à jointes mains, que pour l'amour du filz de Nostre Dame vous veuilliez avoir merci d'eulx. » Les six notables repartent saufs… mais humiliés. Cet épisode, parmi les plus illustres de la guerre de Cent Ans, est peut-être tout droit sorti de l'imagination du chroniqueur Froissart, protégé de Philippa. En 1558, après deux cent dix ans de domination britannique, Calais est reconquise par le duc de Guise. C'est un coup mortel pour la reine d'Angleterre, Marie Tudor, qui déclare : « Si l'on ouvrait mon cœur, on y trouverait gravé le nom de Calais. »

## Monument des Bourgeois de Calais

Cette œuvre de Rodin a été inaugurée en juin 1895 en présence de Félix Faure, président de la République, sur l'emplacement des anciennes fortifications. C'est la seule œuvre de Rodin qui fut exposée de son vivant. Ces six effigies de bronze grandeur nature, frémissantes de vie et d'émotion, hautaines et tendues, veines et muscles gonflés, sont l'aboutissement de dix années d'études et de recherches du sculpteur. Ce groupe exprime la noblesse héroïque de ces hommes, contraints à s'humilier devant le roi d'Angleterre.

### Place d'Armes

Elle se situe au cœur du Calais médiéval, détruit pendant la Seconde Guerre mondiale. Culminant à 38 m au-dessus du niveau de la mer, la tour du Guet (13ᵉ s.) permettait de surveiller les menaces ennemies et de guetter les incendies. Depuis cette tour, le gouverneur, Jean de Vienne, proposa la capitulation de la place forte et fit connaître les conditions imposées par Édouard aux Calaisiens. Elle servit de phare au 19ᵉ s., et fut successivement support au télégraphe Chappe, poste de télégraphe optique pour le génie et colombier militaire. La cloche posée au sol date de 1770.

### 27 mars 1351 :

### Le combat des Trente.

## Josselin
### Morbihan (56)

Ce combat, épisode célèbre de la guerre de Succession de Bretagne eut lieu dans la lande de Mi-Voie, entre Josselin et Ploërmel. À 5 km de Josselin, au lieu dit la Pyramide, une colonne de granit en indique l'emplacement. Au milieu du 14ᵉ s., le château de Josselin appartient à la maison de France, et Jean de Beaumanoir en est le capitaine. En pleine guerre de Succession, Josselin soutient la cause de Charles de Blois ; le parti de Jean de Montfort tient

Ploërmel où commande l'Anglais Bemborough, dit Bembro. Les deux chefs arrangent un combat qui mettra en présence 30 chevaliers de chaque camp : on se battra à pied, en usant de l'épée, de la dague, de la hache et de l'épieu. Après avoir communié, la troupe de Beaumanoir se rend au lieu de la rencontre. Le camp adverse compte 20 Anglais, 6 Allemands et 4 Bretons. La journée se déroule en corps-à-corps acharnés jusqu'à l'épuisement des combattants. Josselin est vainqueur : le capitaine anglais est tué avec 8 de ses hommes, les autres sont faits prisonniers. Au cours de la lutte, le chef breton, blessé, demande à boire : « Bois ton sang, Beaumanoir, la soif te passera », répliqua Geoffroy du Bouays, l'un de ses rudes compagnons. Cet affrontement, en aucun cas décisif, reflète la nostalgie d'un idéal chevaleresque, que les contemporains sentent s'éloigner : le champ de bataille devient lice, la guerre un affrontement entre chevaliers où le roturier et son arme « ignoble » (l'arbalète par exemple) n'ont pas leur place.

**19 septembre 1356 :**

**Bataille de Poitiers.**

## Abbaye de Nouaillé-Maupertuis
Vienne (86)

C'est dans le voisinage de l'abbaye de Nouaillé, sur la rive nord du Miosson, qu'eut lieu, du 17 au

19 septembre 1356, l'une des plus sanglantes batailles de la guerre de Cent Ans : la bataille dite de « Poitiers » *(champ de bataille situé dans le milieu de la rue de la Garenne ; suivre les indications).* Le roi de France Jean II le Bon fut défait par le Prince Noir, fils du roi d'Angleterre Édouard III, ainsi nommé à cause de la couleur de son armure. Revêtu de son armure semée de fleurs de lys d'or, le roi résista longtemps, mais, blessé au visage, il dut se rendre au Prince Noir. Le plus jeune fils du roi, Philippe, encore enfant, avertit son père du danger, par ces mots désormais célèbres : « Père, gardez-vous à droite… père, gardez-vous à gauche… » Il fut fait prisonnier avec le roi.

### 22 février 1358 :

### Émeutes menées par Étienne Marcel.

## Paris

### Palais de justice

*Le palais du roi*

À la suite des gouverneurs romains, qui ont ici leur commandement administratif et militaire, les rois mérovingiens s'installent dans la meilleure construction en pierre de la Cité : Clovis y meurt ; ses enfants y logent ; saint Éloi — ministre de Dagobert — y fonde son atelier monétaire. Le palais devient la forteresse du comte Eudes, côté aval de la Seine, sur la route des invasions.

Plus tard, les Capétiens y élèvent une chapelle et un donjon. Ce fut le palais royal du Moyen Âge. Au 13ᵉ s., Saint Louis habite dans la Chambre haute (aujourd'hui, Première Chambre civile), rend la justice dans la cour, fait ériger la Ste-Chapelle. Philippe le Bel charge Enguerrand de Marigny de construire la Conciergerie et crée un somptueux palais, « le plus très bel que nul en France oncques vit ». La salle des Gens d'armes est alors une des plus vastes d'Europe ; l'église St-Michel, disparue au 18ᵉ s., a laissé son nom au pont et au boulevard de la rive gauche.

Étienne Marcel est un riche drapier, devenu prévôt des marchands. Il tient le premier rôle dans la tenue des états généraux de 1357, puis entre en lutte ouverte avec le pouvoir royal. Le 22 février 1358, il mène les émeutiers parisiens, qui pénètrent dans la chambre du dauphin Charles. Le futur Charles V gère le royaume en l'absence de son père, Jean le Bon, captif en Angleterre. Les conseillers du prince sont égorgés sous ses yeux et l'éclaboussent de leur sang tandis que le prévôt le coiffe du chaperon rouge et bleu, aux couleurs de Paris. Redevenu maître de la situation, Charles V quitte le palais, qui lui rappelle de trop mauvais souvenirs, et lui préfère désormais le Louvre, l'hôtel St-Paul ou Vincennes à l'extérieur de Paris. Dans l'ancienne résidence royale, il installe le Parlement. Marcel meurt misérablement, en 1358, tué par les Parisiens au moment où il allait ouvrir les portes à Charles le Mauvais, roi de Navarre.

## 16 mai 1364 :

## Bataille de Cocherel.

Au bord de la D 57, route de Jouy-sur-Eure, une pyramide commémore la victoire remportée ici en 1364 par le connétable Bertrand Du Guesclin sur les Anglo-Navarrais du captal (chef militaire en Gascogne) de Buch, Jean de Grailly. Cette bataille n'est pas une confrontation directe entre les monarchies anglaise et française, mais un nouvel épisode opposant le roi de France à un de ses grands feudataires.

## 29 septembre 1364 :

## Bataille d'Auray.

### Morbihan (56)

En 1364, la ville devint célèbre dans l'histoire bretonne pour la bataille qui se livra sous ses murs et qui mit fin à la guerre de Succession. Les troupes de Charles de Blois, secondé par Du Guesclin, fidèle au roi de France, occupent alors une mauvaise position dans une plaine marécageuse, au nord d'Auray. Cousin et rival de Charles, Jean de Montfort est allié aux Anglais, commandés par Chandos ; ils bénéficient d'une situation dominante. Contre l'avis de Du

Guesclin, Charles attaque et tombe sur le champ de bataille. Toutes les armes du connétable sont rompues. Il se défend en assommant ses adversaires à coups de gantelet de fer, mais finit par se rendre à l'injonction du chef anglais : « Cette journée n'est pas vôtre, Messire Bertrand. Une autre fois, vous serez plus heureux. »

### Chartreuse d'Auray

Sur le champ de bataille où il triompha de Charles de Blois, Jean de Montfort, devenu le duc Jean IV, fit élever une chapelle et une collégiale transformée en chartreuse de 1482 à 1790.

La chapelle funéraire (début 19ᵉ s.) renferme les restes d'émigrés et de chouans fusillés après le débarquement de Quiberon, en 1795 : au centre, le mausolée en marbre blanc porte 953 noms.

**1380 :**

Mort de Bertrand Du Guesclin.

# Châteauneuf-de-Randon
Lozère (48)

*Un héros en pièces détachées*

En 1380, l'Auvergne était en proie aux déprédations des compagnies de brigands et aux incursions anglaises. Les états généraux demandèrent alors l'envoi d'une armée royale et St-Flour insista pour qu'elle fût confiée à Bertrand Du Guesclin. Ce dernier commença à mettre son projet à exécution en réduisant Chaliers après six jours de siège, puis il se rendit à Châteauneuf-de-Randon, tenu par les Anglais, pour investir la ville. C'est sous ses murs qu'il mourut le 14 juillet 1380.

Avant de mourir, Du Guesclin avait demandé à être enterré près de sa terre natale, à Dinan, en Bretagne. Le cortège se met donc en route. Au Puy, le corps est embaumé ; les entrailles sont prélevées et enterrées dans l'église des Jacobins, aujourd'hui St-Laurent. Un gisant représente le connétable avec la barbe qu'il devait porter au moment de sa mort. À Montferrand, l'embaumement se révèle insuffisant : il faut faire bouillir les chairs pour les détacher des os et les ensevelir dans l'église des Cordeliers, détruite en 1793 par les révolutionnaires qui dispersèrent les cendres du connétable. Au Mans, qu'on gagne par voie d'eau, un officier du roi apporte l'ordre de conduire le corps à St-Denis : le squelette lui est alors remis et St-Denis offre au connétable un gisant (où il montre cette fois un visage imberbe). Enfin, le cœur, seul rescapé du voyage, arrive à Dinan où il est déposé dans l'église des Jacobins ; il est aujourd'hui dans la basilique St-Sauveur. Du Guesclin eut ainsi quatre monuments funéraires, donc plus que les rois de France qui n'avaient « que » trois tombeaux (cœur, entrailles et corps).

## Mausolée

Au hameau de L'Habitarelle, un mausolée de granit à la mémoire du grand homme de guerre a été élevé. C'est à cet endroit même que, après la prise de Châteauneuf par les troupes de Du Guesclin, le représentant des Anglais aurait livré les clés de la ville. Il ne les remit pas au connétable, mais les déposa sur sa dépouille. Le connétable était décédé. Le responsable de sa mort ? La source de la Glauze qui coule près de là. Du Guesclin aurait contracté la congestion pulmonaire qui devait l'emporter en buvant de son eau glacée au cours d'un combat.

## 25 octobre 1415 :

### Bataille d'Azincourt.

#### Pas-de-Calais (62)

Le nom de ce village, dans les collines de l'Artois, évoque un célèbre épisode de la guerre de Cent Ans : ici, le 25 octobre 1415, l'armée anglaise écrasa une armée française quatre fois plus nombreuse. Le Centre historique médiéval évoque cette bataille, ressentie comme une humiliation cuisante de ce côté-ci de la Manche. Et comme un morceau de bravoure et d'ingéniosité nationale du côté anglais...

Le 13 août 1415, Henry V d'Angleterre débarque dans l'estuaire de la Seine. Après le pillage d'Harfleur, alourdie par le butin, l'armée anglaise est talonnée par l'ost royale française, menée par le connétable d'Albret. Cherchant à gagner Calais, Henry remonte le long de la côte et parvient à Azincourt. La bataille oppose 15 000 Français à 9 000 Anglais. Ceux-ci ont recours à leur tactique habituelle : les hommes d'armes, à pied, sont flanqués par des archers. Les chevaliers français s'élancent vers l'ennemi, mais les Anglais ripostent par une pluie de flèches. Affolés, les chevaux s'enlisent dans le terrain détrempé... Contraints de lutter à pied dans leur lourde armure, les chevaliers sont assaillis par l'infanterie anglaise, armée de haches et de massues. C'est l'une des plus sanglantes défaites de la noblesse française qui perd 6 000 des siens, des lignées entières disparaissent ainsi. La victoire favorisera les prétentions de Henry V d'Angleterre au trône de France. En 1599, Shakespeare magnifiera ce fait d'armes, faisant d'Henry V un héros théâtral détenteur des valeurs patriotiques. Le génie de Shakespeare est tel que sa vision de la bataille est presque aujourd'hui universellement acceptée : une « bande de frères » démoralisée devient une redoutable force grâce à la puissante éloquence d'un roi. L'historien britannique John Keegan dans *Anatomie de la bataille* nuance quelque peu ce retournement.

## Centre historique médiéval

Ce musée (1 600 m$^2$) est logé dans un bâtiment dont la silhouette évoque un arc. Le parcours, en

40 panneaux, évoque de façon détaillée la guerre de Cent Ans et ses origines. Par le biais de mannequins parlants, Henry V et le connétable d'Albret, commandant l'armée française, s'interpellent à la veille de la bataille d'Azincourt. Une maquette animée relate les péripéties du combat. Deux scénographies audiovisuelles évoquent le souvenir durable qu'il laissa dans l'histoire. Des bornes vidéo restituent l'état d'esprit et l'équipement des combattants, dont on peut toucher les cottes de mailles et les armes : arcs et arbalètes, flèches, épées, dagues, piques... Expositions temporaires sur le Moyen Âge, librairie, boutique.

### Site de la bataille

Pour le découvrir, un plan-guide est remis à l'issue de la visite *(circuit de 4 km en voiture)*. Des vitrines et une table d'orientation précisent l'emplacement des deux armées. Au croisement de la D 104 et du chemin d'accès à Maisoncelle, un menhir bordé de sapins commémore la bataille.

**10 septembre 1419 :**

**Assassinat de Jean sans Peur.**

## Montereau-Fault-Yonne
Seine-et-Marne (77)

Sa situation au carrefour de la Brie, du Gâtinais, de la Champagne et de la Bourgogne destinait Mon-

tereau à jouer un rôle d'importance en Île-de-France.
Au confluent de l'Yonne et de la Seine, la ville pos-
séda un château dès le 11ᵉ s. Halte agréable sur les
rives de l'Yonne, elle garde aujourd'hui le souvenir
de sanglants épisodes historiques : l'assassinat de Jean
sans Peur en 1419 puis, en 1814, les derniers combats de Napoléon contre les Prussiens et les Autrichiens, avant que Paris ne capitule.

### Armagnacs contre Bourguignons

La folie du roi Charles VI est à l'origine de cette
guerre civile qui fit le jeu des Anglais et accrut la
misère du temps. Jean sans Peur, duc de Bourgogne,
et Louis Iᵉʳ d'Orléans sont régents du royaume ; une
rivalité sourde les oppose. Le duc de Bourgogne fait
assassiner son rival à Paris en 1407, mais de nombreux seigneurs du centre et du sud de la France,
conduits par Bernard VII d'Armagnac (1391-1418),
refusent la mainmise du parti bourguignon. En 1413,
celui-ci s'empare du gouvernement, mais il est massacré par les Parisiens révoltés, et la petite armée
d'Henri V d'Angleterre inflige aux Armagnacs le
désastre d'Azincourt (1415).

Conscient du danger anglais, Jean sans Peur rencontre le dauphin sur le pont de Montereau, le 10 septembre 1419, pour une tentative de réconciliation. La
discussion tourne mal, et le duc de Bourgogne porte la
main au pommeau de son épée. Croyant son maître
menacé, l'un de ses compagnons, Tanguy Duchâtel,
abat le duc d'un coup de hache au visage. L'année sui-

vante, Philippe le Bon, fils de Jean sans Peur, qui s'est allié par vengeance avec le roi d'Angleterre, s'empare de Montereau et fait transporter le corps de son père à Dijon, à la chartreuse de Champmol.

Par le traité de Troyes, signé en 1420, les Anglais deviennent maîtres du pays et le dauphin est déshérité.

François I$^{er}$, de passage à Dijon, veut voir le squelette du duc. Il s'étonne de la grandeur de l'ouverture laissée par la hache de Tanguy Duchâtel. Un chartreux, son guide, lui répond : « Sire, c'est le trou par lequel les Anglais sont entrés en France. »

**21 mai 1420 :**

**Traité de Troyes.**

Aube (10)

Dans la lutte qui oppose les Armagnacs aux Bourguignons, Isabeau de Bavière, épouse du roi Charles VI, fait le jeu des Bourguignons et des Anglais. Abandonnant Paris, favorable aux Armagnacs, la reine fait de Troyes la nouvelle capitale. Le 21 mai 1420, Isabeau signe avec les Anglais le traité de Troyes qui déshérite le dauphin et livre la France aux envahisseurs. Le pacte est scellé par le mariage d'Henri V, roi d'Angleterre, avec Catherine de France. Le prince anglais est proclamé régent du royaume en attendant de devenir roi, à la mort de Charles VI. Anglais et

Bourguignons s'installent en maîtres à Troyes. La ville est délivrée par Jeanne d'Arc, en 1429.

### Église St-Jean

En 1420 fut célébré, dans cette église, le mariage de Catherine de France, fille de Charles VI et d'Isabeau de Bavière, avec Henri V d'Angleterre. La tourelle d'horloge est du 14ᵉ s. La nef, assez basse, est de style gothique ; le chœur, réédifié au début du 16ᵉ s., est beaucoup plus élevé.

31 août 1422 :

Mort d'Henry V.

## Château de Vincennes

Paris

Vincennes présente deux aspects distincts : un fier et sévère donjon, unique résidence médiévale des souverains encore existante en France, et un majestueux ensemble du 17ᵉ s.

Des fouilles récentes ont mis au jour les vestiges de la demeure où ont séjourné Philippe Auguste et Saint Louis.

### Le château

Au 11ᵉ s., la Couronne acquiert, de l'abbaye de St-Maur, la forêt de Vincennes. Philippe Auguste y

bâtit un manoir. Saint Louis y ajoute une sainte chapelle. Au pied d'un chêne, il reçoit, « sans empêche-
ment d'huissiers ni d'autres », tous ceux qui viennent
lui demander justice.

Le château fort est l'œuvre des Valois : Philippe VI
le commence, Jean le Bon le continue, Charles V le
termine en 1396. Ce dernier veut créer une « cité
royale », mais ses seigneurs « les mieux aimés » boudent
son offre à demeurer dans la vaste enceinte. À l'intérieur de celle-ci, le donjon — magnifiquement restauré —, a retrouvé sa belle couleur claire d'origine.
On commence la visite par le rez-de-chaussée qui servait de cuisine. Au 1er étage, dans la salle du Conseil du
roi, un film est consacré à Charles V. Le 2e étage, qui
abritait la chambre royale, présente des documents sur
le château ; on peut admirer la polychromie d'origine
du 14e s. sur les voûtes. Par un escalier à vis, on redescend au rez-de-chaussée pour découvrir la vie carcé-
rale dans le donjon. Une exposition permanente, mais
selon des thématiques changeantes, présente les personnages illustres qui furent emprisonnés à Vincennes.

Henry V d'Angleterre, gendre de Charles VI,
reconnu héritier du trône par la cour y mourut
d'une dysenterie en 1422, et son corps fut bouilli
dans la grande marmite de la cuisine. La mort du
vainqueur d'Azincourt bouleverse la situation diplomatique : il meurt avant son beau-père, le roi Charles VI, manquant la réunion des couronnes de France
et d'Angleterre. La guerre de Cent Ans entre dans
une nouvelle phase.

21 octobre 1422 :

Le « roi de Bourges ».

## Mehun-sur-Yèvre
Cher (18)

Troisième fils de Jean II le Bon, roi de France, Jean de Berry (1340-1416), mécène fastueux et grand amateur d'enluminures, fit reconstruire en 1386 le château de Mehun. Là, au milieu d'une cour brillante, il accueillit des écrivains comme Froissart, des miniaturistes comme les frères de Limbourg et André Beauneveau ; ce dernier, qui était aussi sculpteur et architecte, travailla longuement au château. Le duc s'entretenait familièrement avec eux et les emmenait visiter sa ménagerie ou son luxueux pavillon des bains. Jean de Berry ayant légué Mehun à son petit-neveu Charles VII, celui-ci en fit sa résidence. C'est dans le château qu'il se fit proclamer roi de France, contestant la légitimité du jeune Henri VI (dix mois), protégé par le duc-régent de Bedford. Charles VII rencontrera Jeanne d'Arc en 1429 et c'est dans son château berrichon qu'il mourra le 22 juillet 1461.

### Rue Jeanne-d'Arc

Elle descend vers l'Yèvre entre des demeures anciennes, parfois précédées de puits. Au n° 87, la maison où Jeanne d'Arc aurait logé présente d'élégantes baies géminées à trilobes. À gauche, esplanade vers le château.

### Musée Charles-VII

Installé dans une tour restaurée du château, ce musée retrace l'histoire du site à travers ses collections d'archéologie médiévale. On devine encore le plan du château, malgré l'état de délabrement de celui-ci : vous remarquerez ainsi l'emplacement du bastion qui s'avançait en éperon sur la rivière. Démantelé au 17e s., le château tomba peu à peu en ruine. Des fouilles ont permis de conclure que plus de dix châteaux avaient été construits, du 10e au 15e s., sur le site. Une miniature précise des *Très Riches Heures du duc de Berry*, dont l'original (œuvre des frères de Limbourg) se trouve au musée Condé à Chantilly, montre le château tel qu'il était au 15e s.

**23 février 1429 :**

Jeanne reconnaît Charles VII.

## Chinon
Indre-et-Loire (37)

Forteresse médiévale bien impressionnante, Chinon déploie sous le ciel de Touraine ses immenses ruines romantiques desquelles émergent les logis royaux tout récemment reconstitués. À ses pieds, la petite ville étire ses ruelles, ses places et ses quais tout au long de la Vienne : une vallée riche de culture et d'histoire, le pays de Rabelais et ses vignobles réputés.

### Vers un royaume de France

Jeanne d'Arc ne pouvait arriver à une période plus désespérée... Depuis sa proclamation en 1422, Charles VII n'a pu être sacré à Reims et vit retranché outre-Loire, à Bourges, Chinon ou Loches. Une bonne partie du nord du pays est aux mains des Anglais, dirigés par le duc de Bedford. Depuis octobre 1428, les Anglais assiègent Orléans, clé de la Loire. Son contrôle assurerait la liaison avec la Guyenne anglaise, et la capture de Charles VII est envisagée... La guerre de Cent Ans est dans une phase des plus critiques pour les Français, divisés entre Bourguignons (alliés aux Anglais et contrôlant Paris) et Armagnacs (soutenant Charles VII).

Née vers 1412 à Domrémy, village des marches de Lorraine, Jeanne, pressée depuis quatre ans par des voix divines, se rend par trois fois dans la place forte voisine de Vaucouleurs : en 1428, puis en 1429, elle tente d'obtenir du capitaine, Robert de Baudricourt, un soutien. D'abord sceptique, il lui accorde une escorte à la troisième entrevue, pour rejoindre le roi à Chinon. Départ le 22 février 1429 pour une chevauchée de onze jours, en pleine région bourguignonne. Le 1er mars, Jeanne franchit la Loire à Gien. Le 2 mars, la troupe fait halte au sanctuaire

Ste-Catherine-de-Fierbois, où les hommes d'armes déposaient des ex-voto militaires : armes, béquilles, médailles... La première entrevue entre Jeanne et son « gentil Dauphin » a lieu le 6 mars, à Chinon.

### Jeanne d'Arc, Dieu et son roi

La petite paysanne est introduite dans le palais. Dans la grande salle illuminée, 300 gentilshommes en riches costumes sont réunis, parmi lesquels se dissimule le roi, un courtisan ayant revêtu son habit. Mais Jeanne, sans l'avoir jamais vu, reconnaît Charles VII et lui embrasse les genoux : « Gentil dauphin, lui dit-elle, j'ai nom Jehanne la Pucelle. Le Roi des Cieux vous mande par moi que vous serez sacré et couronné en la ville de Reims et vous serez lieutenant du Roi des Cieux qui est roi de France. » Torturé de doutes sur sa naissance, tant l'inconduite de sa mère, Isabeau de Bavière, a fait scandale, il se sent bien près d'être convaincu lorsque Jeanne lui déclare : « Je te dis, de la part de Messire le Christ, que tu es héritier de France et vrai fils de roi. » Les témoins attesteront qu'après un entretien secret avec Charles VII, celui-ci réapparaîtra radieux, convaincu par un « signe » que Jehanne refusera de révéler à son procès.

Après une comparution à Poitiers devant docteurs et théologiens, de multiples interrogatoires et vérification de sa virginité, elle est reconnue « envoyée de Dieu ». Revenue à Chinon, elle obtient un équipement et des hommes d'armes : le 20 avril 1429, elle part accomplir son miraculeux et tragique destin.

## La forteresse royale

Bâtie sur un éperon du plateau de Chinon qui avance vers la Vienne, cette vaste forteresse, qui s'étend sur 500 m de longueur pour 70 m de hauteur, date pour l'essentiel de l'époque d'Henri II Plantagenêt (12ᵉ s.). Les remparts sont consolidés et remis en valeur afin de leur redonner leur apparence.

L'ensemble était formé de trois enceintes séparées par de profondes douves sèches : le fort St-Georges à l'est, le château du milieu qui renferme les logis royaux et le fort du Coudray à l'ouest.

Durant les travaux, des études archéologiques ont révélé des trésors jusque-là insoupçonnés. Vous pénétrez, aujourd'hui, par les fossés puis dans la tour de Boissy (14ᵉ s.) pour arriver dans le fort du Coudray.

### Le fort du Coudray

Ce donjon fut élevé par Philippe Auguste au début du 13ᵉ s. ; en 1308, Philippe le Bel y fit enfermer des Templiers : on distingue encore les graffitis gravés dans la pierre par les prisonniers. On y découvre aussi pigeonnier, souterrain, glacière et puits d'eau. Notez l'escalier reconstitué à l'identique : seules les dalles de tuffeau suffisamment profondes le soutiennent. Au 1ᵉʳ étage se trouve la porte d'entrée.

La tour du Moulin (12ᵉ s.) marque l'extrémité ouest de la forteresse. C'est la première tour circulaire en Touraine. Sa base est carrée, puis hexagonale et enfin circulaire. Deux avantages, et pas des moindres à l'époque : les boulets ricochaient sur la tour et elle n'avait pas d'angles morts. De plus, une portion du mur était surmontée d'un chemin de ronde et d'une tour de guet.

À l'ouest des jardins, un second pont sur les douves mène au fort qui occupe la pointe de l'éperon.

### Le château du Milieu

On visite librement les jardins et les tours de l'enceinte, notamment la tour des Chiens (13ᵉ s.). Des courtines sud, vue superbe sur les toits d'ardoise du vieux Chinon, la Vienne et sa vallée verdoyante, entrecoupée de peupliers. La haute tour de l'Horloge (14ᵉ s) est curieusement plate (5 m d'épaisseur). Du haut de son clocheton, la Marie-Javelle sonne les heures depuis 1399, tandis que, dans les salles, le musée Jeanne-d'Arc évoque les grandes étapes de la vie de la sainte (diaporama, commentaires audio, représentation de son épopée dans l'imagerie du 19ᵉ s. et du début 20ᵉ s.).

### Logis royaux (14ᵉ et 15ᵉ s.)

Depuis 2008 et après des travaux de grande envergure, les toits pentus d'ardoise des logis pointent fièrement leurs cheminées, épis de faîtage et gargouilles vers le ciel. Remarquez au 1ᵉʳ étage de la partie non reconstituée la grande salle où fut reçue Jeanne d'Arc ; seule la cheminée subsiste.

*Le fort St-Georges*

À l'est, démantelé à la fin du 18ᵉ s., il protégeait le côté vulnérable du château, accessible par le plateau. Des études archéologiques ont mis au jour l'existence d'un palais, construit par le roi Henri II Plantagenêt vers 1160, pour administrer ses biens continentaux. Au terme des travaux en cours un bâtiment contemporain totalement intégré au paysage hébergera l'accueil, une salle d'exposition ainsi qu'une boutique et un jardin encerclé par les remparts, seuls vestiges du fort.

Avril-mai 1429

# Orléans

Loiret (45)

## Un siège mémorable (1428-1429)

*État des lieux*

Dès le début du 15ᵉ s., la défense d'Orléans est organisée pour parer à toute offensive anglaise. L'enceinte de la ville comprend 34 tours et se divise en six secteurs défendus par six groupes de 50 hommes. Par ailleurs, tous les habitants participent à la défense commune soit en combattant, soit en travaillant à l'entretien des murs et des fossés. Au total, près de 10 000 hommes sont mobilisés sous le commandement du gouverneur de la place, Raoul de Gaucourt, et de ses capitaines.

Pendant l'été 1428, le comte de Salisbury, commandant l'armée anglaise, a balayé les places fortes françaises se trouvant sur la route de la Loire, coupant ainsi le fleuve en aval d'Orléans. Son armée se compose de 400 lances auxquelles s'ajoutent 1 200 archers recrutés en France, soit en tout plus de 5 000 hommes. Au Moyen Âge, le terme « lance » était un collectif qui comprenait l'homme d'armes combattant avec sa lance, le coutilier, le page, le valet ; une lance était ainsi composée de dix cavaliers, sans compter les gens de pied. Quatre cents lances formaient donc un corps d'au moins quatre mille hommes.

### Les combats

Ils débutent le 17 octobre par un pilonnage avec « bombardes et gros canons », mais la ville est encore reliée au sud par un pont enjambant la Loire, défendu par le fort des Tourelles. Le 24 octobre, les Anglais s'en emparent. Alors qu'il inspecte les lieux, Salisbury est mortellement blessé par un boulet de canon parti, croit-on, de la tour Notre-Dame. Les défenseurs renforcent la bastille St-Antoine. Pour se protéger à leur tour, les assiégeants établissent une puissante levée de terre devant les tourelles.

Orléans est désormais à peu près coupée du reste du royaume. Le 8 novembre, le gros des troupes anglaises regagne Meung-sur-Loire, emportant la dépouille de leur chef. Les Orléanais en profitent pour raser les faubourgs afin d'empêcher l'ennemi de s'y abriter. Quant aux assiégeants, ils entourent la place d'une série de tranchées commandées par des fortins. Les deux camps s'installent dans une guerre d'usure ponctuée par des escarmouches devant les portes. Quelques faits d'armes remontent périodiquement le moral des assiégés, comme les prouesses et les ruses d'un redoutable couleuvrinier, Jean de Montesclerc. Deux bombardes, appelées l'une « Rifflart » et l'autre « Montargis », deviennent de véritables vedettes par leur puissance de feu et leur portée. Mais, en février 1429, le ravitaillement commence à manquer, et une partie de la garnison quitte la place. Les Anglais sont bien près de la victoire. Seul Dunois reste optimiste.

### L'intervention de Jeanne d'Arc

Au cours de son séjour à Poitiers, le 22 mars 1429, elle écrit une première lettre de sommation aux Anglais qui assiègent Orléans. Comme pour les deux suivantes, la réponse sera des plus injurieuses.

Après Chinon, Jeanne séjourne du 5 au 21 avril à Tours, où le roi lui fait faire une armure à sa taille. Pour son épée, elle déclare : « Allez à Ste-Catherine-de-Fierbois […] à peu de profondeur, vous trouverez l'épée qu'il me faut. » Ainsi fut fait, et l'on trouva une grande épée antique à la garde marquée de cinq petites croix qui aurait, au dire de certains, été celle de Charles Martel. Jeanne se fait également réaliser un étendard et obtient du roi sa maison militaire : 2 pages, 2 hérauts, 5 coursiers (chevaux de bataille) et au moins 7 trottiers (chevaux de transport).

Au mois d'avril 1429, Jeanne d'Arc, partie de Blois avec l'armée royale, n'a pu rejoindre la ville ; les eaux du fleuve sont trop grosses, et l'armée doit rebrousser chemin. La Pucelle continue seule, avec quelques compagnons : le 29 avril, elle fait son entrée par la porte de Bourgogne, acclamée par la foule tandis qu'elle lance son célèbre ultimatum aux Anglais : « Rendez à la Pucelle ci envoyée de par Dieu les clefs de toutes les bonnes villes que vous avez prises et violées en France... Je suis ci venue de par Dieu le roi du Ciel, corps pour corps, pour vous bouter hors de toute France » (cité par Jean Favier).

Le 4 mai, l'armée royale, que Dunois avait rejointe, attaque la bastille St-Loup sans avoir averti Jeanne, qui décide une sortie à l'improviste, bannière en tête, et force la victoire. Le 6 au matin, elle commande elle-même l'assaut contre la bastille des Augustins. Là encore, sa hardiesse désarçonne les Anglais en train de talonner les troupes françaises battant en retraite. Cette victoire accroît sa popularité.

Jeanne reprend l'offensive le 7, contre l'avis du gouverneur. S'élançant elle-même en première ligne à l'assaut des Tourelles, elle reçoit un carreau d'arbalète qui lui transperce l'épaule. Dunois propose de remettre l'assaut au lendemain. Mais Jeanne repart de nouveau, son étendard à la main : « Tout est vostre et y entrez ! » s'écrie-t-elle. Galvanisés, les Français déferlent sur la défense anglaise obligée d'abandonner les Tourelles. Au même moment, ceux qui étaient restés à l'intérieur de la ville se ruent sur le pont. La garnison anglaise, repliée dans son fortin, est prise entre deux feux et se rend.

### Le 8 mai, jour de victoire

Le dimanche 8 mai, les Anglais se retirent des dernières bastilles et lèvent le siège : Jeanne, victorieuse, reçoit un triomphe à Orléans. La délivrance d'Orléans par Jeanne d'Arc désorganisait les plans des Anglais qui pensaient que le pont sur la Loire leur permettrait de faire la jonction avec les troupes stationnées dans le Centre et le Sud-Ouest depuis le traité de Brétigny en 1360.

#### Maison de Jeanne-d'Arc

Sa haute façade à colombages tranche sur la place moderne du Général-de-Gaulle, dans ce quartier dévasté par les bombardements de 1940.

C'est la copie de la maison de Jacques Boucher, trésorier du duc d'Orléans, où Jeanne fut logée en 1429. Au 1er étage, le montage audiovisuel raconte la levée du siège d'Orléans par Jeanne d'Arc, le 8 mai 1429. Des reconstitutions de costumes de l'époque et de machines de guerre complètent l'exposition.

#### Quai Fort-des-Tourelles

Devant une petite place où se dresse une statue de Jeanne d'Arc, une croix commémorative et une inscription, sur la muraille qui borde la Loire, rappellent qu'à cet emplacement s'élevait au 15e s. le fort des Tourelles, dont l'assaut sous la conduite de la Pucelle devait aboutir à la délivrance d'Orléans. À cet endroit débouchait alors le pont sur le fleuve.

## Le sacre

Jeanne d'Arc retrouve ensuite le dauphin à Loches : « Noble Dauphin [...] venez le plus tôt possible à Reims pour recevoir une digne couronne. » Les troupes royales entreprennent de libérer les villes de la Loire, sous le commandement du duc d'Alençon.

Le 12 juin, l'attaque se porte sur Jargeau, toujours sous l'impulsion de Jeanne : « Avant, gentil duc, à l'assaut. [...] Ah, gentil duc, craindrais-tu ? Ne sais-tu pas que j'ai promis à ta femme de te ramener sain et sauf ? »

Le 16 et le 17 juin, Meung et Beaugency sont reprises.

La victoire la plus éclatante a lieu le 18 juin, à Patay. Providence ? Un cerf se jette dans les rangs des Anglais, qui poussent un cri signalant leur position. La bataille est une véritable débandade des Anglais, qui comptent 2 000 morts, contre 3 du côté français.

Le 29, après 11 jours interminables, l'armée royale quitte Gien et se met en route pour Reims. Charles VII, que l'on appelait avec mépris le « petit roi de Bourges », est sacré roi de France le 17 juillet.

L'épopée de Jeanne touche à sa fin : le 23 mai 1430, après l'abandon des sièges de Paris et de La Charité-sur-Loire, elle est capturée par les Bourguignons et,

6 mois plus tard, vendue aux Anglais. Ceux-ci s'allient l'évêque de Beauvais et l'université de Paris pour la faire déclarer « idolâtre, apostate et relaps ».

Février-mai 1431 :

Le procès de Jeanne d'Arc.

# Rouen
Seine-Maritime (76)

La séance s'ouvre le 21 février 1431, dans l'archevêché. Un prodigieux dialogue s'engage entre Jeanne et ses juges. Téméraire, la Pucelle oppose à toutes les ruses et subtilités de ses juges ce que Michelet appelle « le bon sens dans l'exaltation ». Les interrogatoires se succèdent durant trois mois. L'acte d'accusation la déclare « hérétique et schismatique », donc justiciable du bûcher. Le 24 mai, au cimetière de l'abbaye de St-Ouen, Jeanne, juchée sur un échafaud, est pressée d'abjurer ; elle cède. Condamnée à la prison pour le reste de ses jours, elle a la vie sauve. Les Anglais, furieux, menacent les juges, et le complaisant Cauchon répond : « Nous la rattraperons bien. » Les gardes retirent à la prisonnière les habits de femme qu'elle a promis de conserver à l'avenir et lui redonnent ses habits d'homme. Jeanne refuse de se lever ; mais, à midi, « pour nécessité de corps fut contraincte de yssir dehors et prendre le dict habit ». Considérée comme relapse, Jeanne est alors justiciable du bûcher. Elle est brûlée vive le 30 mai sur la place du Vieux-Marché. Le cœur, qui ne s'est pas consumé, est jeté dans la Seine pour éviter que le peuple n'en fasse des reliques. Les Anglais murmurent : « Nous sommes perdus, nous avons brûlé une sainte. » Réhabilitée en 1456, elle sera canonisée en 1920 et promue patronne de la France.

### Place du Vieux-Marché

Le secteur est riche en vieilles maisons à pans de bois du 16ᵉ au 18ᵉ s. La place, où les condamnés étaient mis au pilori ou exécutés au Moyen Âge, regroupe les nouvelles halles, l'église Ste-Jeanne-d'Arc et un monument national : la « Croix de la Réhabilitation », érigée à l'emplacement du bûcher où Jeanne d'Arc fut brûlée le 30 mai 1431. Au nord, le soubassement du pilori a été dégagé, et, au sud, le tracé des tribunes des juges du procès de Jeanne d'Arc.

### Tour Jeanne-d'Arc

C'est l'ancien donjon, seul vestige du château élevé au 13ᵉ s. par Philippe Auguste. Au cours de son procès, Jeanne d'Arc fut mise en présence des instruments de torture dans la salle du rez-de-chaussée (mai 1431). Un escalier à vis mène aux étages où l'histoire du château et de Jeanne d'Arc est évoquée.

14 avril 1450 :

Bataille de Formigny.

Calvados (14)

Entre Bayeux et Caen, la commune de Formigny fut le théâtre d'une des batailles décisives de la guerre de Cent Ans. Sous la direction du connétable Arthur de Richemont, les Français battent les Anglais de Thomas Kyriell. Cette victoire donne définitivement la Normandie aux Valois et met fin à la guerre au nord de la Loire. Autour du village de Formigny actuel, plusieurs lieux-dits situent le champ de bataille (pré aux Anglais, Tombeau aux Anglais…).

17 juillet 1453 :

Bataille de Castillon.

Dordogne (24)

Castillon est l'ultime bataille de la guerre de Cent Ans. Jean Bureau et sa coalition franco-bretonne défait les Anglo-Gascons de Johnn Talbot, qui mourut pendant l'affrontement. Le roi de France, Charles VII, peut ensuite affirmer définitivement sa souveraineté sur la Guyenne. Le champ de bataille est encore visible aujourd'hui le long de la Dordogne, à hauteur de Castillon-la-Bataille. L'île du Pas-de-Rauzan révèle le gué où les Anglo-Gascons tentèrent de s'enfuir.

**10 juillet 1445 :**

**Bataille de Montlhéry.**

Essonne (91)

La fin de la guerre de Cent Ans ne signifie pas la fin de la violence en France. La volonté de Louis XI d'imposer son autorité à ses grands vassaux provoque la formation d'une alliance nobiliaire, la Ligue du Bien Public, dirigée par le comte de Charolais, futur duc de Bourgogne, bien décidée à ne pas se laisser arracher ses prérogatives. L'armée royale et la coalition se rencontrent près du château de Montlhéry, dont il ne subsiste plus qu'une tour. La bataille fut indécise, chacun réclamant la victoire. Le commandant de l'aile droite française, Pierre de Brézé, mourut au cours d'une charge : une croix rappelant sa mort est visible aujourd'hui sur la plaine où eut lieu la bataille. Les coalisés, affaiblis par la bataille, ne purent assiéger Paris, ce qui permit à Louis XI d'ouvrir des négociations, activité où il était maître.

**14 octobre 1468 :**

**Entrevue de Péronne**

Somme (80)

La façade du château de Péronne, abritant aujourd'hui l'historial de la Grande Guerre, a été le témoin de la rencontre entre Louis XI et le duc de Bourgogne, Charles le Téméraire. Étonnamment, le très prudent souverain français semble être venu sans prendre beaucoup de soin de sa sécurité. Grave erreur : le bouillant duc bourguignon, affirmant que les Liégeois se sont soulevés contre son autorité à l'instigation du roi, décide de le retenir prisonnier. Puis, conseillé par son entourage, en particulier Philippe de Commynes, il libère Louis, non sans exiger de lourdes concessions : La Champagne, la Brie, les villes de la Somme. En outre, Louis doit assister en personne à la répression de Liège. Relâché, Louis XI, préfigurant le souverain machiavélien, s'évertue à ne pas respecter ses engagements. Après la mort de Charles, en 1477, l'« universelle aragne » reviendra à Péronne pour mettre fin à l'indépendance de fait du duché de Bourgogne.

6 décembre 1491 :

Mariage d'Anne de Bretagne
et de Charles VIII.

## Château de Langeais
Indre-et-Loire (37)

Forteresse massive et austère, avec ses hautes murailles, ses grosses tours pointues, son chemin de ronde à mâchicoulis et son pont-levis, Langeais a traversé les siècles sans une ride et semble tout droit sorti de nos jeux d'enfance… Quant à son intérieur, il réunit de véritables trésors, meubles anciens et tapisseries somptueusement colorées, qui vous baigneront dans l'atmosphère authentique du 15ᵉ s. et de la Renaissance.

### De la forteresse à la résidence
### de plaisance

Foulques III Nerra fit construire, à la fin du 10ᵉ s., le donjon en pierre (ses ruines se dressent encore dans le parc), qui serait le plus ancien de France. En 1465, Louis XI commanda à Jehan Bourré, son contrôleur des Finances, l'édification du château actuel. La forteresse médiévale devait protéger la Touraine des attaques du duc de Bretagne. Paradoxe de l'histoire, c'est ici que le rattachement de la Bretagne au royaume de France sera finalement signé en 1491… par un mariage, celui d'Anne de Bretagne et de Charles VIII. En 1490, âgée d'à peine quatorze ans, Anne de Bretagne avait été mariée par procuration à Maximilien d'Autriche : pour valider l'union, le représentant du souverain avait passé symboliquement la jambe sous les draps du lit de la belle Anne. Mais ce premier mariage est déclaré nul, au profit du roi de France Charles VIII qui épouse secrètement, à l'aube du 6 décembre 1491, à Langeais, l'héritière la plus convoitée d'Europe. La Bretagne est unie à la France, et le contrat de mariage prévoit que si le roi meurt, Anne devra épouser son successeur, ce qui adviendra six ans plus tard à l'avènement de Louis XII. Quant au château, c'est au retour de la campagne d'Italie de Charles VIII que son décor et son jardin prendront les atours de la Renaissance. À partir de 1886, le château sera restauré et meublé par un amateur d'art éclairé, Jacques Siegfried.

7 avril 1498 :

Mort accidentelle de Charles VIII.

## Amboise
### Indre-et-Loire (37)

C'est au 15ᵉ s. qu'Amboise connaît son âge d'or. Charles VIII, qui a passé son enfance dans le vieux château, songe, dès 1489, à le rénover et à l'agrandir pour en faire une résidence luxueuse. En 1492, le chantier s'ouvre et, en cinq ans, deux corps de bâtiment viennent prolonger les constructions anciennes. Des centaines d'ouvriers travaillent d'arrache-pied, au besoin à la chandelle, pour répondre au désir du souverain, pressé de s'installer dans sa nouvelle résidence.

Mais 1496 marque un tournant : à cette date, le roi s'est rendu en Italie. Ébloui par le raffinement artistique de la Péninsule, il rapporte à Amboise un butin considérable : mobilier, œuvres d'art, étoffes, etc. En outre, il ramène à son service toute une équipe d'érudits, d'architectes, de sculpteurs, d'ornemanistes, de jardiniers, de tailleurs d'habits... Les jardins italiens surtout l'ont émerveillé : « Il semble qu'il ne manque qu'Adam et Ève pour en faire un paradis terrestre. » Dès son retour, il fait tracer, par Pacello, un jardin d'ornement sur la terrasse. Parmi les architectes se trouvent Fra Giocondo et le Boccador ; celui-ci a collaboré à Blois et à Chambord et commencé l'Hôtel de Ville de Paris.

La fin du souverain est tragique. Le 7 avril 1498, dans l'après-midi, Charles VIII vient chercher la reine pour lui montrer une partie de paume dans le fossé du château. Ils doivent passer par une galerie dont la porte, très basse, s'ouvre dans l'enceinte. Charles VIII, bien que de petite taille, la heurte du front. Le choc n'a pas d'effet immédiat et le roi assiste à la partie tout en devisant. Tout à coup, il tombe à la renverse et perd connaissance. On le couche sur une paillasse dans un lieu malodorant et l'affolement est tel qu'il y reste jusqu'à ce que, vers 11 heures du soir, il ait rendu le dernier soupir.

1516 :

Léonard de Vinci s'installe
au Clos-Lucé.

## Château du Clos-Lucé,
## parc Leonardo-da-Vinci
Indre-et-Loire (37)

Conséquences des guerres d'Italie, les souverains français furent souvent éblouis par les artistes italiens.

Après sa campagne victorieuse de 1515, François I$^{er}$ pria Léonard de Vinci de s'installer en France, plus précisément dans le manoir de son enfance au Clos-Lucé. Pour l'occasion, un souterrain aurait relié le manoir au château d'Amboise permettant à François I$^{er}$ de rendre visite à Léonard en toute quiétude. Le souverain lui confère le titre de « premier peintre, premier ingénieur et premier architecte du roi ». Ce sont davantage les deux dernières fonctions qui ont accaparé l'activité du génial italien, qui rédigera entre autres plusieurs projets d'ingénierie hydraulique. Léonard restera à Amboise jusqu'à sa mort le 2 mai 1519.

### 18 octobre 1534 :

### Affaire des placards.

## Amboise
### Indre-et-Loire (37)

Le 18 octobre 1534, Amboise est le théâtre de l'affaire des placards : un violent pamphlet réformé contre « les horribles grands et insupportables abus de la messe papale, inventée directement contre la sainte Cène de Notre Seigneur, seul médiateur et sauveur, Jésus Christ » est placardé à la porte de la chambre royale, ainsi que dans les villes de Paris, Orléans, Tours, Blois et Rouen. Ce n'est pas la première provocation protestante en France, mais cette fois-ci François Iᵉʳ s'en indigne, alors qu'il semblait jusque-là indifférent à la montée de la nouvelle hérésie. Mais dans ce cas précis, c'est son autorité de droit divin qui est bafouée. Il affirme sa foi catholique et décide de prendre des mesures de répression : dès le mois de novembre, un premier réformé est brûlé, un édit condamne les imprimeurs du pamphlet et Calvin doit s'enfuir à Bâle. La querelle religieuse s'envenime en France.

**20 avril 1534 :**

**Départ de Jacques Cartier
vers l'Amérique.**

## Rothéneuf
Ille-et-Vilaine (35)

Jacques Cartier appareille le 20 avril 1534, pour chercher de l'or dans la région de Terre-Neuve et du Labrador. C'est sa première expédition financée par François Iᵉʳ. Il découvre alors l'estuaire du St-Laurent, qu'il prend pour l'embouchure d'un grand fleuve d'Asie. Comme le mot *Canada*, qui signifie « village » en huron, revient souvent dans les propos des Indiens, il appelle ainsi le pays. Cartier en prend possession au nom du roi de France, mais c'est Champlain qui le colonise et qui fonde Québec en 1608.

15 août 1534 :

Fondation de la Compagnie
de Jésus.

## Paris

Au n° 11 rue Yvonne-Le-Tac, le martyrium remplacé par une chapelle rappelle le martyre de saint
Denis et de ses compagnons. Au 16ᵉ s., Ignace de
Loyola et six compagnons, dont François-Xavier, y
firent vœu d'apostolat au service de l'Église et insti-
tuèrent la Compagnie de Jésus, devenue ensuite
l'ordre des Jésuites et reconnue comme ordre religieux par Paul III.

1539 :

Ordonnance de Villers-Cotterêts.

Aisne (02)

Naissance de l'état civil

François Iᵉʳ remplace le château royal du 12ᵉ s. par
une demeure Renaissance achevée en 1535 et multiplie les dépendances. C'est ici qu'il promulgue la
célèbre ordonnance de Villers-Cotterêts (1539) : elle
prescrit la substitution du français au latin dans les
actes publics et notariés. Parmi les 192 articles figure
l'obligation faite aux curés d'inscrire sur un registre

les dates de naissance et de mort de chaque paroissien. Auparavant, sauf dans les familles nobles où se tenait un « chartrier », on devait recourir à la mémoire de témoins pour justifier de son identité. Il faut attendre 1792 pour que la tenue des registres de l'état civil soit confiée aux municipalités.

1544 :

Affaire des Vaudois.

## Abbaye de Sénanque
Vaucluse (84)

La Senancole a donné son nom à Sénanque après avoir tiré le sien de la racine *sin-*, « montagne », d'où dérive également le nom du mont Sinaï. Patronage de choix pour une abbaye… à la recherche d'un moment de sérénité ? Fondée en 1148 par des moines venus de Mazan (haut Vivarais), Sénanque prospéra rapidement, au point que, dès 1152, sa communauté était assez nombreuse pour fonder une seconde abbaye dans le Vivarais. Elle bénéficia de nombreuses donations, en particulier des terres de la famille de Simiane et des seigneurs de Venasque. Le monastère ne tarda pas à installer, parfois très loin, des « granges », sortes d'annexes à la tête des exploitations qui étaient mises en valeur par les frères convers, moines auxiliaires chargés des tâches agricoles. Mais l'abbaye accumula des richesses peu compatibles avec les vœux de pauvreté ; au 14ᵉ s., c'est la décadence. Le recrutement et la ferveur diminuent tandis que la discipline se relâche. Pourtant, la situation s'améliore et le monastère retrouve sa dignité en s'efforçant de respecter l'esprit des fondateurs. En 1544, l'insurrection vaudoise porte à l'abbaye un coup dont elle ne se relèvera pas : des moines sont pendus et plusieurs bâtiments incendiés. À la fin du 17ᵉ s., Sénanque ne compte plus que deux religieux. Vendue comme bien national en 1791, elle trouve par chance un acquéreur qui la préserve de toute destruction, et va jusqu'à la faire consolider. Rachetée par un ecclésiastique en 1854, elle retrouve sa vocation d'origine : des bâtiments nouveaux viennent flanquer les anciens et 72 moines s'y installent. Depuis lors, malgré quelques tourments sous la IIIᵉ République, la vie monastique se poursuit à Sénanque (communauté de moines cisterciens).

### Les cisterciens

Inspiré par saint Bernard de Cîteaux, le mouvement cistercien prônait un idéal ascétique et la règle bénédictine primitive était observée dans ses établissements avec une extrême rigueur : isolement, pauvreté et simplicité, seules voies pouvant mener à la béatitude. Les conditions de vie des cisterciens sont donc très dures : les offices, la prière, les lectures pieuses alternent avec les travaux manuels, le temps de repos ne dépassant pas sept heures ; les repas, pris en silence, sont frugaux et les moines se couchent tout habillés dans un dortoir commun dépourvu du moindre confort.

*Les Vaudois*

L'hérésie vaudoise remonte au 12ᵉ s. : un certain Vaudès ou Valdès, riche marchand lyonnais, avait fondé en 1170 une secte prêchant la pauvreté et le retour à l'Évangile, refusant les sacrements et la hiérarchie ecclésiastique. Excommuniés en 1184, les Vaudois étaient, depuis ce temps, pourchassés comme hérétiques. En 1530, ils furent repérés par l'Inquisition et, en 1540, le parlement d'Aix (institué en 1501) lança contre dix-neuf d'entre eux l'« arrêt de Mérindol ». François Iᵉʳ temporise et prescrit un sursis. Mais lorsqu'en 1544, des hérétiques saccagent l'abbaye de Sénanque, le président du parlement d'Aix, Meynier d'Oppède, obtient du roi l'autorisation d'appliquer l'« arrêt de Mérindol » et organise une expédition punitive. Du 15 au 20 avril 1545, une véritable folie sanguinaire s'abat sur les villages du Luberon dont certains sont incendiés et rasés : 3 000 personnes sont massacrées et 600 envoyées aux galères.

**15 janvier 1552 :**

**Traité de Chambord.**

Loir-et-Cher (41)

Henri II hérite de son père non seulement du trône de France, mais aussi du même problème géopolitique : comment rompre l'encerclement du

royaume par les puissances habsbourgeoises ? Jouant
sur les divisions religieuses du Saint Empire, Henri II
noue une alliance signée au château de Chambord
avec les princes allemands protestants contre Charles
Quint. Le traité prévoit une offensive combinée, qui
va permettre aux Français d'occuper la Lorraine et
les Trois Évêchés (Metz, Toul, Verdun). Par la trêve
de Vaucelles, Charles Quint reconnut la tutelle française sur les Trois Évêchés, avant la souveraineté
totale en 1648 lors des traités de Westphalie.

12 mars-3 avril 1559 :

Traités du Cateau-Cambresis.

Nord (59)

Un premier traité est signé entre la France et
l'Angleterre, un autre entre la France et l'Espagne.
Les négociations débutèrent dans l'abbaye de Cer-
camp (aujourd'hui un château dans la commune de
Frévent) et se terminèrent dans un château, propriété de l'évêque de Cambrai, aujourd'hui disparu.
Dans ses grandes lignes, les traités mettent fin aux
guerres d'Italie, avec la renonciation des prétentions
françaises. En outre, Henri II doit abandonner de
nombreux gains territoriaux au duc de Savoie, allié
de Philippe II d'Espagne. En revanche, la France
reçoit des Anglais Calais (moyennant une forte
somme). Un mariage entre Philippe II et Élisabeth

de France était conclu, comme il était de coutume lors des grandes négociations. Enfin, conséquence imprévue, Henri II trouva la mort dans un tournoi à Paris, lors des réjouissances données pour le mariage de sa fille.

**2 juin 1559 :**

Édit d'Écouen.

# Château d'Écouen
Val-d'Oise (95)

Sous l'influence de sa favorite, Diane de Poitiers, Henri II se montre de plus en plus ferme contre les protestants, assimilés à des hérétiques sapant l'autorité royale. En villégiature au château d'Écouen (actuellement musée national de la Renaissance), Henri II promulgue un édit autorisant l'exécution sans procès de tout protestant révolté ou en fuite. Cet édit provoque de vives réactions, particulièrement au parlement de Paris. Les guerres de Religion françaises peuvent commencer.

1560

## Amboise
Indre-et-Loire (37)

### La conjuration d'Amboise

Au début de 1560, un gentilhomme protestant, La Renaudie, rallie d'autres réformés pour se rendre à Blois et demander au jeune roi François II la liberté de pratiquer leur culte ; le but est de le soustraire à l'influence des Guises, adversaires acharnés des huguenots. Mais le complot est éventé. La cour abandonne Blois, peu défendable, et se réfugie à Amboise, où le roi signe un édit de pacification. Cependant, les conjurés persistent ; la répression est implacable : le 17 mars, ils sont arrêtés et tués à mesure qu'ils arrivent, certains pendus au grand balcon, d'autres aux créneaux, ou jetés à la Loire dans des sacs ; les gentilshommes sont décapités et écartelés.

En 1563, une paix et un édit de tolérance, signés à Amboise, mettent fin à la première guerre de Religion ; le pays y gagne quatre ans de répit.

1561 :

## Colloque de Poissy.

Yvelines (78)

Une abbaye de dames augustines, fondée au 11ᵉ s., fut donnée aux dominicaines par Philippe le Bel. C'est dans leur réfectoire que se tint, du 9 septembre au 13 octobre 1561, le colloque dit « de Poissy » où, sur l'initiative du chancelier Michel de L'Hospital, catholiques et protestants affrontèrent leurs doctrines. Le légat du pape, 16 cardinaux, 40 évêques, le général des jésuites d'un côté, et de nombreux théologiens protestants conduits par Théodore de Bèze de l'autre, discutèrent pendant dix-sept jours. Dès le 9 septembre, Théodore de Bèze affirma sa conviction que, dans la cène, le corps du Christ « est éloigné du pain et du vin autant que le plus haut ciel est éloigné de la terre ». Il provoqua alors la colère des prélats. Après ces assauts d'éloquence stérile, le fossé qui séparait les adversaires s'en trouva élargi. L'abbaye est aujourd'hui un musée du jouet.

## 1562 :

### Massacre de Wassy.

Haute-Marne (52)

Revenant de Joinville où il était allé visiter sa mère, François de Guise (1519-1563) entra en son fief de Wassy le dimanche 1er mars 1562, à l'heure du prêche. Dans ce bourg partiellement gagné à la Réforme, des protestants assistaient à leur assemblée dans une vaste grange. Une querelle éclata... Les arquebusiers du duc pénétrèrent dans la grange et tuèrent les « parpaillots » qui leur tombaient sous la main. Bien qu'il y ait assisté, François de Guise désavoua ce massacre qui causa une profonde émotion dans toute la France protestante. Ce fut le commencement des guerres de Religion qui ensanglantèrent le royaume. La grange, située dans le château royal, a disparu, mais une plaque accolée à un mur situe la grange.

## 1569

### Jarnac

Charente (16)

Calvin ayant fait en 1534 et 1535 de nombreux séjours dans la région, Aunis, Saintonge et Angoumois devinrent très vite d'actifs foyers protestants. Le 13 mars 1569, pendant les guerres de Religion, se déroula, près du village de Triac, une bataille connue sous le nom de bataille de Jarnac. Le futur Henri III, alors jeune duc d'Anjou, avait pris le commandement des troupes catholiques, épaulé par Gaspard de Saulx-Tavannes, son conseiller politique et militaire. Ils défirent les compagnies protestantes du prince de Condé. Fait prisonnier lors d'un assaut et tombé de son cheval, Condé blessé fut achevé sur ordre du duc d'Anjou par Montesquiou, capitaine des gardes. Anjou et Tavannes confirmèrent cette victoire par celle de Moncontour, le 3 octobre 1569. Le jeune duc fut alors célébré à la cour pour la vaillance dont il avait fait preuve et, en remerciement, le roi conféra la charge de maréchal de France à Gaspard de Saulx-Tavannes.

## 24 août 1572

## Église St-Germain-l'Auxerrois, Paris

L'édifice résume cinq siècles d'architecture : clocher roman, chœur rayonnant, porche et nef flamboyants, portail Renaissance. La profonde restauration de Baltard et Lassus (1838-1855) accentue l'aspect composite que l'église présente aujourd'hui. Lorsque les Valois s'installent au Louvre au 14ᵉ s., St-Germain-l'Auxerrois devient la paroisse des rois de France qui y suivent les offices, la décorent et lui font des présents.

Dans la nuit du 24 août 1572, les sonneries des mâtines y donnent le signal du massacre des protestants : c'est la St-Barthélemy. Henri de Navarre (futur Henri IV), tout jeune marié avec Marguerite de Valois, échappe de peu à la mort alors que l'amiral de Coligny, célèbre chef huguenot, était assassiné à son hôtel, à quelques pas de là, au n° 144 de la rue de Rivoli et jeté par la fenêtre.

17 septembre 1579 :

Les grands jours de Poitiers,
ou édit de Poitiers.

## Doyenné St-Hilaire.
Vienne (86)

Les grands jours de Poitiers confirment la paix de Bergerac. Ils se tiennent en 1579 pour essayer de mettre fin aux discordes religieuses et rassemblent tout ce que le Poitou compte de natures distinguées, parmi lesquelles le poète Nicolas Rapin et Étienne Pasquier, un grand avocat. La bonne société de Poitiers ouvre grand ses portes aux congressistes. Dans d'étroites limites, les Réformés peuvent pratiquer leur culte. Néanmoins, cette timide avancée ne satisfait personne : une nouvelle guerre de Religion éclate bientôt. Les grands jours préfigurent l'édit de Nantes, qui en reprendra de nombreuses clauses.

28 décembre 1585 :

## Mort de Pierre de Ronsard
## au prieuré de St-Cosme.

Indre-et-Loire (37)

### Le prince des poètes

En 1524, Pierre de Ronsard, fils de Louis, naît à la Possonnière. Promis à un brillant avenir dans la carrière des armes ou de la diplomatie, il devient à douze ans page à la cour de François I$^{er}$. Mais à quinze ans, une maladie le laisse à demi sourd. Il se tourne alors vers la poésie et l'étude des auteurs anciens. Il excelle dans les sonnets où il chante la beauté de Cassandre Salviati, puis de Marie. Chef de file de la Pléiade, il devient en 1558 poète officiel : il connaît alors une renommée et une gloire fulgurantes. Il est aussi un essayiste polémiquant avec les protestants. Mais torturé par la goutte, il se retire dans ses prieurés de Ste-Madeleine-de-Croixval *(6 km au sud-est de la Possonnière)* et de St-Cosme-lès-Tours, où il s'éteint en 1585. Bon nombre de sonnets des *Amours* de Ronsard furent mis en musique du vivant même du poète, notamment par Clément Janequin et surtout Antoine de Bertrand.

Décembre 1588 :

Assassinat du duc de Guise.

# Blois
Loir-et-Cher (41)

Le château royal, où pas moins de 7 rois et 9 reines ont résidé, bruit d'anecdotes incroyables, mais authentiques, qui ont bousculé l'Histoire de France : rocambolesque évasion de Marie de Médicis, assassinat du duc de Guise... Après ces révélations, vous pourrez plonger dans les ruelles escarpées et tortueuses de la cité blésoise et vous laisser gagner par les charmes de la vieille ville alanguie en bord de Loire.

## L'assassinat du duc de Guise

### Le mobile

En 1588, Henri de Guise, lieutenant général du royaume et chef de la Ligue, tout-puissant à Paris, appuyé par le roi d'Espagne, oblige Henri III à convoquer pour la deuxième fois les états généraux à Blois : 500 députés, presque tous acquis aux Guise, y comptent obtenir la déchéance du roi. Henri III ne voit plus que l'assassinat pour se débarrasser de son rival.

Il est 8 heures du matin ce 23 décembre 1588. Parmi les 45 gentilshommes sans fortune, dernier carré des fidèles d'Henri III, 20 ont été choisis pour abattre le duc ; 8 d'entre eux dissimulent des poignards

sous leurs manteaux et se tiennent dans la chambre
du roi. Assis sur des coffres, ils semblent deviser pai-
siblement. Les 12 autres, armés d'épées, sont dans le
cabinet vieux. Deux prêtres sont dans l'oratoire du
cabinet neuf : le roi les fait prier pour la réussite de
l'entreprise. Guise se trouve dans la salle du Conseil
en compagnie de quelques hauts personnages. Levé à
six heures après avoir passé une partie de la nuit chez
une dame de « l'escadron volant », le duc de Guise se
réchauffe d'abord devant la cheminée et grignote
quelques prunes de Brignoles qui garnissent son
drageoir. Puis le Conseil commence. Le secrétaire
d'Henri III prévient alors Guise que le roi le mande
dans le cabinet vieux. Pour gagner ce cabinet, il faut
traverser la chambre du roi car, deux jours plus tôt,
la porte par laquelle il communiquait avec la salle du
Conseil a été murée. Le duc y pénètre et les spadas-
sins le saluent. Il se dirige vers la gauche. Un couloir
précède le cabinet. Guise ouvre la porte et aperçoit,
au fond du boyau, les gens qui l'attendent, l'épée à
la main. Il veut reculer mais les 8 hommes de la
chambre lui coupent la retraite. Ils se jettent sur leur
victime, la saisissant aux bras et aux jambes, et enrou-
lent son manteau autour de son épée. Le duc, dont
la force est prodigieuse, renverse 4 des agresseurs et
en blesse un cinquième avec son drageoir. Il entraîne
la meute jusqu'au bout de la chambre et, criblé de
blessures, revient tomber près du lit du roi en gémis-
sant : « *Miserere mei Deus* » (« Mon Dieu, prends pitié
de moi »).

### À qui profite le crime ?

Henri III, écartant la tenture derrière laquelle il s'était dissimulé, s'avance vers son rival. Il l'aurait souffleté (ou simplement touché du pied) en s'écriant : « Mon Dieu ! Qu'il est grand ! Il paraît encore plus grand mort que vivant. » En fouillant le cadavre, on découvre une lettre contenant ces mots : « Pour entretenir la guerre civile en France, il faut 700 000 livres tous les mois. »

Le roi descend chez sa mère, Catherine de Médicis, et lui dit joyeusement : « Je n'ai plus de compagnon, le roi de Paris est mort. » La conscience en paix, il va entendre une messe d'action de grâces dans la chapelle St-Calais. Le lendemain, le cardinal de Lorraine, frère du duc, enfermé aussitôt après le meurtre dans un cachot, est assassiné à son tour. Son corps rejoint celui de Guise dans une salle du château dont la localisation reste incertaine. Ils sont ensuite brûlés et leurs cendres jetées à la Loire. La reine mère ne survivra pas longtemps : elle meurt douze jours après le drame. Quant à Henri III, huit mois plus tard, le 2 août 1589, il tombera sous le poignard de Jacques Clément : alors qu'il assiège Paris, soulevé par la Ligue, un moine jacobin, Jacques Clément, qui veut punir le roi pour s'être allié au protestant Henri de Navarre, se fait introduire auprès d'Henri III à St-Cloud et le frappe de son couteau. Henri III meurt deux jours après.

**Septembre 1589 :**

**Bataille d'Arques.**

Seine-Maritime (76)

### La bataille d'Arques

Henri IV, alors roi sans royaume, dispose de la forteresse d'Arques « capable d'endurer le canon ». Il place à l'intérieur des remparts toutes les pièces d'artillerie qu'il peut réunir et se retranche, avec 7 000 hommes, à hauteur du confluent de l'Eaulne et de la Béthune, pour attendre les 30 000 ligueurs du duc de Mayenne, frère du défunt duc de Guise, Henri le Balafré.

La rencontre a lieu le 21 septembre 1589. Le brouillard, fréquent dans la région, retarde l'entrée en action de l'artillerie. Les troupes du roi de Navarre sont en fort mauvaise posture, mais à la première éclaircie les canons tonnent et, selon Sully, « creusent quatre belles rues » dans les rangs des ligueurs. Mayenne, qui avait promis de ramener le Béarnais « lié et garrotté », bat en retraite.

### Son souvenir

Aujourd'hui, un monument élevé au pied de la forêt d'Arques commémore cette bataille qui contribua, avec celle d'Ivry, à l'accession des Bourbons au trône de France. La ville conserve aussi dans son nom le souvenir de cette victoire. On l'a accolée au mot *Arques*, d'origine latine, qui évoquerait les « arches » d'un pont aujourd'hui disparu. Ce dernier enjambait la Varenne au 7ᵉ s. Le même nom renvoie également à la rivière formée par la réunion de la Varenne, de la Béthune et de l'Eaulne. En revanche, plus rien ne rappelle dans l'étymologie le fait que Guillaume le Conquérant embarqua d'Arques pour son second périple outre-Manche.

### Monument commémoratif
### de la bataille d'Arques

Un obélisque a été érigé sous la Restauration pour rappeler le succès remporté par Henri IV. De l'autre côté de la vallée apparaît Arques-la-Bataille, dominée par son château. La route entre ensuite en pleine forêt.

### 14 mars 1590 :

### Bataille d'Ivry-la-Bataille.

#### Eure-et-Loir (28)

La bataille voit la victoire d'Henri IV sur le duc de Mayenne et les Ligueurs. La petite histoire raconte que le roi, entraînant ses troupes, leur aurait recommandé de se rallier à son fameux « panache blanc » au cas où les étendards disparaîtraient du combat.

Au n° 5 rue de Garennes, se dresse une demeure typique où Henri IV aurait logé en 1590.

*Obélisque d'Ivry*

L'obélisque commémoratif de la bataille d'Ivry, que signale une allée d'arbres, a été érigé sur le plateau (sur le territoire d'Épieds) par Napoléon en 1804.

13 avril 1598 :

Édit de Nantes.

## Nantes
Loire-Atlantique (44)

Le 25 juillet 1593, Henri IV abjure sa foi protestante dans la basilique de St-Denis. C'est la sixième fois qu'il change de religion depuis sa naissance. De nombreuses villes abandonnent alors le parti de la Ligue pour se rallier au roi qui est sacré dans la cathédrale de Chartres, le 27 février 1594. Mais l'agitation persiste dans certaines provinces.

En 1597, la Bretagne est lasse des troubles engendrés par la Ligue et par les ambitions séparatistes de son gouverneur. Plusieurs villes abandonnent la Ligue et se joignent au parti royal. Philippe de Lorraine, duc de Mercœur, adresse un appel à Henri IV, résidant alors à Angers et préparant déjà sa nouvelle politique religieuse, pour qu'il vienne rétablir l'ordre. Devant le château, le roi s'écrie, admiratif : « Ventresaint-Gris, les ducs de Bretagne n'étaient pas de petits compagnons ! » Durant son séjour, le 13 avril 1598, il signe l'édit de tolérance, son nom officiel est lors l'édit de pacification, qui, en 92 articles, règle la question religieuse — du moins le croit-il.

1607-1624 :

*L'Astrée*, chef-d'œuvre
de la littérature précieuse.

Loire (42)

Bienvenue au pays d'Astrée et de Céladon. Vous êtes en effet dans la verdoyante vallée du Lignon, lieu d'inspiration inépuisable si l'on en croit Honoré d'Urfé qui y a commis *L'Astrée*, célèbre roman-fleuve de quelque… 5 000 pages. Mais on vient surtout à la Bastie-d'Urfé pour découvrir son château, véritable joyau Renaissance — style d'ailleurs très rare dans la région — connu pour ses belles galeries superposées et sa séduisante grotte de rocaille.

*Un lieu spirituel*

Au 15ᵉ s., les rudes seigneurs d'Urfé se bâtissent un manoir sur les rives du Lignon. Le terme Bastie ou Bâtie, comme celui de bastide, désigne une maison forte. L'ascension de la famille est dès lors très rapide. Pendant les guerres d'Italie, Claude d'Urfé séjourne plusieurs années à Rome : il représente, comme ambassadeur, François Iᵉʳ au concile de Trente, où est proclamé le dogme de la présence réelle du Christ dans l'eucharistie. Il en ressort catholique convaincu, choisissant l'agneau immolé comme armes de sa famille. À son retour, il transforme le manoir de la Bastie en demeure Renaissance, imprégnée d'humanisme et de spiritualité. Les thèmes religieux sont fréquents dans l'architecture et le décor : dès l'entrée, le sphinx, qui trône en bas de la rampe, alerte sur la signification cachée des lieux. Derrière, la grotte de rocaille est isolée du monde extérieur par une superbe grille ornée des raisins de l'eucharistie. Elle est parée de stalactites, de coquillages, d'antiques rapportés d'Italie, dont un dieu Pan (qui engendre la panique), et mène à la chapelle. C'est le passage du paganisme au christianisme. Sur la porte de la chapelle, remarquez les signes trinitaires : les 3 marches, les fleurs à 3 pétales, le triangle. Le contraste avec le décor explicite de la chapelle est saisissant. Les armes de la famille et les phrases en hébreu proclament la foi et la culture de cet humaniste catholique. Quelques signes encore dans la partie profane de l'habitation : on accède à l'étage par la rampe cavalière sur laquelle trône le sphinx, qui symbolise la science, la connaissance. Elle est ornée d'un personnage (le Christ ? l'homme de bonne volonté ?) qui porte sa croix, d'une scène de lutte (la connaissance contre l'ignorance ? la vertu contre le vice ?), d'une femme chargée de la corne d'abondance et mène à… la bibliothèque, le lieu du savoir.

*Le best-seller du roman pastoral*

*L'Astrée*, publié de 1607 à 1628, lance en France la mode du roman et des bergeries. Son succès est extraordinaire. Les interminables amours d'un berger, Céladon, et de sa bergère, Astrée, servent de cadre à un véritable bréviaire de « l'honnête homme » au 17ᵉ s. Les amours vécues par son auteur Honoré d'Urfé (1567-1625) furent aussi romanesques que son invention. C'est dans le cadre raffiné de ce château que l'écrivain passe son enfance. Après ses études au collège de Tournon, il regagne la Bastie où il est l'hôte de son frère aîné. L'épouse de celui-ci, la belle et ardente Diane de Châteaumorand, éveille dans le cœur du jeune homme une brûlante passion. Ayant obtenu l'annulation de son premier mariage non consommé, elle épouse son beau-frère en 1600. Les nouveaux époux s'installent à Châteaumorand, dans le château de Diane, au nord-ouest de La Pacaudière. Ce second mariage n'est pas plus heureux que le premier. Honoré d'Urfé fuit Châteaumorand et se remet à la rédaction de *L'Astrée*, ébauchée à son retour de Tournon.

# Cinquième partie

# De la France des Bourbons
# à la Révolution française

## Rue de la Ferronnerie, Paris

Tracée au 13ᵉ s., elle porte son nom depuis 1229. C'est au niveau du n° 11 de la rue qu'Henri IV fut assassiné le 14 mai 1610. Le roi était parti du Louvre pour aller voir Sully à l'Arsenal. Son carrosse s'était engagé dans la rue. Deux charrettes qui s'étaient accrochées obligèrent la voiture royale à s'arrêter. Ravaillac, qui, depuis le Louvre, la suivait en courant, saisit l'occasion. Il se hissa sur la roue arrière du véhicule et frappa Henri IV de deux coups de couteau mortels.

Aujourd'hui l'emplacement du n° 11 est marqué par une dalle de marbre avec trois fleurs de lys. Au moment du drame, l'enseigne du n° 13 portait un cœur couronné que perçait une flèche ; les témoins virent là un signe du destin. Le régicide fut écartelé en place de Grève, treize jours plus tard.

**24 avril 1617 :**

Mort de Concini.

## Le Louvre, Paris

En 1617, le roi Louis XIII a seize ans. De fait, c'est sa mère Marie de Médicis qui gouverne, aidée par Concino Concini. L'influence de ce favori d'origine florentine n'a cessé de croître depuis l'assassinat d'Henri IV. En peu de temps, il conquiert fortune, charges et honneurs, attisant la jalousie de la haute noblesse.

Le roi s'appuie alors sur un modeste gentilhomme provençal devenu grand fauconnier de France, Luynes, qui lui donne l'assurance nécessaire à un coup de majesté. Le 24 avril 1617, sur ordre de Louis XIII, Concini est arrêté dans la cour du Louvre. Il cherche à se défendre ; Vitry, le capitaine de la garde, l'abat. Marie de Médicis est écartée du pouvoir et ses ministres sont disgraciés. « À cette heure, je suis roi », conclut alors Louis XIII.

**Septembre 1627 - octobre 1628 :**

Siège de La Rochelle.

Charente-Maritime (17)

*Les premiers conflits*

Surnommée « la Genève française », La Rochelle compta, dès avant 1540, des adeptes de la religion réformée qui, à ses débuts, était prêchée dans les églises mêmes. De 1562 à 1598, les guerres de Religion ensanglantent le pays. En 1565, des prêtres sont jetés à la mer du haut de la tour de la Lanterne. Trois ans plus tard, un temple est aménagé dans l'ancien couvent des augustins. En 1571, un synode national s'y tient sous la présidence de Théodore de Bèze, écrivain et théologien disciple de Calvin. Henri de Navarre (le futur Henri IV), sa mère Jeanne d'Albret, et le prince de Condé, y assistent. La Confession de foi des Églises réformées, élaborée à Paris en 1559, y est ratifiée et devient la Confession de foi de La Rochelle.

En 1573, un premier siège est tenu devant la cité par l'armée royale conduite par le duc d'Anjou, futur Henri III. L'ingénieur italien qui a dirigé, pour le compte des protestants, la construction des remparts, mène maintenant l'assaut contre ceux-ci, dont il connaît les points faibles. Mais La Rochelle résiste. Ses habitants ont une machine, nommée par dérision « l'Encensoir », qui déverse huile et goudron bouillants sur les assaillants. Six mois d'investissement n'entament pas la défense. Mais le siège est si rude que lorsqu'il est levé, la ville a perdu quelque 20 000 habitants.

Le siège : En 1627, l'armée royale se présente de nouveau devant la ville, alliée des Anglais qui ont envahi Ré. Deux caractères également obstinés s'affrontent à cette occasion : le cardinal de Richelieu, qui cherche à achever l'unité française, et Jean Guiton (1585-1654), petit homme sec, rude, fanatique, qui d'amiral est devenu maire de la ville, et aurait dit : « Je serai maire puisque vous le voulez absolument, mais vous voyez ce poignard, je jure de l'enfoncer dans le sein du premier qui parlera de se rendre et je veux qu'on m'en perce moi-même si je propose de capituler… » Il dirigera le siège depuis son cabinet, conservé à l'hôtel de ville. Le bureau porte encore la trace d'un poignard planté par Guiton dans un accès de colère.

Malheureusement pour Guiton, le blocus est organisé de main de maître, côté terre et côté mer d'où doivent venir les renforts anglais. L'architecte Clément Métezau jette en effet, au travers de la baie, une digue gigantesque : on enfonce dans les flots de longues poutres de bois entre lesquelles sont entassés blocs de pierre et gravats, dans le déferlement des lames et les remous des courants. Au centre une ouverture est aménagée pour le passage de la marée. Des soldats de l'artillerie s'installent sur la crête. Les Rochelais ne réagissent guère, persuadés que l'ouvrage ne résistera pas aux tempêtes. Or, il tient, réduisant la cité à la famine : le 30 octobre 1628, Richelieu entre dans la ville, Louis XIII l'y rejoint le 1er novembre. Les maisons sont pleines de cadavres : de 28 000 habitants avant le siège, il ne reste que 5 000 survivants, dont Jean Guiton qui servira plus tard le roi. Louis XIII veut se montrer magnanime et rend hommage au courage des assiégés, mais la ville perd ses privilèges et doit raser ses défenses. Seules subsistent la tour de la Lanterne et la rue Sur-les-Murs.

10-11 novembre 1630 :

La journée des dupes.

## Paris, Versailles

### Palais du Luxembourg

Au début du 13ᵉ s., c'est un lieu désert, vaguement occupé par une ruine, surnommé le château Vauvert. En 1257, une communauté de moines chartreux exorcise les lieux, réputés hantés, avec l'appui de Saint Louis. Leur succès dans cette entreprise les conduit à s'y établir et à y construire un couvent, grâce à l'affluence des dons qui suivit.

En 1612, Marie de Médicis achète l'hôtel de François de Luxembourg ainsi que les terrains alentour, qui formeront par la suite un vaste parc. Elle charge Salomon de Brosse des travaux de construction, qui débutent trois ans plus tard. À son achèvement, le palais suscite l'admiration ; il contient, entre autres, 24 tableaux de Rubens retraçant la vie de la régente. Ces derniers se trouvent aujourd'hui au musée du Louvre, dans la galerie Médicis.

La reine mère, installée en 1625, ne jouit pas longtemps de son palais. À la tête du parti dévot, elle entre en opposition ouverte contre la politique de Richelieu, dont elle avait pourtant favorisé l'ascension. Les dévots reprochent au cardinal sa politique en faveur des princes protestants contre les Habsbourg catholiques aux prises dans la guerre de Trente Ans. Le 10 novembre 1630, au cours d'une violente séance, dans son cabinet du Luxembourg, elle arrache à son fils Louis XIII la promesse de renvoyer le cardinal. Le parti dévot, sûr de sa victoire, triomphe déjà. Mais Richelieu, vaincu à Paris, s'impose au roi dès le lendemain, à Versailles — à l'époque encore simple pied-à-terre pour la chasse —, et se voit confirmé dans ses fonctions. Les courtisans sont pris à leur piège, Marie de Médicis est exilée à Cologne et y meurt dans un dénuement complet en 1642. Le palais est déserté et reprend son appellation primitive de Luxembourg. Il reste dans la famille royale jusqu'à la Révolution.

**1632 :**

Conspiration et exécution du duc de Montmorency.

## Toulouse
Haute-Garonne (31)

*Une tête qui tombe*

Un épisode de la rébellion de la noblesse contre Richelieu connaît sa conclusion tragique à Toulouse. Henri de Montmorency, gouverneur du Languedoc, « premier baron chrestien », appartient à la plus grande famille de France. D'une bravoure éclatante, beau, généreux, il devient rapidement populaire dans sa province d'adoption. Entraîné par Gaston d'Orléans, frère de Louis XIII, il prend les armes en 1632 et fait renaître quelque temps le rêve d'un Midi débarrassé de la sujétion à la Couronne. Mais tous deux sont défaits à Castelnaudary. Montmorency s'est battu désespérément ; atteint de dix-sept blessures, il est fait prisonnier. Le parlement de Toulouse le condamne à mort. Personne n'imagine possible l'exécution d'un si haut personnage. Mais le roi, qui est venu en personne à Toulouse avec le cardinal, résiste aux supplications de la famille, de la cour et du peuple. « Je ne serais pas roi, si j'avais les sentiments des particuliers », répond-il avec hauteur. La seule faveur accordée au condamné est d'être décapité à l'intérieur du Capitole, au lieu de subir son supplice sur la place publique. L'échafaud est dressé dans la cour, au pied de la statue d'Henri IV. À trente-sept ans, le duc meurt avec l'élégance d'un grand seigneur. Le peuple, assemblé devant le Capitole, pousse des cris de vengeance à l'adresse du cardinal quand, d'une fenêtre, le bourreau vient montrer la tête sanglante. Cette exécution rapproche un peu plus le pouvoir royal de l'absolutisme.

### 1634 :

L'affaire des diables de Loudun.

## Loudun
Vienne (86) :

En 1617, Urbain Grandier (1590-1634) arrive à Loudun. La ville représente alors une place de sûreté pour les protestants. Jeune curé formé à Bordeaux, Grandier prend en charge l'église St-Pierre-du-Marché, affichant son esprit tolérant et ne cachant pas son hostilité à l'égard de Richelieu. Ses succès de prédicateur et la liberté de ses mœurs lui attirent de nombreux ennemis. Reprenant la parole de Dieu de la Genèse : « Il n'est pas bon que l'homme soit seul », il écrit un traité fustigeant le vœu de célibat des prêtres. Après la mort du directeur de conscience d'un couvent de Loudun, les sœurs demandent au jeune curé de lui succéder, il refuse… C'est alors qu'elles se trouvent possédées par le démon : hallucinations diaboliques, convulsions et débauche nocturne. Des prêtres exorcistes sont convoqués, et la mère supérieure sous transe éructe le nom de l'abbé Grandier comme celui du diable. Un procès pour sorcellerie est ouvert contre lui, à l'instigation, dit-on, de Richelieu. Déclaré coupable, le curé est torturé, puis brûlé vif sur la place Ste-Croix en 1634.

**12 septembre 1642 :**

**Exécution de Cinq-Mars.**

## Place des Terreaux, Lyon
Rhône (69) :

L'affaire de Cinq-Mars ressemble en bien des points à celle du duc de Montmorency. Aidé par Gaston d'Orléans, éternel comploteur contre son frère, le marquis de Cinq-Mars conspire contre Richelieu et Louis XIII. Démasqué, il est exécuté noblement, décapité place des Terreaux, devant une foule de spectatrices venues voir tomber une aussi jolie tête. Et pourtant tout aurait dû sourire au jeune et beau marquis, devenu favori du roi par la grâce du cardinal, qui voulait diminuer l'influence de Marie de Hautefort et distraire un roi notoirement taciturne. Mais voulant se mêler de haute politique, il se compromet dans un projet visant à assassiner Richelieu et à trahir Louis XIII au profit de Philippe IV d'Espagne.

À la Révolution, la place reprit cette sinistre fonction contre les Lyonnais eux-mêmes, déclarés coupables de Contre-Révolution. La place tire son nom du comblement, au moyen de terres rapportées ou terreaux, d'un ancien lit du Rhône ; c'est tout près d'ici que se trouvait le confluent, à l'époque romaine.

14 mai 1643 :

Mort de Louis XIII.

## Château de St-Germain

Cinq mois après le cardinal de Richelieu, Louis XIII rend son dernier souffle au Château-Vieux de St-Germain-en-Laye. Il laisse un fils de cinq ans, lui-même né à St-Germain, et un royaume en guerre, menacé d'invasion par les redoutables tercios des Flandres.

## 1643

# Rocroi
Ardennes (08)

> « *La valeur n'attend pas le nombre
> des années* », Bossuet (*Oraison
> funèbre du prince de Condé*)

En pleine guerre de Trente Ans, l'armée espagnole des Flandres nourrit le projet de se diriger vers Paris par la Champagne, en prenant Rocroi. Le 19 mai 1643, quelques jours après la mort de Louis XIII, les troupes de dom Francisco de Mello rencontrent les armées royales, commandées par le jeune duc d'Enghien, âgé de vingt et un ans, futur prince de Condé, immortalisé sous le nom de Grand Condé. La bataille a lieu à 2 km au sud-ouest de Rocroi, sur un plateau, en bordure d'une zone marécageuse : les « rièzes ». Le 19 au petit jour, Condé attaque l'aile droite du dispositif adverse. Cependant, à l'aile gauche française, le maréchal de L'Hospital et La Ferté-Senneterre sont encerclés par l'ennemi. Par une manœuvre hardie, le duc d'Enghien leur prête la réserve de son aile droite qu'il lance sur les piques de l'infanterie espagnole (les fameux tercios, réputés invincibles). Voyant la bataille perdue, le comte de Fontaines fait former le carré aux troupes espagnoles qui lui restent. Trois fois, les Français chargent ; trois fois, ils reculent… Ayant pénétré dans le carré, ils font un massacre où périt Fontaine, et mettent en fuite De Mello. La bataille a duré six heures, engagé 50 000 hommes et fait 10 000 morts, mais elle n'est pas décisive, la guerre continue pour de longues années encore. Les Français brisent le mythe de l'invincibilité des tercios et la bataille a un retentissement extraordinaire en France, comme en témoigne la célèbre oraison funèbre du prince de Condé prononcée par Bossuet en 1686.

5 janvier 1649 :

La cour fuit la Fronde.

## St-Germain-en-Laye
Yvelines (78)

Face à l'agitation permanente et grandissante du parlement de Paris, soutenu par la foule, la régente, Anne d'Autriche, et la cour quittent brusquement le Palais-Royal dans la nuit du 5 au 6 janvier 1649 et gagnent St-Germain-en-Laye. Mazarin prépare l'épreuve de force contre la capitale et lève une armée pour en finir avec les parlementaires. C'est encore à St-Germain que Mazarin parvient à signer un accord de paix mettant fin, provisoirement, à la révolte parlementaire, mais rien n'est fini avec les « Grands » : Condé, Conti, Longueville…

**1ᵉʳ janvier 1650 :**

**Arrestation des « Grands »
frondeurs.**

## Vincennes
Val-de-Marne (94)

Du début du 16ᵉ s. jusqu'en 1784, le donjon, que n'habitent plus les souverains, devient prison d'État. Ligueurs, jansénistes, chefs de la Fronde, libertins, seigneurs et philosophes s'y succèdent. Le séjour y est d'ailleurs beaucoup moins infamant qu'à la Bastille. Pensant mettre fin à la Fronde des Princes, Mazarin et Anne d'Autriche, font arrêter Condé, Conti, et Longueville. Le seul résultat tangible est l'indignation des proches et de la clientèle de ces grands aristocrates. Le 12 février 1651, Mazarin banni, la régente Anne, affaiblie, doit se résoudre à libérer les trois frondeurs.

**7 avril 1652 :**

**Bataille de Bléneau.**

Yonne (89)

Depuis la libération des chefs de la Fronde des Grands, les révoltés semblaient avoir un avantage décisif sur une régence humiliée. Mais à partir de 1652, le parti royal reprend l'avantage. Le 7 avril, Turenne,

ancien frondeur rallié à Anne d'Autriche, inflige une
défaite à Condé. Grâce à lui, les royaux peuvent pous-
ser leur avantage : Louis XIV fait un retour triomphal
au Louvre le 21 octobre 1652. Mazarin, revenu en
grâce, est acclamé lors de son retour à Paris le
3 février 1653.

14 juin 1658 :

Bataille des Dunes.

## Leffrinckoucke
Nord (59)

C'est la bataille décisive de la longue guerre franco-
espagnole, commencée en 1635. Alliée aux Anglais de
Cromwell, l'armée française, commandée par Turenne,
bat les Espagnols du prince de Condé dans les dunes
littorales de Leffrinckoucke. La victoire donne à
Louis XIV la place de Dunkerque.

1659-1660 :

Paix des Pyrénées.

## Hendaye
Pyrénées-Atlantiques (64)

*Hendi* signifie « grand » en basque et *ibaï* « rivière ».
Ce serait donc la Bidassoa qui aurait donné son nom
à la ville. L'île des Faisans illustre à merveille la situa-

tion stratégique de ce fleuve. Aujourd'hui, il n'en reste qu'un lambeau de terre boisé menacé par les flots, mais ce fut un haut lieu diplomatique. En 1463, Louis XI y rencontra Henri IV, roi de Castille. En 1526, François I<sup>er</sup>, prisonnier en Espagne, y est échangé contre ses deux fils. En 1615, deux fiancées royales, Élisabeth, sœur de Louis XIII, choisie pour l'infant d'Espagne, et Anne d'Autriche, sœur de l'infant, choisie pour Louis XIII, prirent là officiellement contact avec leur nouvelle patrie.

Le 7 novembre 1659, Mazarin et son homologue espagnol, Luis de Haro, signent à Hendaye le traité des Pyrénées, mettant officiellement fin à la guerre de Trente Ans. Symboliquement, la cérémonie se déroule sur l'île des Faisans posée au milieu de la Bidassoa entre Hendaye et Fontarabie. Grâce au traité, le royaume de France s'empare du Roussillon, du Vallespir, du Conflent, du Capcir, de la Cerdagne, de l'Artois ainsi que de quelques places fortes de Flandres et de Lorraine. De plus, une frontière est délimitée entre les deux territoires. Clause annexe : le jeune roi de France Louis XIV épousera l'infante d'Espagne Marie-Thérèse l'année suivante à St-Jean-de-Luz… et s'engage à renoncer à ce que ses héritiers briguent le trône espagnol. La dot de Marie-Thérèse ne sera jamais versée, permettant à Louis XIV de revendiquer, plus tard, la couronne d'Espagne, ravivant, de ce fait, les guerres entre les deux peuples…

Au printemps 1660, l'île fut le théâtre de préparatifs fiévreux pour le mariage de Louis XIV avec Marie-

Thérèse, fille de Philippe IV d'Espagne. Vélasquez (qui mourra d'un refroidissement contracté au cours des travaux) décora le pavillon où fut signé le contrat de mariage. Chaque délégation désirant rester sur son territoire, le bâtiment fut divisé par une frontière imaginaire. L'heureuse conclusion des formalités (4 au 7 juin) est saluée par deux salves de mousquets.

1660 :

Mariage de Louis XIV.

## St-Jean-de-Luz
Pyrénées-Atlantiques (64)

*Le mariage du Roi-Soleil*

Prévu par le traité des Pyrénées, le mariage de Louis XIV avec l'infante d'Espagne Marie-Thérèse est retardé par la passion que le roi éprouve pour Marie Mancini, nièce de Mazarin. Mais le cardinal exile la jeune fille et le roi cède à la raison d'État. Accompagné de sa suite, il arrive le 8 mai 1660. Le 9 juin au matin, logé à la maison Lohobiague, il rejoint la maison de l'infante. Entre les Suisses qui font la haie, le cortège s'ébranle en direction de l'église St-Jean-Baptiste. Précédé par deux compagnies de gentilshommes, le cardinal Mazarin, en costume somptueux, ouvre la marche, suivi de Louis XIV en habit noir orné de dentelles et, à quelques pas, de Marie-Thérèse, en robe tissée d'argent et manteau de velours violet, la couronne d'or sur la tête. Viennent ensuite Monsieur, frère du roi, l'imposante Anne d'Autriche, puis toute la cour.

Le service, célébré par Mgr d'Olce, évêque de Bayonne, dure jusqu'à 3 heures. La porte par laquelle sort le couple royal est murée après la cérémonie.

Le cortège regagne la maison de l'infante. Du balcon, le roi et Mazarin jettent à la foule des médailles commémoratives. Puis les jeunes époux soupent à la maison Lohobiague en présence de la cour. Une étiquette rigoureuse les conduit jusqu'au lit nuptial dont la reine mère ferme les rideaux en donnant la bénédiction traditionnelle.

### La corbeille de noce

Marie-Thérèse reçoit de nombreux présents. Le roi a offert six parures complètes de diamants et de pierres précieuses ; Monsieur, douze garnitures de robes en pierreries. Le cadeau du richissime Mazarin est princier : douze cent mille livres de diamants et de perles, un grand service de table en or massif et deux calèches d'apparat tirées l'une par six chevaux de Russie, l'autre par six chevaux des Indes, dont les robes sont assorties aux couleurs des voitures. Marie-Thérèse sera, pour Louis XIV, une épouse douce et digne. Quand elle mourra, le roi dira : « C'est le premier chagrin qu'elle me cause. »

9-10 mars 1661 :

Mort de Mazarin,
prise du pouvoir par Louis XIV.

## Vincennes
Val-de-Marne (94)

C'est au château de Vincennes que meurt Jules Mazarin le 9 mars 1661. Louis XIV saisit alors l'occasion pour affirmer son pouvoir personnel. Convoquant le lendemain les ministres de la régence, Louis déclare : « (…) Jusqu'à présent, j'ai bien voulu laisser gouverner mes affaires par feu M. le Cardinal ; il est temps que je les gouverne moi-même. » Il n'y aura donc plus de Premier ministre soulageant le roi de sa charge, mais un souverain absolu, responsable des affaires de son royaume devant Dieu.

1661 :

Réception malheureuse
de Fouquet.

## Château de Vaux-le-Vicomte
Seine-et-Marne (77)

Édifié pour Nicolas Fouquet par de très grands artistes, et jalousé par Louis XIV, le château de Vaux préfigure la splendeur du palais de Versailles et demeure l'un des chefs-d'œuvre du 17ᵉ s. La promenade dans ses jardins imaginés par Le Nôtre est inoubliable.

### L'ascension de Fouquet

D'une famille de robe, Fouquet (1615-1680), entré au parlement de Paris à vingt ans, devient procureur général de cette haute juridiction, puis surintendant général des Finances de Mazarin. Les habitudes de ce temps et l'exemple du cardinal lui font user, sans retenue et pour son propre compte, des ressources de l'État. Il a des hommes à lui partout et s'attache, par des services d'argent, les plus hauts personnages. Enivré de sa puissance, Fouquet a pris comme devise : *Quo non ascendam* (« Jusqu'où ne monterai-je pas ? »), et pour armes un écureuil. En 1656, il décide de faire bâtir, dans sa seigneurie de Vaux, un château qui atteste sa réussite. Faisant preuve d'un goût excellent, il appelle auprès de lui trois grands artistes : Louis Le Vau, architecte, Charles Le Brun, décorateur, André Le Nôtre, jardinier. Son choix n'est pas moins sûr dans les autres domaines : Vatel est son majordome et il s'est attaché La Fontaine. Les constructeurs ont reçu carte blanche. 18 000 ouvriers travaillent aux chantiers. Trois villages sont rasés. Le Brun crée un atelier de tapisserie à Maincy — transporté à Paris après la chute de Fouquet, il deviendra la Manufacture royale des Gobelins. En cinq ans, tout est terminé : un chef-d'œuvre est né que Louis XIV voudra surpasser à Versailles.

*La fête imprudente*

Le 17 août 1661, Fouquet offre une fête au jeune Louis XIV qui séjourne à Fontainebleau. La réception est d'une splendeur inouïe. La table du roi est garnie d'un service d'or massif, détail irritant pour ce dernier qui a dû envoyer sa propre vaisselle à la fonte pour faire face aux dépenses de la guerre de Trente Ans.

Après un repas où Vatel s'est surpassé, les divertissements commencent dans les jardins animés par 1 200 jets d'eau et des cascades. Ce sont des ballets champêtres, des concerts, des joutes sur l'eau, des loteries dont tous les numéros sont gagnants. Dans un théâtre de verdure, Molière et sa troupe jouent, pour la première fois, une comédie-ballet, *Les Fâcheux*. Le roi, blessé dans son orgueil par ce faste et ce raffinement qui dépassent ceux de la cour, est sur le point de faire arrêter Fouquet sur-le-champ. Mais Anne d'Autriche l'en dissuade.

*La chute*

Dix-neuf jours plus tard, le surintendant est arrêté à Nantes, sur la place de la cathédrale, par d'Artagnan, le vrai, sous-lieutenant des mousquetaires du roi. Les biens de Fouquet sont séquestrés. Louis XIV prend à son service les artistes qui ont édifié Vaux et bâtiront Versailles. Après trois ans de procès, Fouquet est condamné au bannissement. Le roi change cette peine en prison perpétuelle. Quelques rares amis sont restés fidèles à l'homme tombé : Mme de Sévigné, La

Fontaine qui écrit l'*Élégie aux nymphes de Vaux*.
Mme Fouquet, créancière de son mari pour sa dot,
recouvre le château. En réalité, Fouquet est surtout
victime de la raison d'État et de la conception du
pouvoir du jeune roi, qui doit encore faire ses preuves. Renseigné par Colbert de l'enrichissement spectaculaire de Fouquet (Colbert « oubliant » sa propre
fortune), alors que les finances publiques subissaient
une grave crise du fait de la guerre avec l'Espagne,
Louis XIV sacrifie le ministre des Finances, faisant,
par cet acte, une démonstration de sa propre autorité.

À la mort du fils de Fouquet, le domaine est
acheté par le maréchal de Villars en 1705 et érigé en
duché-pairie. Vendu en 1764 au duc de Choiseul-
Praslin, ministre de Louis XV, le domaine franchira
la Révolution sans trop de dommages. En 1875, un
grand industriel, M. Sommier, acquiert Vaux, le restaure, le remeuble et remet le parc en état. Ses héritiers poursuivent son œuvre.

## 1661 :

### Les travaux du château
### de Versailles débutent.

Yvelines (78)

Symbole de perfection classique, le plus grand palais
du monde fut, de la fin du 17ᵉ s. à la Révolution, un
chantier permanent, image fastueuse d'une époque de
création intense, symbole du pouvoir absolu.

Louis XIV ne décide de transformer l'ancien pavillon de chasse de Louis XIII qu'en 1660, année de son mariage avec Marie-Thérèse, Infante d'Espagne. Comme il se méfie de Paris qui lui rappelle les désordres de la Fronde, le roi cherche un emplacement dans les environs. Attaché à Versailles par d'agréables souvenirs d'adolescence, grand chasseur, il choisit ce lieu. Tout y est à faire : étroite, la butte qui supporte le petit château Louis XIII n'en permet pas l'agrandissement ; marécageux, le terrain environnant n'est pas propice aux cultures fragiles ; imprégné d'eau, il n'en fournira cependant pas assez pour alimenter les jeux d'eau sans lesquels on ne conçoit pas de jardins à cette époque. Le roi décide de forcer la nature. De la terre est apportée pour élargir la butte, des travaux de drainage et de captage des eaux seront entrepris dans toute la région. Une œuvre titanesque démarre ainsi et, en 1682, Louis XIV annonce solennellement qu'il installe le gouvernement de la France à Versailles. Le château devient la capitale politique, mais aussi une vitrine de l'art français. Les chantiers se poursuivront presque jusqu'à la mort du roi, cinq ans après l'achèvement du Trianon et de la chapelle.

Le 1ᵉʳ septembre 1715, Louis XIV y meurt.

### Les maîtres d'œuvre

Les constructions se sont développées en alternance avec les guerres et les périodes de paix, suscitant à chaque fois de nouveaux chantiers : une entreprise architecturale de près de cinquante ans, conduite en concordance avec les campagnes militaires de Louis XIV.

La première campagne est celle des vingt ans du roi ou de la paix des Pyrénées (1659). La prestigieuse équipe de Vaux-le-Vicomte y participe. C'est l'époque de la création du parc et des jardins, avec la grotte de Thétis.

La deuxième campagne, pour les trente ans du roi ou de la paix d'Aix-la-Chapelle (1668), se porte sur le gros œuvre : une enveloppe enrobe le château Vieux (ou ancien pavillon de chasse de Louis XIII) sur ses trois faces, en pierre côté jardin, en brique et pierre du côté des cours symétriques. François d'Orebay prend la relève de Le Vau, mort en 1670 ; Le Brun dirige une équipe de sculpteurs pour la décoration des dedans comme des dehors.

La troisième campagne s'ouvre avec la paix de Nimègue (1678) et les quarante ans du roi, qui vient d'accéder au titre de Louis le Grand : Jules Hardouin-Mansart agrandit l'espace couvert du château pour permettre au roi de transférer à Versailles le siège du gouvernement. L'apport de Mansart se traduit par l'implantation des écuries, la construction des ailes des Ministres du côté des cours et les ailes du Nord et du Midi. Les grands appartements sont transformés par la création des salons de la Guerre et de la Paix encadrant la nouvelle Galerie des Glaces. C'est l'occasion de remplacer la décoration dédiée aux dieux antiques par la présentation du règne et du royaume : la voûte de la galerie des Glaces raconte les hauts faits de Louis XIV.

En 1684, deux ans après l'installation de la cour, voisinant avec ses élégances, 22 000 ouvriers et 6 000 chevaux sont, d'après le journal de Dangeau, au travail sur les différents chantiers. Une colline a été créée pour porter les 680 m de longueur du château. Des forêts entières ont été transplantées. 150 000 plantes florales sont produites chaque année par les jardiniers. L'orangerie abrite alors 3 000 arbustes : orangers, grenadiers, myrtes, lauriers-roses. L'apport d'eau n'a cessé de poser d'énormes problèmes, qui accaparent Colbert, puis Louvois. L'étang de Clagny (à l'emplacement de l'actuelle gare Rive-Droite) étant devenu insuffisant, on barre la Bièvre et l'on draine les plateaux de Saclay. La machine de Marly apporte, à son tour, l'eau pompée dans la Seine ; mais la dérivation de l'Eure s'achève sur un échec.

L'Europe, coalisée contre le royaume, interrompt les travaux (temps de guerre et d'épargne), mais ceux-ci reprennent en 1699 avec les traités de paix de Ryswick, et l'anniversaire des soixante ans du roi. La dernière campagne permet à Mansart, nommé surintendant des bâtiments, de construire la chapelle. Depuis la mort de la reine, le roi a épousé secrètement la dévote Mme de Maintenon, mais l'édifice s'inspire avant tout de la Ste-Chapelle, modèle fondé par Saint Louis.

C'est en mai 1682 que la cour s'installe définitivement au château. L'étiquette est réglée selon un
horaire immuable.

Désormais les principales décisions du Roi-Soleil
sont prises dans les cabinets de travail du palais. L'une
des plus lourdes sera prise le 16 novembre 1700. Le
dernier des Habsbourg d'Espagne, Charles II, meurt
sans héritier direct. Par testament, il désigne Philippe
d'Anjou, petit-fils de Louis XIV, pour lui succéder,
au grand effroi des États d'Europe, qui redoutent la
formation d'une superpuissance franco-espagnole.
Après consultation du Conseil d'en haut, Louis
s'adresse aux ambassadeurs dans la Galerie des Glaces :
« Messieurs voici le roi d'Espagne. » Si *Le Mercure
Galant* est ravi d'écrire « Quelle joie sire ! Il n'y a plus
de Pyrénées ! », les puissances européennes sont, elles,
atterrées. Le 13 mai 1702, la guerre de Succession
d'Espagne commence.


**Juin 1662**

# Manufacture des Gobelins, Paris

Jehan Gobelin, spécialiste teinturier « en écarlate »,
fonde en 1443, sur les bords de la Bièvre, un atelier de
teinture. Au début du 17ᵉ s., ses descendants laissent
l'atelier à deux tapissiers flamands appelés par
Henri IV. Plus tard, Louis XIV charge Colbert de
réorganiser les manufactures de tapisseries en réunissant dans l'enceinte des Gobelins les ateliers parisiens

et celui de Maincy (Vaux-le-Vicomte) confisqué à Fouquet ; c'est ainsi qu'en 1662 est créée la Manufacture royale des tapisseries de la Couronne à la tête de laquelle est placé Charles Le Brun. Il y installe, en 1667, la Manufacture royale des meubles et tapisseries de la Couronne, où les meilleurs artisans du royaume — orfèvres, ébénistes tapissiers — élaborent pour le Roi-Soleil et ses résidences le style Louis XIV. Elle deviendra, à la fin du 19ᵉ s., Manufacture nationale.

Les Gobelins abritent depuis 1826 l'ancienne Manufacture des tapis de la Savonnerie, fondée en 1604 par Henri IV dans les galeries du Louvre, puis installée par Louis XIII en 1626 au pied de la colline de Chaillot, dans les bâtiments d'une ancienne fabrique de savon. Les ateliers de la Manufacture de Beauvais, créée en 1664, se sont eux aussi installés dans l'enclos des Gobelins. Une partie des métiers a regagné Beauvais en 1989, dans de nouveaux locaux.

21 mai 1664 :

L'archevêque de Paris condamne Port-Royal.

# Ancienne abbaye
# de Port-Royal, Paris

À l'origine, le jansénisme est une doctrine religieuse, s'interrogeant sur les liens entre liberté de l'homme et grâce divine. Mais il prend une coloration politique en France quand de nombreux anciens frondeurs se lient aux jansénistes et s'installent près d'un haut lieu de cette doctrine, l'abbaye de Port-Royal de Paris. Malgré les pressions religieuses et royales, les religieuses de Port-Royal ne cèdent pas. Le 21 mai 1664, monseigneur Hardouin de Beaumont les prive de sacrements, puis ordonne leur dispersion quelques jours plus tard.

Seuls l'hôtel d'Atry, le cloître, la chapelle (élevée par Lepautre en 1646) et la salle capitulaire, qui a conservé ses boiseries anciennes, sont encore sur pied après la tourmente révolutionnaire. On fit du couvent une prison, puis une maison pour enfants trouvés qui allait devenir la maternité Baudelocque (1818).

1670-1682 :

L'affaire des poisons.

## Quartier de l'Arsenal, Paris

Peut-être l'affaire judiciaire la plus retentissante du règne de Louis XIV. En 1676, la marquise de Brinvilliers, dont l'hôtel particulier, l'hôtel d'Aubray, se trouve au 12 rue Charles-V, est exécutée sur le parvis de Notre-Dame pour avoir empoisonné son père et ses deux frères. Le lieutenant général de police La Reynie enquête : il découvre tout un réseau autour de la marquise. Une véritable épidémie d'empoisonnement se déclare alors dans la capitale : la « poudre de succession » s'introduit dans tous les milieux. Au centre de ce commerce se trouve une femme, Catherine Deshayes, dite la Voisin, arrêtée en mars 1679. Devant le scandale grandissant, la chambre de l'Arsenal est saisie en 1680 et forme la « cour des poisons ». La Voisin, mise à la question, compromet des princesses, des duchesses jusqu'à la maîtresse du roi, Mme de Montespan. Elle est brûlée en place de Grève en février 1680.

17 février 1673 :

Mort de Molière.

## Paris

Le soir du 17 février 1673, Molière joue pour la quatrième fois *Le Bourgeois gentilhomme* au Palais-Royal, quand il est pris d'une quinte de toux sanglante. Agonisant, il est ramené chez lui, rue St-Thomas-du-Louvre, actuellement, au 40 rue de Richelieu. Il meurt vers 10 heures. Le roi montra publiquement des signes d'affliction, ce qui, peut-être, facilita un enterrement chrétien, la profession étant toujours considérée comme immorale par l'Église.

5 janvier 1675 :

Bataille de Turckheim.

Haut-Rhin (68)

En 1674, Strasbourg livre imprudemment le passage du pont de Kehl à quelque 60 000 Impériaux qui envahissent l'Alsace. Turenne n'a que 30 000 hommes. Il ne se démonte pas et commence par défaire un corps ennemi à Entzheim, près de Strasbourg. Puis il se retire par le col de Saverne. Se jouant des espions et rompant avec la tradition établie jusqu'alors de ne pas engager les hostilités pendant les mois d'hiver, il réunit, fin décembre, par un froid intense, toutes ses forces près de Belfort. Puis il fonce sur les Impériaux dispersés dans leurs quartiers d'hiver. En dix jours, le capitaine les culbute à Mulhouse et à Colmar, les bat à Turckheim le 5 janvier 1675 et les rejette au-delà du Rhin en pleine déroute ! L'Alsace, hormis Strasbourg, est alors acquise à la France.

**Avril - septembre 1675 :**

**Révolte du papier timbré
ou révolte des Bonnets rouges.**

À l'exception notable des camisards, la révolte des papiers timbrés (Bonnets rouges en Bretagne) est une des rares « émotions » populaires qui touche plusieurs provinces. C'est avant tout une révolte fiscale, qui embrase l'ouest du royaume, plus particulièrement la Bretagne. Elle prend la forme d'émeutes urbaines, suivies de soulèvements ruraux. Cette révolte a une originalité : un manifeste, le *Code paysan*, est rédigé à la chapelle Notre-Dame de Tréminou, à Plomeur, par les émeutiers les plus instruits : ils exposent leurs plaintes et leurs désirs de conserver les privilèges fiscaux bretons. Mais comme souvent dans le cas des émeutes de l'Ancien Régime, l'autorité du roi est rétablie par la force, après les premiers succès des révoltés.

La répression royale ne se limite pas aux émeutiers, mais aux bâtiments : on peut voir encore les églises de Languivoa, de Lambour à Pont-l'Abbé, de Plonéour-Lanvern, sans leur clocher, détruits par les troupes du duc de Chaulnes.

## 28 septembre 1681 :

## Strasbourg annexée.

### Bas-Rhin (67)

Le 28 septembre 1681, Strasbourg, assiégée, se rend à l'armée française dirigée par le Roi-Soleil en personne. Louis se montre magnanime, en confirmant les privilèges fiscaux et administratifs de la capitale alsacienne. Par contre elle est désarmée et doit accepter une garnison française. Aussitôt Vauban, le maître de la poliorcétique du Grand Siècle, se met au travail et reprend les fortifications de la ville. Il ne reste aujourd'hui que des vestiges de son œuvre, visibles au parc de la Citadelle et au barrage Vauban.

**18 octobre 1685 :**

Édit de Fontainebleau.

Seine-et-Marne (77)

Louis XIV, souverain absolu par la grâce de Dieu, ne peut admettre qu'une partie de ses sujets ne partage pas les mêmes convictions religieuses que lui. Plus convaincu par le principe du *Cujus regio, ejus religio* (« À chacun la religion de son roi »), pourtant d'origine protestante, que par la politique de tolérance de son grand-père, le souverain très chrétien décide d'annuler l'édit de Nantes le 18 octobre 1685, depuis le château de Fontainebleau, dans le cabinet de Mme de Maintenon. Vauban aura beau insister sur les conséquences sociales et géopolitiques néfastes de la révocation, Louis XIV ne reviendra jamais sur sa décision.

**27 janvier 1687 :**

Charles Perrault
et *Le Siècle de Louis le Grand*.

*La belle Antiquité fut toujours vénérable*
*Mais je ne crus jamais qu'elle fût adorable*

C'est par ces deux vers que Charles Perrault commence son poème, *Le Siècle de Louis le Grand*, qu'il lit pour la première fois devant l'Académie française rassemblée au Louvre à cette époque, pour célébrer la convalescence du roi. Qualifiant Platon d'« *ennuyeux* », critiquant Homère, Perrault affirme la supériorité scientifique et artistique de son siècle. Boileau, outré, riposte immédiatement. La querelle des Anciens et des Modernes ne commence pas avec Perrault, mais elle devient une véritable polémique au cœur même de la création littéraire du règne de Louis XIV.

### 1702 - 1705 :

### La guerre des camisards.

## Pont-de-Montvert
### Lozère (48)

En 1661, Louis XIV entreprend une vive campagne contre la « religion prétendue réformée » (RPR) : il impose aux huguenots de loger ses soldats, les redoutés « dragons », qui commettent les rudes « dragonnades ». Croyant à tort que sa politique engendre de nombreuses conversions — les rapports biaisés des intendants, soucieux de plaire à la cour, ne sont pas étrangers à sa décision —, le Roi-Soleil décide de révoquer l'édit de Nantes : les temples sont démolis et les pasteurs chassés. Un véritable exode s'ensuit, vers Genève et les Pays-Bas. 300 000 à 500 000 protestants privent alors l'agriculture, le commerce, l'industrie, la science et les arts de leur force vive. Pour endiguer l'hémorragie, on emprisonne, on bastonne, on enlève les enfants, on condamne aux galères, on brûle parfois... Les pasteurs se réfugient dans des montagnes retirées : c'est le « désert » (en référence au désert biblique des Hébreux) où se tiennent des assemblées. Ils desservent clandestinement les villages et « régularisent » lors de leurs passages un état civil aussi oral qu'officieux.

En juillet 1702, l'abbé du Chayla, inspecteur des missions des Cévennes, arrête un petit groupe de fugitifs et les enferme dans le château de Pont-de-Montvert qui lui sert de presbytère. Abraham Mazel et Esprit Séguier, deux personnalités du mouvement protestant, décident alors d'aller délivrer leurs coreligionnaires. L'expédition montée s'achève par la mort de l'abbé du Chayla, rattrapé en pleine fuite dans les rues du village. Son corps est jeté dans la rivière depuis le vieux pont en dos-d'âne qui enjambe le Tarn.

Cet assassinat donne le signal d'une insurrection générale : deux ans durant, les montagnards, ou « camisards » (du languedocien *camiso*, chemise qu'ils portaient par-dessus leurs vêtements pour se reconnaître la nuit), partent en guerre contre le pouvoir catholique, menant une guérilla ponctuée d'audacieux coups de main. Ils connaissent admirablement le pays et conservent des intelligences dans la population.

Les chefs sont des paysans ou des artisans, de foi ardente, qui passent pour inspirés. Les deux plus célèbres sont Jean Cavalier et Pierre Laporte, dit Roland.

Pour vaincre ces 3 000 à 5 000 camisards, le roi envoie 30 000 hommes et trois maréchaux, dont Villars, qui est assez habile pour amener Cavalier à négocier. Le chef protestant est nommé colonel avec une pension de 1 200 livres. Il est autorisé à former un régiment de camisards qui iraient combattre en Espagne. Accusé de trahison par ses compagnons, il s'exile en Angleterre et devient gouverneur de Jersey. Roland continue la lutte, mais, livré par un traître, il est abattu en 1704. C'est la fin de la résistance camisarde.

Pour autant, les persécutions ne cessent véritablement qu'en 1787, avec la signature de l'édit de Tolérance par Louis XVI. Les protestants peuvent désormais exercer un métier, se marier et faire constater officiellement les naissances. En 1789, ils tiennent le haut du pavé lors de la Révolution qui leur garantit la pleine liberté de conscience.

# Le Mas Soubeyran, commune de Mialet
## Gard (30)

### Musée du Désert

*7 km au nord par Générargues et, à gauche, la route de Mialet.*

Quelques maisons serrées les unes contre les autres couvrent un petit plateau au paysage âpre et sévère :

c'est le Mas Soubeyran, un des hameaux de la commune de Mialet, qui domine les eaux vertes du Gardon. Ce haut lieu du protestantisme, riche en enseignements tant pour les férus d'histoire que pour les curieux, accueille chaque année, le 1$^{er}$ dimanche de septembre, une foule importante lors de l'« assemblée du Désert ».

Au sein de ce hameau typiquement cévenol se trouve le musée du Désert constitué dans et autour de la maison natale du chef camisard Roland. 15 salles et 2 000 objets présentent, après une introduction muséographique et audiovisuelle à la Réforme, l'histoire des huguenots et des camisards.

La maison de Roland est demeurée telle qu'elle existait aux 17$^e$ et 18$^e$ s. Remarquer le « jeu de l'Oye » destiné à enseigner les principes catholiques aux jeunes huguenotes retenues dans les couvents. Dans la cuisine, on peut voir la bible du chef des camisards et la cachette où il se dissimulait à l'arrivée des dragons. La chambre de Roland a conservé son ameublement. Divers documents, déclarations, arrêts, ordonnances, cartes anciennes et tableaux retracent la période qui précéda les persécutions, la lutte des camisards, la restauration du protestantisme par Antoine Court, le triomphe difficile des idées de tolérance (l'affaire Calas).

Une salle évoque les assemblées du Désert, réunions clandestines que les protestants organisaient dans les ravins isolés pour célébrer leur culte. Dans la salle des Bibles sont présentées de nombreuses bibles du 16ᵉ au 20ᵉ s., une remarquable série de psautiers et des peintures de Jeanne Lombard.

Le mémorial, dans une suite de 5 salles, rappelle le souvenir des « Martyrs du Désert » : pasteurs et prédicants exécutés, réfugiés, galériens, prisonniers. Dans les vitrines, croix huguenotes et intéressante collection de coupes de communion escamotables. La salle des Galériens commémore la souffrance des 2 500 protestants condamnés aux galères. On voit aussi des maquettes de galères, des tableaux de Labouchère et de Max Leenhardt.

La visite se termine par la reconstitution d'un intérieur cévenol, à l'heure où la famille réunie écoute la lecture de la Bible, et par un hommage rendu aux prisonnières de la tour de Constance à Aigues-Mortes.

24 juillet 1712

## Denain
Nord (59)

*10 km au sud-ouest par la N 30.*

Le 24 juillet 1712, les villageois assistent à la victoire du maréchal de Villars sur l'armée du prince Eugène. Elle met fin à une période critique : Entre 1704 et 1708, la France subit des revers désastreux face aux armées conduites par deux grands généraux : le prince Eugène de Savoie et le duc de Marlborough. Contraint de négocier en 1708 pour éviter l'humiliation d'une invasion, Louis XIV doit repousser avec mépris les conditions des coalisés qui lui imposent d'abandonner Philippe et même de le déposer ! Le Roi-Soleil continue la guerre et a le bonheur de trouver en la personne du maréchal de Villars un bon stratège.

Il s'agit de la dernière grande bataille de la guerre de Succession d'Espagne. La lassitude gagne l'Europe et les négociations commencent à Utrecht. Elles aboutiront au traité de Rastatt (6 mars 1714).

26 mars 1720 :

Exécution du marquis
de Pontcallec,
conspirateur contre le Régent.

## Place du Bouffay, Nantes
Loire-atlantique (44)

Nouvel exemple de soulèvement antifiscal breton, l'affaire de Pontcallec est cependant très différente de la révolte des Bonnets rouges. Elle n'est qu'une conspiration brouillonne menée par une partie de la petite noblesse bretonne qui mélange privilège des provinces, grande politique (il est question de renverser le Régent au profit de Philippe V d'Espagne) et aspiration d'une aristocratie qui vit mal l'absolutisme. Les erreurs répétées des conjurés ne pouvaient pas finir autrement : Pontcallec et 3 de ses compagnons sont exécutés.

Août 1744

# Église Notre-Dame-
# de-l'Assomption, Metz
Moselle (57)

Cette église, édifiée par les jésuites en 1665, prit la place d'un ancien temple protestant. En ces lieux, Louis XV, tombé gravement malade à Metz en 1744, reçut après sa guérison le surnom de « Bien-Aimé ». Il avait fait vœu pendant sa maladie de construire une église dédiée à sainte Geneviève s'il guérissait : c'est la raison d'être du Panthéon à Paris. Cent ans plus tard, en 1844, Notre-Dame-de-l'Assomption vit le baptême de Paul Verlaine. L'intérieur, décoré au 19ᵉ s., est richement lambrissé ; les confessionnaux de style rococo viennent de Trèves, ainsi que l'orgue baroque construit par Jean Nollet.

9 avril 1756

# Montmorency
Val-d'Oise (95)

*Le séjour de Jean-Jacques Rousseau*

Le célèbre écrivain et penseur vécut à Montmorency de 1756 à 1762. Désirant rompre avec Paris, « ville de bruit, de boue et de fumée », et accomplir sa « réforme personnelle », il accepte alors l'invitation de Mme d'Épinay, son amie parisienne qui tient salon dans la vallée de Montmorency. Il s'installe à l'Ermitage, dans une maison forestière aujourd'hui disparue, aménagée à son intention par son hôtesse. Rousseau a quarante-quatre ans, et arrive avec un programme de travail qui doit lui permettre de disparaître ensuite « dans quelque lointaine province » avec sa compagne, Thérèse Levasseur. Mais sa destinée est différente : charmé par la beauté de la forêt au printemps, il se lance dans l'écriture de *La Nouvelle Héloïse*, puis se prend de passion pour Sophie d'Houdetot, belle-sœur de Mme d'Épinay. Ces complications sentimentales l'isolent de ses amis de toujours : Rousseau quitte l'Ermitage en 1757 pour habiter la maison du Mont-Louis, au cœur du bourg. Il y achève *La Nouvelle Héloïse*, publie *Émile* et *Du contrat social*, ses trois œuvres principales.

La maréchale et le maréchal de Montmorency-Luxembourg, pair de France et ami de Louis XV, possèdent ici une maison de campagne. Ils prennent Rousseau sous leur protection. Celui-ci vient lire dans leur salon les pages qu'il a écrites. La maréchale va jusqu'à se mêler de la publication de l'*Émile*… En 1762, le Parlement décrète que cet ouvrage subversif sera brûlé et décide l'arrestation de l'auteur. Prévenu à temps, Rousseau s'enfuit dans la chaise de poste des Luxembourg et gagne la Suisse…

La maison des Montmorency-Luxembourg a disparu, remplacée par un château du 19ᵉ s., mais son vaste parc subsiste encore.

## Musée Jean-Jacques-Rousseau

Dans cette maison du Mont-Louis, Rousseau vécut de 1757 à 1762 et écrivit ses œuvres principales. L'intérieur restitue, à partir d'un mobilier d'époque, le cadre de vie quotidienne du philosophe avec Thérèse Levasseur. De la maison et du jardin, belle vue sur la vallée et sur Paris. Par le « cabinet de verdure » planté de tilleuls, on accède au petit pavillon où travaillait Rousseau et qu'il appelait son « donjon ».

Dans la partie nouvelle de la maison, des salles d'exposition évoquent des aspects de sa vie et de son œuvre. Plâtre de Houdon réalisé à partir du masque mortuaire du philosophe, portraits de Quentin de La Tour, lettres, gravures y sont exposés. Bordant le jardin du musée, la « maison des Commères » (18e s.), ainsi baptisée par Thérèse Levasseur, abrite la bibliothèque d'études rousseauistes et le Centre d'études historiques de Montmorency.

### 11 septembre 1758

## St-Cast-le-Guildo
Côtes-d'Armor (22)

La guerre de Sept Ans oppose une fois encore la France (alliée avec l'Autriche et la Russie) au Royaume-Uni (dans une coalition avec la Prusse et le Hanovre). La stratégie anglaise repose, entre autres, sur un harcèlement des côtes de la Manche et de l'Atlantique, ce qui immobilise des forces importantes, loin des théâtres principaux, l'Allemagne et le Canada. Ayant échoué dans une attaque contre St-Malo, 13 000 Anglais revenaient s'embarquer sur la flotte mouillée dans la baie de St-Cast. Attaqués par le duc d'Aiguillon, gouverneur de Bretagne, ils perdent 2 400 hommes sur la plage entre St-Cast et Pen Guen. Le duc a dirigé le combat du moulin d'Anne de la Vieuxville.

## 1761

# Belle-Île
Morbihan (56)

Belle-Île a été maintes fois attaquée par les Anglais et les Hollandais : en effet, c'est la seule île entre la Manche et la Méditerranée qui possède de l'eau douce en abondance. Prise deux fois par les Anglais, en 1572 puis en 1761, elle reste occupée jusqu'au traité de Paris (1763) qui la rend à la France. Elle conserve encore un système défensif fort développé : la citadelle du Palais fortifiée par Vauban et plusieurs redoutes jalonnent la côte.

1761 :

L'affaire **Calas**.

## Toulouse
Haute-Garonne (31)

*L'affaire Calas*

Jean Calas, marchand toulousain protestant, avait été accusé d'avoir tué son fils parce que celui-ci voulait se convertir au catholicisme. Son corps fut retrouvé dans la maison familiale au 50 de la rue des Filatiers. Jean fut reconnu coupable et roué place St-Georges. De nombreuses personnalités des Lumières, dont Voltaire, prirent sa défense avec assez de véhémence pour que le roi Louis XVI cassât le jugement avant de promulguer l'édit de Tolérance en 1787.

1er janvier 1766 :

Exécution du chevalier de **La Barre**.

## Abbeville
Oise (60)

L'affaire du chevalier de La Barre présente des similitudes avec l'affaire Calas. À la suite de la profanation d'une statue du Christ à Abbeville, une enquête aboutit à l'arrestation du jeune chevalier, accusé en sus de posséder des livres interdits et d'avoir défié l'Église en ne se découvrant pas devant une procession religieuse. Un influent groupe dévot obtient la condamnation à mort du chevalier libertin. Celui-ci est torturé puis décapité sur l'actuelle place Max-Lejeune. Voltaire et Diderot dénonceront les pratiques barbares de la justice royale et feront de la mort de De La Barre un symbole de l'intolérance religieuse.

21 novembre 1783 :

1$^{re}$ ascension d'une montgolfière.

## Jardin du Ranelagh, Paris

Depuis le 18$^e$ s., les Parisiens y dansent en plein air. Le café Petit-Ranelagh propose alors une salle de danse et de spectacle. Ce lieu de détente disparaît au second Empire. L'actuel jardin a été tracé par Haussmann en 1860. L'allée Pilâtre-de-Rozier doit son nom au célèbre aérostier. C'est ici que ce dernier réalisa son rêve le 21 novembre 1783, dans une montgolfière non captive. L'allée longe ce qui reste du parc Franqueville, partagé entre plusieurs hôtels. Après la rue André-Pascal (pseudonyme littéraire du baron Henri de Rothschild), on aperçoit l'entrée de la somptueuse demeure que se fit bâtir le banquier. Territoire international depuis 1948, elle est le siège permanent de l'Organisation de coopération et de développement économiques (OCDE).

7 juin 1788

# Grenoble
Isère (38)

*La journée des Tuiles*

Dès qu'il s'agit de défendre les libertés, Grenoble est toujours en première ligne. Le 7 juin 1788, la ville apprend que Louis XVI vient de fermer toutes les cours du royaume et renvoie les conseillers du Parlement dans leurs terres. La réaction des Grenoblois est immédiate : ils élèvent des barricades, montent sur les toits, en arrachent les tuiles et les jettent sur les troupes envoyées pour leur faire entendre raison. Les émeutiers triomphent et font un cortège enthousiaste à ces messieurs du Parlement. Pourtant, lorsque cette assemblée fut dissoute par la Révolution, aucun Grenoblois ne réagit. Ils avaient, alors, bien d'autres soucis.

## Ancien palais du Parlement dauphinois

C'est le plus intéressant monument civil du vieux Grenoble. L'aile gauche, construite sous Charles VIII, est de style flamboyant ; l'aile droite, commencée sous François Ier, date du début de la Renaissance. Entre les deux ailes, l'absidiole de la chapelle, élevée à l'époque de Louis XII.

**21 juillet 1788**

## Vizille

Isère (38)

*Du connétable aux présidents*

Le connétable de Lesdiguières (1543-1627) a laissé en Dauphiné un souvenir impérissable. De petite noblesse dauphinoise, il embrasse la religion réformée et devient, à vingt-deux ans, un des chefs protestants de la province. Henri IV le nomme lieutenant général du Dauphiné. Pendant trente ans, cet administrateur gouverne avec l'autorité d'un vice-roi et une habileté qui lui valurent le surnom de « renard dauphinois ». Maréchal de France, duc et pair, une seule dignité, la plus haute, manque à son ambition : celle de connétable. On la lui promet s'il abjure. Il s'y résout en 1622.

Ayant tiré de son fief dauphinois une immense fortune, il entreprend en 1602 le réaménagement du château de Vizille. Dans les villages des environs, les paysans des deux sexes sont réquisitionnés pour le transport des matériaux. À ceux qui ne se rendent pas assez vite aux convocations, le futur connétable adresse cette invitation : « Viendrez ou brûlerez. »

En 1627, à la mort de Lesdiguières, le maréchal de Créqui, son gendre, hérite du château et fait édifier l'escalier monumental qui descend vers le parc.

En 1780, un grand bourgeois de Grenoble, Claude Périer, financier, négociant et industriel, achète le domaine pour y installer une fabrique d'indiennes (tissus de coton imprimé imités des cotonnades de l'Inde). Périer met Vizille à la disposition des États du Dauphiné qui s'y réunissent en 1788.

*L'assemblée de Vizille*

Lors de la réunion des trois ordres tenue à Grenoble, le 14 juin 1788, il fut décidé que les États du Dauphiné seraient convoqués le 21 juillet suivant. La réunion contestataire, interdite à Grenoble, se tint alors au château de Vizille, dans la salle du Jeu de paume, aujourd'hui détruite. L'assemblée comprenait 50 ecclésiastiques, 165 nobles et 325 représentants du tiers état. On discuta pendant dix-neuf heures, de 8 heures à 3 heures du matin. Les orateurs les plus écoutés furent deux Grenoblois : Mounier et Barnave.

La résolution fut adoptée : l'assemblée protesta contre la suppression du Parlement, demanda la réunion des états généraux auxquels il appartiendrait de voter les impôts, et réclama la liberté individuelle pour tous les Français. La proclamation des députés résonne encore aujourd'hui dans le château : « En soutenant leurs droits particuliers, ils n'abandonnent pas ceux de la nation. » Il va de soi que le pays tout entier était à leurs côtés.

Le château a fait partie, jusqu'en 1972, des propriétés nationales réservées aux présidents de la III<sup>e</sup> République. Il est aujourd'hui propriété du conseil général de l'Isère, accueille le musée de la Révolution française et un centre de documentation thématique.

## Le château

Que de misères s'abattirent sur ce château : construit et complété en plusieurs étapes, il brûle en 1825. Restauré, un nouveau sinistre l'ampute de ses deux ailes en 1865...

Sa disposition en équerre et ses deux tours, l'une ronde et l'autre carrée, lui confèrent un aspect original. L'une de ses deux entrées est décorée d'un bas-relief en bronze du sculpteur Jacob Richier (1616), représentant Lesdiguières à cheval. La façade principale, austère, donne sur la place de Vizille ; celle du parc, de style Renaissance, a plus d'élégance, notamment avec l'escalier monumental érigé vers 1676. Le parvis a été réaménagé en 2004.

Le château abrite depuis 1984 le musée de la Révolution française.

# Sixième partie

# De la Révolution française à la révolution industrielle
## 1789-1914

4 et 5 mai 1789 :

Les états généraux.

## Versailles
Yvelines (78)

Les états généraux s'ouvrent avec une messe dite à la cathédrale St-Louis, ce qui est habituel dans une monarchie de droit divin. Puis les représentants des trois ordres sont rassemblés à l'hôtel des Menus Plaisirs, pour écouter le discours inaugural de Louis XVI. Les Menus Plaisirs vont devenir le lieu principal de la contestation du tiers. Le 17 juin, les députés du tiers et du bas clergé, en rupture avec l'autorité royale, se proclament Assemblée nationale sur proposition de l'abbé Sieyès. Le 23 juin est le sommet de l'affrontement entre le roi et l'Assemblée. Louis XVI tente de reprendre l'initiative et ordonne la dispersion de tous les représentants avant de reprendre l'examen des réformes fiscales. Les nobles et la majorité du clergé s'exécutent, mais les députés de l'Assemblée restent silencieux à leur place. Le marquis de Dreux-Brézé, grand maître des cérémonies, rappelle l'ordre du roi, ce qui lui vaut la réplique sèche de Bailly, futur maire de Paris : « La Nation assemblée n'a pas d'ordre à recevoir. » Puis Mirabeau apostrophe Dreux-Brézé, lui rappelant qu'il n'a aucune légitimité et qu'il doit « demander des ordres pour utiliser la force, car nous ne quitterons nos places que par la force des baïonnettes ». Devant une telle résolution, Louis XVI s'incline.

Deux mois plus tard, les Menus Plaisirs vont être le théâtre d'une scène étonnante. La France est en proie à la « Grande Peur », provoquant une flambée de violence dans les provinces. Pour y mettre fin, les députés de la noblesse proposent à l'Assemblée nationale la suppression des privilèges, adoptée dans une atmosphère fiévreuse dans la nuit du 4 août. Enfin, le 26 août, c'est toujours aux Menus Plaisirs qu'est adoptée définitivement la Déclaration des droits de l'homme, en discussion depuis le 20.

20 juin 1789 :

Salle du Jeu de paume.

## Versailles
Yvelines (78)

Construite vers 1686 pour l'usage de la cour, cette salle est l'un des rares « jeux de paume » conservés aujourd'hui. Le 20 juin 1789, les députés du tiers état et du bas clergé s'y réunirent. Exclus de l'hôtel des Menus-Plaisirs — qui accueille aujourd'hui un Centre de musique baroque — où se tenaient les états généraux, ils jurèrent de ne jamais se séparer avant d'avoir donné une Constitution à la France.

12 juillet 1789

## Jardin du Palais-Royal, Paris

Pendant la Révolution, le jardin est comme un club en plein air. Le 12 juillet 1789, lendemain du renvoi de Necker, devant le café Foy (n^os 57-60 galerie Montpensier), Camille Desmoulins harangue la foule et lui distribue des feuilles de marronnier en guise de cocarde. Dénonçant un projet royal de « Saint Barthélemy des patriotes », il appelle les Parisiens à prendre les armes, alors que de nombreuses troupes bivouaquent autour de Paris. Les heurts entre patriotes et cavaliers du Royal-Allemand se multiplient, souvent amplifiés par les agitateurs.

14 juillet 1789 :

Les Invalides, la Bastille,
l'Hôtel de Ville.

## Paris

Le 14 juillet 1789 au matin, des émeutiers se rendent aux Invalides pour y chercher des armes. Le

gouverneur, M. de Sombreuil, tente en vain de par-
lementer : les fossés sont franchis, les sentinelles
désarmées. Les caves où sont déposés les fusils sont
envahies. Cependant le flot des assaillants obstrue
l'escalier, empêchant toute remontée. La circulation
n'est rétablie qu'après une lutte sauvage dans les
ténèbres. 28 000 fusils sont emportés. La Révolution
est en marche. En 1793, l'église est transformée en
temple de Mars, puis elle devient nécropole militaire, après le transfert du tombeau de Turenne
(1800), et reçoit également les trophées des campagnes impériales.

Les 28 000 fusils ne suffisent pas, où trouver d'autres
armes et de la poudre ? À la Bastille...

Depuis le 17ᵉ s., la Bastille, devenue prison d'État,
est le symbole de l'arbitraire royal. La « lettre de
cachet » est signée : qui concerne-t-elle ? Qu'importe.
Le sort de la personne est décidé : un séjour de santé
à la Bastille. L'existence n'y était peut-être pas si
éprouvante. Entre l'énigmatique Masque de Fer, le
turbulent seigneur Bassompierre, le trop franc Voltaire, le jeune débauché Mirabeau et le chevalier
d'industrie Latude, il était toujours possible de s'ins-
truire. Latude s'y trouve si bien qu'il s'y installe pendant douze ans et ne prend que deux fois des
vacances... en s'évadant. En 1784, les lettres de cachet
sont abolies et la Bastille se vide. Le gouverneur, le
marquis de Launay, n'a plus sous ses ordres que 32
suisses et 82 invalides.

Arrivant par la rue St-Antoine, les assaillants passent le premier rempart et un pont-levis. Arrêtés au pied des murailles par les suisses, ils reçoivent en fin d'après-midi le soutien des gardes-françaises qui ont déserté leurs casernes. Le marquis de Launay, gouverneur de la forteresse, capitule. Il est massacré avec sa petite garnison. Les 7 prisonniers (dont un fou) sont portés en triomphe.

Aussitôt, l'entrepreneur Palloy embauche 800 ouvriers qui commencent à détruire la Bastille pierre par pierre. 83 maquettes de la forteresse, sculptées dans ses propres pierres, sont envoyées en province pour y perpétuer l'horreur du despotisme. L'année suivante, on danse sur son emplacement.

### Place de la Bastille

Au sol, des lignes de pavés tracent le contour de l'ancienne forteresse de la Bastille ; en son centre se dresse la colonne de Juillet (1831-1840), haute de 47 m et élevée par Alavoine : les Parisiens tués lors des révolutions de 1830 et 1848 reposent dans son soubassement, leurs noms gravés sur le fût de bronze. Au sommet, le génie de la Liberté est signé Dumont. Il tient le flambeau doré de la liberté et la chaîne brisée de la tyrannie. De la prison royale il ne reste qu'une minuscule partie de la contrescarpe, dans la station de métro Bastille, sur la ligne 5, et quelques pierres dans le square Galli.

## Hôtel de Ville

Après la prise de la Bastille, les émeutiers envahissent l'Hôtel de Ville et font payer de sa vie au prévôt Flesselles le peu d'empressement qu'il a mis à leur procurer des armes. Le 17 juillet, Louis XVI se rend à la maison commune, où il passe sous la « voûte d'acier » maçonnique, double ligne d'épées entrecroisées au-dessus de sa tête. Il baise la cocarde tricolore qui vient d'être adoptée ; entre le rouge et le bleu, couleurs de la ville depuis Étienne Marcel, La Fayette a fait introduire le blanc, couleur de la royauté. Louis XVI s'incline une deuxième fois face aux révolutionnaires.

## 4-5 octobre 1789 :

## Le roi retourne à Paris.

Le 5 octobre est la dernière grande journée révolutionnaire de 1789. Réclamant de la farine, exigeant le remplacement des gardes de la maison du roi par la garde nationale et inquiets des incidents contre-révolutionnaires qui se produisent à Versailles, de nombreux Parisiens, en majorité des femmes, marchent sur le château et se massent devant les grilles. Le 5 octobre, une partie de la foule investit la cour du palais. Pour mettre fin à une situation explosive, la famille royale doit accepter de retourner à Paris aux Tuileries, où rien n'est prévu pour l'accueillir.

## Champ-de-Mars, Paris

Le 14 juillet 1790, premier anniversaire de la prise de la Bastille, voit se dérouler la fête de la fédération. Des gradins ont été aménagés autour du Champ-de-Mars. Une messe est célébrée à l'autel de la Patrie, placé au centre. Talleyrand, évêque d'Autun, officie, assisté de 300 prêtres. Le serment de fidélité à la Nation et à la Constitution est prêté sur l'autel par La Fayette. Les 300 000 assistants répètent ce serment, repris finalement par Louis XVI au milieu de l'enthousiasme populaire.

31 août 1790 :

### La mutinerie de Nancy.

En réaction au non-paiement de leur solde, les soldats de 3 régiments en garnison à Nancy se révoltent. La répression est durement menée par le marquis de Bouillé, gouverneur militaire de Metz. Une fusillade éclate devant la porte Stainville, où le lieutenant Désilles trouve la mort alors qu'il tentait d'éviter l'affrontement. La porte sera plus tard rebaptisée en son honneur. Le marquis fait rouer un soldat et pendre 42 autres mutins sur la place du Luxembourg.

Bouillé, cousin de La Fayette, devient alors le symbole détesté des « monarchiens » : son nom apparaît même dans un couplet de *La Marseillaise*. Pour la famille royale, c'est tout le contraire : l'énergique marquis est au cœur du projet d'évasion du roi un an plus tard.

**20 juin 1791 :**

L'affaire de Varennes.

## Ste-Menehould
Marne (51)

À la suite des difficultés causées par la question religieuse, Louis XVI se résolut à quitter secrètement Paris pour rejoindre le marquis de Bouillé à Metz. Il pensait revenir sur Paris à la tête des troupes concentrées par ce dernier, en s'appuyant au besoin sur une armée autrichienne. Dans la nuit du 20 au 21 juin 1791, accompagné de la reine, de ses deux enfants et de Madame Élisabeth, sa sœur, le roi quitta les Tuileries. La fuite avait été soigneusement préparée. Mais à Ste-Menehould, au moment où la berline relayait, J.-B. Drouet, fils du maître de poste, reconnut le roi qu'il n'avait vu, dit-on, que d'après un écu de six livres. « Je laissai partir la voiture, déclara-t-il plus tard, mais voyant aussitôt les dragons prêts à monter à cheval pour l'accompagner, je courus au corps de garde, je fis battre la générale ; la garde nationale s'opposa au départ des dragons et me croyant suffisamment convaincu, je me mis avec M. Guillaume à

la poursuite du roi. » Ardent patriote, il soupçonna
une fuite vers la frontière. Il devança la lourde voiture par un chemin de traverse, et galopa jusqu'à
Varennes où il donna l'alarme. Aujourd'hui, une plaque commémorative est apposée sur la gendarmerie, à
l'emplacement de la maison de poste où Louis XVI
fut reconnu.

## Varennes
### Marne (51)

Drouet arrive à Varennes à 11 heures du soir. « Il
faisait très noir, raconta-t-il, les voitures étaient le
long des maisons. Pour ne pas être reconnus ni
soupçonnés, nous jetâmes nos baudriers et nous ne
gardâmes que nos sabres. » Aidé de son compagnon
Guillaume, commis du district, de quatre gardes
nationaux et de deux étrangers, Drouet arrêta la berline royale et son escorte près du beffroi actuel de la
tour de l'Horloge. Ayant montré leurs passeports,
mais n'ayant pu répondre sans se troubler aux ques-
tions qui leur étaient posées, le roi et la famille
furent conduits, près de là, dans la maison de l'épi-
cier Sauce, procureur de la commune (un monument s'élève actuellement à la place de cette maison).
Louis XVI ne chercha plus à nier qui il était et
embrassa Sauce en lui disant : « Oui, je suis votre
roi. » Tous ses espoirs de se voir libérer par les troupes de Bouillé allaient s'envoler devant l'attitude
énergique des habitants de Varennes et des gardes

nationaux accourus des environs au son du tocsin. Le lendemain, 22 juin, arrivait le décret de l'Assemblée ordonnant l'arrestation du roi. Le retour à Paris s'acheva le 25 juin.

Juin 1791 :

Fondation
de l'association bretonne.

Bretagne

Le marquis Armand Tuffin de La Rouërie (1756-1793) est un noble libéral, volontaire durant la guerre d'indépendance américaine où il avait levé à ses frais un corps mixte de cavaliers et de fantassins. Pourtant, il prend très vite ses distances avec la Révolution, reprochant notamment à l'Assemblée nationale la suppression des parlements de provinces. Il incline de plus en plus pour la contre-révolution, jusqu'à conspirer contre le nouveau régime. Encouragé par le comte de Provence, alors en émigration, il crée l'Association bretonne, et rassemble des conjurés, qui se retrouvent souvent dans son château de St-Ouen-La-Rouërie. Mais le 27 mai 1792, la garde nationale et la gendarmerie investissent les lieux. La Rouërie entame une vie de proscrit jusqu'à sa mort le 30 janvier 1793 dans le bois du château de la Guyomarais où il est enterré. L'Association bretonne, essentiellement nobiliaire, préfigure les soulèvements royalistes de l'Ouest.

18 août 1791

# Avignon
Vaucluse (84)

Lorsque éclata la Révolution, la ville était divisée entre partisans du rattachement à la France et partisans du maintien dans les États pontificaux. Les premiers l'emportèrent et, le 14 septembre 1791, l'Assemblée constituante vota la réunion du Comtat Venaissin à la France.

9 août 1792

# Hôtel de Ville, Paris

Entraînée par Danton, Robespierre, Marat, la Commune insurrectionnelle monte l'émeute du 10 août 1792 qui chasse le roi des Tuileries.

10 août 1792

# Les Tuileries, Paris

Un peu plus d'un an après la fuite du roi, rattrapé à Varennes, le palais des Tuileries, où il réside, est la scène d'une journée sanglante. Le 10 août 1792, dès 6 heures du matin, les révolutionnaires attaquent le palais, défendu par 900 gardes suisses. Ils forcent l'entrée et mettent des canons en batterie dans la cour. Louis XVI se réfugie auprès de l'Assemblée législative. Il envoie aux suisses l'ordre de cesser le feu. 600 d'entre eux sont massacrés et leur caserne incendiée. Le palais est pillé de fond en comble.

**13 août 1792**

## Prison du Temple, Paris

*L'ancien enclos du Temple*

L'ordre religieux et militaire du Temple fut fondé en 1118, en Terre sainte, par deux chevaliers, Hugues de Payens et Geoffroy de Saint-Omer, qui avaient en vue la protection armée des pèlerins. Installé à Paris en 1140, il connaît au 13e s. un développement prodigieux : ses 9 000 commanderies couvrent l'Europe. Reconnaissables à leur long vêtement blanc frappé d'une croix rouge, les Templiers sont indépendants de la Couronne. La banque internationale des dépôts qu'ils ont constituée leur donne une puissance financière sans rivale. Leur richesse immobilière n'est pas moindre : le quart de Paris, dont le Marais, leur appartient. L'enclos fortifié et son donjon sont un lieu de refuge pour les paysans des environs et les gens qui fuient la justice royale. Les artisans, exempts des taxes corporatives, y sont nombreux et y créent ce qui est devenu l'article de Paris. 4 000 personnes vivent dans cette forteresse où des rois viennent parfois chercher un abri.

À la Révolution, cet ordre hospitalier est chassé, ainsi que son grand prieur, le duc d'Angoulême, neveu de Louis XVI. Le 13 août 1792, le roi, Marie-Antoinette, Madame Élisabeth (sœur du roi), le dauphin âgé de sept ans et sa sœur sont enfermés dans la tour du Temple par la Commune de Paris. Des souvenirs de cette captivité sont exposés au musée Carnavalet. Le procès devant la Convention commence le 11 décembre. Le 20 janvier 1793, la condamnation à mort est signifiée. Louis XVI a une dernière et déchirante entrevue avec les siens. Le lendemain matin, l'abbé Edgeworth de Firmont, son confesseur, célèbre la messe dans la chambre. Puis c'est le départ pour l'échafaud.

En juillet, le dauphin est séparé de sa mère et logé au 4ᵉ étage, sous la garde du brutal et grossier cordonnier Simon. Le 2 août, la reine est transférée à la Conciergerie qu'elle quitte le 16 octobre pour la guillotine. La prison, devenue un lieu de pèlerinage pour les royalistes, est détruite sur ordre de Napoléon Iᵉʳ en 1808. Aujourd'hui, un simple marquage au sol près de la mairie du 3ᵉ arrondissement rappelle l'emplacement des bâtiments.

20 septembre 1792

# Valmy
Marne (51)

Aux abords de ce petit village, un affrontement eut lieu le 20 septembre 1792 entre les armées françaises (environ 50 000 hommes), stationnées près d'un moulin, et les troupes ennemies (42 000 Prussiens, 49 000 Autrichiens, 6 000 Hessois et 15 000 émigrés) postées sur la côte de la Lune, à environ 2 km. Les Français étaient dirigés par François Christophe Kellermann, général en chef de l'armée du centre. La bataille — qui se limita à un duel d'artillerie — se solda par une victoire française.

*Une victoire pour les sans-culottes*

Les Prussiens, attaquant en direction de l'est, avaient réussi à franchir les défilés de l'Argonne à Grandpré et à déborder l'armée de Dumouriez. Derrière eux se trouvait le pays qu'ils avaient pour mission d'envahir, tandis que Dumouriez faisait face à la France qu'il était chargé de défendre.

Après une violente canonnade, les Prussiens tentèrent de gravir le plateau de Valmy. Mais les Français, jeunes volontaires dont l'ardent patriotisme suppléait à l'inexpérience, firent bonne contenance, encouragés par Kellermann et solidement encadrés par les régiments de l'ancienne armée royale. Aux cris de « Vive la Nation ! », ils tinrent en échec les Prussiens. Le soir, Brunswick donnait l'ordre de retraite... En fait, la bataille de Valmy ne fut qu'un modeste engagement : sur une masse de 90 000 hommes, on dénombra 184 Prussiens et 300 Français blessés ou tués. Mais ses conséquences psychologiques furent importantes, car elle contribua à affirmer la Révolution. Deux jours plus tard, la République était proclamée...

Le moulin de Valmy occupe l'un des deux sites stratégiques de la bataille. Détruit le jour même sur les ordres de Kellermann, parce qu'il servait de point de mire à l'artillerie ennemie, il fut reconstitué à l'identique en 1947. À nouveau mis à mal par la tempête de décembre 1999, il a depuis été complètement restauré.

Septembre 1792

## La citadelle de Lille
Nord (59)

*Le siège autrichien*

En septembre 1792, 35 000 Autrichiens assiègent Lille, défendue par une faible garnison. Les boulets pleuvent sur la ville, de nombreux bâtiments sont détruits. Cependant, grâce au courage des habitants, la citadelle tient bon et les Autrichiens lèvent le siège. On raconte qu'un barbier qui rasait dans la rue s'est servi d'un éclat d'obus comme plat à barbe.

Au cœur du plus grand espace vert de Lille, cette « reine des citadelles », créée par Vauban, est la première réalisation de Louis XIV après la conquête de Lille. Le chantier occupa 2 000 hommes pendant trois ans (1667-1670). 5 bastions et 5 demi-lunes, que protègent des fossés autrefois alimentés par la Deûle, défendent une véritable ville dans la ville. On entre par la porte Royale qui donne sur une vaste place d'armes pentagonale, cernée par les bâtiments de

Simon Vollant : chapelle classique, logements d'officiers et l'arsenal.

**2 - 4 septembre 1792 :**

**Les massacres de septembre.**

## Ancien couvent des Carmes, Paris

Le 30 août 1792, la patrie est déclarée en danger ; le 2 septembre, c'est le massacre des prêtres et des royalistes. Aux carmes, 116 prêtres sont tués. Pendant la Terreur, le couvent reçoit 700 prisonniers dont 120 sont guillotinés. En 1797, Mlle de Soyecourt rachète la propriété et y abrite des carmélites.

L'église St-Joseph-des-Carmes a été bâtie de 1613 à 1620. C'est la première apparition à Paris du style jésuite. Dans le jardin, furent massacrés la plupart des prêtres réfractaires. La cellule que Joséphine de Beauharnais partageait avec Mme Tallien et Mme d'Aiguillon garde des traces de sang et de graffitis. Dans la crypte ossuaire, restes des martyrs.

### La Conciergerie

Dans l'ancien palais du roi, on appelait conciergerie les lieux soumis à l'autorité d'un grand personnage, le concierge, gouverneur de la maison du roi. La location des boutiques, nombreuses dans le palais, lui procurait de gros revenus.

*L'antichambre de la guillotine*

À la Révolution, les locaux de la Conciergerie sont aménagés pour recevoir un grand nombre de détenus ; il y en aura jusqu'à 1 200 à la fois. Pendant la Terreur, la Conciergerie est l'antichambre du Tribunal révolutionnaire et, neuf fois sur dix, celle de la guillotine. Ses cachots ont vu passer : Marie-Antoinette, Madame Élisabeth, Mme Roland, Charlotte Corday, Mme Du Barry, favorite de Louis XV, le poète André Chénier, le général Hoche, Philippe Égalité… Parmi 32 fermiers généraux figurait Lavoisier. Comme il demandait un sursis à son exécution pour terminer un mémoire, l'un des juges lui répondit : « La République n'a pas besoin de savants. »

Tous les dirigeants des assemblées s'y sont succédé : les Girondins, abattus par Danton ; celui-ci et ses compagnons, victimes de Robespierre ; ce dernier et ses fidèles, renversés par la réaction de Thermidor ; enfin, l'accusateur public Fouquier-Tinville et les juges du Tribunal révolutionnaire.

Près de 2 600 prisonniers sont partis de là, entre janvier 1793 et juillet 1794, vers la guillotine de Paris dressée successivement place du Carrousel aux Tuileries, place de la Concorde, place de la Bastille, place de la Nation, où tombèrent 1 306 têtes en quarante jours, et de nouveau place de la Concorde.

*À la pointe aval de l'île de la Cité. L'entrée se fait quai de l'Horloge, boulevard du Palais.*

21 janvier 1793 :

Mort de Louis XVI.

## Place de la Concorde, Paris

Les échevins de Paris, voulant faire leur cour à Louis XV, commandent à Bouchardon une statue équestre du « Bien-Aimé » et mettent au concours l'aménagement de la place. Servandoni, Soufflot et Gabriel s'affrontent. Ce dernier l'emporte. La place, octogonale, délimitée par un fossé qu'entourent des balustrades, mesure 84 000 m² ; 8 grands socles sont disposés aux angles pour recevoir des statues. Des bâtiments jumeaux, aux belles colonnades (hôtel de Crillon et hôtel de la Marine), flanquent la rue Royale. Les travaux durent de 1755 à 1775. En 1792, la statue royale est déboulonnée et la place Louis-XV devient place de la Révolution. Le 21 janvier 1793, la guillotine est dressée près de l'actuelle statue de Brest *(angle nord-ouest)* pour l'exécution de Louis XVI. À partir du 13 mai, le « rasoir national », installé non loin de la grille des Tuileries, voit passer 1 343 victimes, parmi lesquelles Marie-Antoinette, Mme Du Barry, Charlotte Corday, les Girondins, Danton et ses amis, Mme Roland, Robespierre et ses partisans. La mémoire collective recueillit ici les dernières paroles de Louis XVI (« Peuple, je meurs innocent de tous les crimes qu'on m'impute, je pardonne aux auteurs de ma mort, je prie Dieu que le sang que vous allez répandre ne retombe pas sur la France »), de Danton (« Bourreau, tu montreras ma tête au peuple, elle en vaut la peine ») et de Mme Roland (« Ô Liberté, que de crimes on commet en ton nom ! »).

Le Directoire donnera à ce lieu ensanglanté un nom d'espérance : place de la Concorde.

**14 mars 1793**

## Cholet
Maine-et-Loire (49)

Alors que la Touraine et l'Orléanais acceptent la Révolution, le Maine et l'Anjou la rejettent.

Un conflit social oppose à l'origine la bourgeoisie des villes et les tisserands des bourgades à la masse paysanne. Les citadins, gagnés aux idées nouvelles, s'enthousiasment pour le nouvel ordre politique, tandis que les paysans vont de déception en déception. En 1791-1792, le nouveau régime fiscal ne soulage en rien les campagnes ; de plus, la vente des biens nationaux profite essentiellement à la bourgeoisie. La réforme religieuse trouble la vie des paroisses, la réforme administrative suscite mécontentement et critique car elle fait la part trop belle à la bourgeoisie. Les gardes nationaux (les Bleus) viennent des villes pour imposer les décisions révolutionnaires, au besoin par la force ; l'exécution de Louis XVI a choqué. Le décret de levée en masse, en mars 1793, est reçu comme une provocation dans les campagnes, qui se soulèvent en bloc.

Au cri de « Vive la révolution ! Vive le roi ! », les paysans se dressent alors contre la République. Groupés sous le drapeau blanc de la monarchie, ils se donnent des chefs de souche populaire comme le garde-chasse Stofflet ou le colporteur Cathelineau, ou nobles comme d'Elbée, Bonchamps, La Rochejaquelein, Charette.

### Vendéens contre Bleus

Des bâtiments élevés avant la Révolution, il ne reste presque rien à Cholet, tant la ville a souffert des guerres de Vendée. Dès le début de l'insurrection paysanne, la ville est prise par les Blancs (14 mars 1793). Les Bleus contre-attaquent et repoussent sur la Sèvre l'armée catholique et royale. Puis celle-ci reprend l'avantage et s'empare de tout l'Anjou et de Saumur (juin 1793). La Convention, inquiète, fait alors donner l'armée de Mayence, conduite par Kléber et Marceau. Vaincue d'abord à Torfou (19 septembre 1793), l'armée républicaine reprend Cholet le 17 octobre après un combat sanglant qui oppose 40 000 Vendéens à 25 000 Bleus. « Combat de tigres contre des lions », s'exclame le vainqueur ; 10 000 morts restent sur le terrain. 60 000 à 80 000 hommes, femmes et enfants, poussés par la panique, franchissent la Loire : cet épisode, connu sous le nom de la Virée de Galerne, tourne au drame. Les survivants sont massacrés par milliers, fusillés ou noyés dans la Loire. Le général Westermann, dans une lettre devenue célèbre, écrit à la Convention : « Il n'y a plus de

Vendée, elle est morte sous notre sabre libre… J'ai écrasé les enfants sous les pieds des chevaux et massacré les femmes. Je n'ai pas un prisonnier à me reprocher. » Les Vendéens sont obligés de se replier sur St-Florent-le-Vieil.

17 octobre 1793

## St-Florent-le-Vieil
Maine-et-Loire (49)

St-Florent et sa colline s'aperçoivent de loin. Du pont de la Loire, on découvre l'église dans une masse de verdure, au sommet de son rocher, et les maisons en schiste dévalant jusqu'aux quais.

*Église*

Cette ancienne abbatiale du monastère bénédictin qui couronne le mont Glonne présente une façade et une tour classiques (début 18e s.). Dans la crypte, restaurée comme le chœur à la fin du 19e s., Vierge du bien mourir, statue en pierre polychrome du 15e s. Dans une chapelle à gauche, tombeau de Bonchamps, en marbre blanc (1825), où David d'Angers a représenté le chef vendéen en héros antique pour commémorer sa clémence. En effet, le soulèvement de la Vendée angevine avait pris naissance à St-Florent le 12 mars 1793. Mais, le 18 octobre, les Blancs, vaincus devant Cholet, épuisés, refluèrent sur St-Florent. Parmi ces derniers, figurait Bonchamps, près d'expirer. Exaspérés par les représailles républicaines de Westermann et de l'armée de Mayence, les royalistes se préparèrent à venger leur chef en massacrant leurs prisonniers républicains entassés dans l'église. Prévenu du sort qui attendait les malheureux, Bonchamps, à l'article de la mort, supplia son cousin Autichamps d'obtenir la grâce des prisonniers. Autichamps accourut alors vers l'église et cria : « Grâce aux prisonniers, Bonchamps le veut, Bonchamps l'ordonne ! » Et les Blancs épargnèrent leurs captifs. Ceux-ci comptaient dans leurs rangs le père du sculpteur David d'Angers qui, en reconnaissance, exécuta le monument placé dans l'église.

Dans le chœur, côté nord, des vitraux historiques racontent les événements de la guerre de Vendée qui ont marqué ce lieu. Plus bas, dans la rue qui porte son nom, une plaque indique la maison où mourut Cathelineau, le 14 juillet 1793. La chapelle St-Charles (1858), aujourd'hui dans la cour d'une école, contient son tombeau ainsi que celui de son fils.

22-26 octobre 1793

## Laval

Mayenne (53)

### Berceau de la chouannerie

C'est dans la campagne lavalloise que le nom de chouans fut appliqué pour la première fois aux ban-

des royalistes, alors conduites par Jean Cottereau, dit
« Jean Chouan ». Leur signe de ralliement était le
hululement du chat-huant. En 1793, les Blancs, ayant
occupé la ville de Laval, défirent sous ses murs, aux
landes de la Croix-Bataille, l'armée républicaine du
général Léchelle dont la science militaire tenait dans
la seule prescription : « Il faut marcher majestueuse-
ment et en masse. » Un La Trémoille, prince de
Talmont, commandait la cavalerie vendéenne. Néanmoins, quelque temps après, La Rochejaquelein dut
évacuer Laval et les Bleus s'emparèrent du prince de
Talmont. L'infortuné jeune homme fut guillotiné
séance tenante.

### 3 novembre 1793

## Fougères
#### Ille-et-Vilaine (35)

Fougères est la patrie du marquis de La Rouërie,
instigateur de la chouannerie, dont la vie est un film
d'aventure. Une jeunesse turbulente lui vaut une lettre de cachet ; pour éviter la Bastille, il passe en
Suisse. Croyant venue la vocation religieuse, le marquis s'enferme dans une Trappe. Mais c'est le goût
des armes qu'il sent percer. Laissant là le froc, il
gagne l'Amérique où se déroule la guerre d'Indépendance. À son retour en France, on est à la veille
de la Révolution. Quand elle éclate, le marquis
refuse d'émigrer et prépare la résistance qui prend la

forme d'une guerre de surprise et d'embuscades : celle qui convient au pays breton. Il organise des dépôts cachés d'armes et d'approvisionnement, recrute une armée secrète qui se lèvera au premier signal. Mais le conspirateur est trahi et doit prendre le large. Il erre de cachette en cachette et meurt d'épuisement en janvier 1793.

15 novembre 1793

## Granville
Manche (50)

La haute ville actuelle garde son atmosphère originale de ville encore ceinturée de remparts. On y accède par la Grand-Porte, dont le pont-levis défendait la cité. Une plaque commémore le siège de 1793 qui se traduisit par une défaite de l'armée chouanne commandée alors par Henri de La Rochejaquelein. Les maisons de la vieille ville sont construites en granit provenant des îles Chausey.

Mars 1794

## Cholet
Maine-et-Loire (49)

Le 10 mars 1794, Stofflet se rend maître de Cholet après un corps-à-corps avec les Bleus, mais, quelques jours plus tard, les « colonnes infernales » du général

Turreau mettent la ville à feu et à sang. Le 18 mars, Stofflet revient, bientôt chassé par le général Cordellier ; la ville en sort ruinée.

## Autres lieux du souvenir vendéen

Avrillé : la chapelle du Champ des Martyrs (2 000 entre janvier et avril 1794), vitraux historiques de Clamens.

Près de Cholet : croix érigée sur la route de Nuaillé, à l'endroit où tomba La Rochejaquelein (29 janvier 1794).

Maulévrier : la pyramide de Stofflet et le cimetière des Martyrs.

Notre-Dame du Marillais : Champ des Martyrs du 25 mars 1794 ; dans l'église, vitrail des martyrs du Marillais.

Près de Torfou, au carrefour de la D 949 et de la D 753 : une colonne rappelle la victoire vendéenne contre l'armée de Mayence (19 septembre 1793).

Vihiers : l'église et son vitrail du « Saut de Santerre », racontant la fuite du général devant les Blancs et le saut à cheval qui l'épargna.

Yzernay : la chapelle de la Musse et la chapelle du cimetière des Martyrs.

## Des vitraux pour témoigner

De très nombreuses églises ayant été brûlées et détruites, le grand effort de reconstruction de la

seconde moitié du 19ᵉ s. conduit les curés de paroisses, aidés par des donateurs, à commander des
vitraux significatifs pour l'histoire locale et pour la
foi chrétienne. Accompagnés généralement d'une
légende explicative sur le vitrail même, ils racontent
les hauts faits des héros vendéens, des généraux aux
plus humbles paroissiens, et témoignent le plus souvent d'événements locaux tragiques. Ces compositions, que l'on découvre notamment à Chanzeaux,
Chemillé, Montilliers, Le Pin-en-Mauges, La Salle-
de-Vihiers, Vihiers, St-Laurent-de-la-Plaine et, plus
au nord, à La Chapelle-St-Florent ainsi qu'au Marillais,
ont pour la plupart été réalisées par des maîtres verriers locaux, parmi lesquels Clamens, Bordereau et
Meignen.

10 mars 1792

## Palais de justice, palais du Luxembourg, Paris

Supprimé en 1792, le tribunal révolutionnaire est
rétabli par décret de la Convention, sur proposition
de Danton. Il va devenir l'un des hauts lieux de la
révolution à Paris et de la Terreur sous l'impulsion de
l'accusateur public Fouquier-Tinville. De nombreux
accusés célèbres y sont déférés : Marat, acquitté, Marie-
Antoinette, les députés Girondins, Madame Roland,
les hébertistes Danton, Desmoulins...

Nombre de ces accusés attendent leur procès au
palais du Luxembourg. Sous la Terreur, le palais

devient Maison nationale de sûreté et reçoit, avant la guillotine, la famille de Noailles, Danton, Fabre d'Églantine, Desmoulins et Hébert.

6 avril 1793*.

Création du Comité de salut public.

## Paris

Pour faire face efficacement à une situation critique tant sur le plan intérieur qu'extérieur, la Convention décide de créer un organisme exécutif, le Comité de salut public. D'abord dominé par le charisme de Danton, le Comité sera au centre de la Terreur à partir d'octobre 1793, principalement dirigé par Robespierre. Le Comité s'installe au pavillon de Flore. L'actuel pavillon date de 1864. Il est une copie de l'original.

Juin 1793

## Lyon
Rhône (69)

*« Lyon n'est plus »*

Sous la Révolution, pour punir la ville de la résistance qu'elle a opposée à la Convention, la Terreur prend un caractère furieusement violent. Du 22 août au 9 octobre 1793, elle est assiégée par l'armée : chaque jour, d'innombrables Lyonnais périssent, victi-

mes de l'exaltation des agents de Robespierre.
Couthon prescrit la destruction des maisons de Bellecour. Le 12 octobre 1793, à l'issue de ces cinquante jours de siège, le Comité de salut public impose un décret dont l'article 5 déclare : « Lyon fit la guerre à la liberté, Lyon n'est plus. » Le texte prévoit que la ville sera détruite, à l'exception de maisons conservées. Le nom de Lyon est changé en celui de « Commune affranchie ». Mais, un an plus tard, une loi du 16 vendémiaire an III (7 octobre 1794) rend son nom à la ville.

## Toulon
Var (83)

### Les premières armes de Bonaparte

Le 27 août 1793, Toulon est livré par les royalistes à une flotte anglo-espagnole. Une armée républicaine accourt. L'artillerie est sous les ordres d'un petit capitaine au nom obscur de Bonaparte. Entre La Seyne et Tamaris, les Anglais construisent un ouvrage si puissant qu'on lui donne le nom de « petit Gibraltar », où s'élève aujourd'hui le fort Carré ou Napoléon. Une batterie est installée face au fort anglais. Elle subit un feu terrible et ses servants fléchissent. Le jeune Corse fait planter un écriteau sur lequel on peut lire : « Batterie des hommes sans peur. » Aussitôt, les volontaires affluent. Bonaparte donne l'exemple : il pointe et manie l'écouvillon. Le

petit Gibraltar est pris le 17 décembre. La flotte
étrangère s'enfuit après avoir incendié les navires
français, l'arsenal, les magasins de vivres et embarqué
une partie de la population. Tandis que Bonaparte
est fait général de brigade, Toulon frise la destruction. La Convention renonce, au dernier moment, à
ce projet, mais débaptise la ville en signe d'oppro-
bre : pour un temps, elle s'appellera « Port-la-Mon-
tagne ».

### Fort Balaguier

En 1793, ce fort aux murs épais de 4 mètres fut
repris aux Anglais par Bonaparte, entre-temps nommé
commandant. Aujourd'hui, outre un aperçu du
confort très relatif dont bénéficiait la garnison, on y
trouve un Musée naval qui présente des expositions
temporaires relatives à l'histoire de la marine et, dans
la chapelle (17$^e$ s.), des objets et des documents sur le
bagne et les galères.

### 10 juin 1793 :

### Création du Muséum d'histoire naturelle.

## Paris

En 1626, Jean Héroard et Guy de La Brosse, méde-
cins et apothicaires de Louis XIII, obtiennent l'autorisation d'installer, au faubourg St-Victor, le Jardin
royal des plantes médicinales. Ils en font une école

de botanique, d'histoire naturelle et de pharmacie. Dès 1640, le jardin est ouvert au public. Les botanistes parcourent le monde pour enrichir les collections. Tournefort voyage en Espagne puis au Levant, Joseph de Jussieu explore l'Équateur et le Pérou. C'est avec Buffon, surintendant de 1739 à 1788, secondé par Daubenton, que le jardin botanique connaît son plus grand éclat. Buffon agrandit le parc jusqu'à la Seine et y crée l'amphithéâtre, le belvédère et des galeries. Son prestige est tel qu'une statue, placée aujourd'hui dans la Grande Galerie de l'évolution, est inaugurée de son vivant. Naturaliste, philosophe et écrivain, il est l'auteur d'une monumentale *Histoire naturelle* en 36 volumes, qui parurent de 1749 à 1804.

### Le Muséum d'histoire naturelle

À la Révolution, Bernardin de Saint-Pierre est nommé intendant du Jardin royal des plantes médicinales et donne une triple mission à l'institution : rechercher, conserver, enseigner. La ménagerie est créée en 1793. Elle permet aux Parisiens de découvrir des animaux inconnus jusqu'alors, mais le siège de Paris, en 1870, pousse la population affamée à sacrifier la plupart des animaux. Le Muséum a vu défiler dans ses laboratoires nombre de chercheurs, parmi lesquels Geoffroy Saint-Hilaire, Lacépède, Cuvier et Becquerel.

Novembre 1793-janvier 1794

# Nantes
Loire-Atlantique (44)

*Les noyades*

En juin 1793, Nantes compte de nombreux royalistes ; au début d'octobre, la Convention y envoie, comme représentant, Carrier, député du Cantal, qui vient de passer quelque temps à Rennes. Sa mission consiste à « purger le corps politique de toutes les mauvaises humeurs qui y circulent ».

Les prisons sont déjà remplies de Vendéens, de prêtres, de suspects. Pour faire de la place aux nouveaux arrivants, Carrier recourt à la noyade. Les condamnés sont empilés dans des chalands que l'on saborde en Loire, à hauteur de Chantenay, ou dans la baie de Bourgneuf. La Convention, informée, rappelle aussitôt son représentant. Il passe en jugement. Renvoyé devant le tribunal révolutionnaire de Nantes, il est condamné à mort et guillotiné en décembre.

Janvier à mai 1794

# Bressuire
Deux-Sèvres (79)

*Les misères de la guerre*

Durant les guerres de Vendée, Bressuire obéit au marquis de Lescure, le « Saint du Poitou », chatelain de Clisson ; la ville servait parfois de quartier général aux chefs de l'Armée catholique et royale. Aussi, le 14 mars 1794, la ville fut mise à feu et à sang par les terribles colonnes infernales. À l'origine de cette sanglante répression, le général Grignon qui resta connu dans les annales de l'histoire comme le « boucher de Bressuire ». Il se faisait fort de tenir une comptabilité rigoureuse des Vendéens qu'il abattait et se ventait d'en avoir occis 200 en une seule journée, aux abords de Bressuire.

## Mauléon
Deux-Sèvres (79)

La rue principale débouche sur le portail d'entrée de l'ancien château féodal (12ᵉ s.) qui donne accès à une esplanade. Celle-ci offre une vue sur la vallée de l'Ouin et sur le coteau de Château-Gaillard où eut lieu, en juillet 1793, la bataille entre les Vendéens et l'armée du général Westermann.

## Château de la Durbelière
Deux-Sèvres (79)

De ce château, incendié par Westermann en 1793, ne restent que ces quelques ruines qui font partie d'une vaste exploitation rurale. C'est dans l'un des pavillons carrés du logis seigneurial (15ᵉ-17ᵉ s.) que naquit en 1772 Henri de La Rochejaquelein. Dans la cour du château, « Monsieur Henri » harangua 2 000 paysans en ces termes : « Si j'avance, suivez-moi. Si je recule, tuez-moi. Si je meurs, vengez-moi. » En octobre 1793, il devint le très jeune généralissime de l'Armée catholique et royale. Après un passage en Bretagne, il fut tué par un Bleu à Nuaillé, près de Cholet, en 1794.

## St-Aubin-de-Baubigné
### Deux-Sèvres (79)

Une statue, œuvre de Falguière (1895) a été élevée en hommage à Henri de La Rochejaquelein qui fut inhumé dans la chapelle funéraire de l'église, auprès de la dépouille de son cousin, le chef vendéen Lescure.

## Pouzauges
### Vendée (85)

### Vieux château

Un donjon carré protège l'entrée de cette forteresse féodale apportée en dot à Gilles de Rais par sa femme. Son enceinte est jalonnée de dix tours rondes en ruine. Notez la croix érigée à la mémoire de 32 Vendéens fusillés ici même pendant la Révolution.

**11 mars 1794**

## Palais-Bourbon, Paris

En 1722, la duchesse de Bourbon, fille de Louis XIV et de Mme de Montespan, fait bâtir sur la rue de l'Université un hôtel dont les jardins descendent en terrasses jusqu'à la Seine. En 1756, Louis XV l'achète pour l'utiliser dans la décoration de la place de la Concorde. En 1764, il le vend au prince de Condé qui l'embellit, y incorpore l'hôtel de Lassay et le rebaptise Petit-Bourbon.

Sous la Révolution, le palais est confisqué. Par décret du 11 mars 1794, le Comité de salut public confie à Monge, Carnot et Lamblardie la mission de créer une nouvelle École centrale des travaux publics, la future École polytechnique. La première promotion d'élève s'installera dans le palais Bourbon. L'école laissera sa place en 1795 au Conseil des Cinq-Cents et sera installée dans l'hôtel de Lassey, avant un nouveau transfert en 1805 sur la montagne Ste-Geneviève.

**8 juin 1794**

## Jardin des Tuileries, Paris

Le 8 juin 1794 se déroule dans le parc la fête de l'Être suprême, réglée par le peintre David. Sur le bassin rond a été dressé un monument représentant l'athéisme. Après son discours, Robespierre y mit le feu d'un geste symbolique. L'immense cortège gagna ensuite le Champ-de-Mars.

27 - 28 juillet 1794

## Hôtel de Ville, Paris

Après l'élimination des Enragés hébertistes et des Indulgents dantonistes, la loi du 22 prairial renforce la toute-puissance du Comité de salut public et du Tribunal révolutionnaire. Désormais, un acte d'accusation vaut presque automatiquement une condamnation à mort. C'est pourquoi la Convention s'inquiète quand Robespierre dénonce des pratiques de certains membres, qu'il ne nomme pas, menant à la ruine de la République. Une course politique où l'enjeu est la vie commence entre le Comité et des Conventionnels comme Tallien ou Fouché. Le 9 thermidor (27 juillet 1794), la Convention fait interner Robespierre au Luxembourg. La Commune le délivre et lui donne asile à l'Hôtel de Ville. C'est là que — tentative de suicide ou initiative du gendarme Merda ? — l'Incorruptible a la mâchoire fracassée d'un coup de pistolet. Il est guillotiné le lendemain place de la Révolution, c'est-à-dire place de la Concorde.

**10 octobre 1794 :**

Création du Conservatoire national
des arts et métiers.

## Paris

Créé en 1794 par l'abbé Grégoire, le Conservatoire national des arts et métiers s'installe en 1799 dans
l'ancien prieuré fortifié de St-Martin-des-Champs. À
l'origine « dépôt des inventions neuves et utiles »,
c'est aujourd'hui un musée et un lieu de formation
important.

**1794 - 1795 :**

Terreur blanche.

## Tarascon
Bouches-du-Rhône (13)

C'est par les créneaux de la plate-forme accessible
depuis la tour d'artillerie du château du roi René
que furent précipités dans le fleuve, en 1794, les partisans locaux de Robespierre. Les terrasses du château étaient dominées par un châtelet qui couronnait
le donjon situé au nord-ouest du logis seigneurial et
dont il reste la base. On redescend par la tour de
l'Horloge dont le rez-de-chaussée est occupé par la
salle des Galères, ainsi nommée en souvenir des graffitis et dessins de bateaux exécutés par les prisonniers
de jadis.

À Paris, les jardins du Palais-Royal sont la scène de violentes bastonnades contre les sans-culottes commises par de jeunes muscadins sous l'œil amusé des Incroyables et Merveilleuses.

23 juin 1795 :

Défaite royaliste.

## Presqu'île de Quiberon
Morbihan (56)

En 1795, Quiberon est le théâtre du désastre infligé aux royalistes. 100 000 émigrés, les princes en tête, devaient passer en Bretagne, s'unir aux chouans et balayer les Bleus. En fait, ils ne sont que 10 000 : les princes se sont abstenus, alors que les 15 000 chouans de Georges Cadoudal sont au rendez-vous. Ils comptent néanmoins un soutien militaire important des Anglais dont la flotte est ancrée au large de la presqu'île. Le débarquement a lieu à partir du 27 juin sur les plages de Carnac.

Il se heurte à une féroce défense républicaine, menée par Hoche. Les troupes de la Convention refoulent les royalistes dans la presqu'île. Ils prennent le fort de Penthièvre et acculent les insurgés à la mer. Ces derniers ne peuvent rejoindre les vaisseaux britanniques en raison de la houle, et sont alors massacrés en masse par l'artillerie des Bleus et par la riposte des bâtiments anglais. Les survivants, faits prisonniers, sont fusillés à Quiberon, Auray et Vannes.

## Auray
Morbihan (56)

### Chartreuse d'Auray

La chapelle funéraire (début 19ᵉ s.) renferme les restes d'émigrés et de chouans fusillés après le débarquement de Quiberon, en 1795 : au centre, le mausolée en marbre blanc porte 953 noms.

### Champ des Martyrs

Une chapelle en forme de temple grec, édifiée en 1828 selon les vœux de la duchesse d'Angoulême, s'élève à l'emplacement où furent exécutés les émigrés et les chouans.

### 5 octobre 1795

## Église St-Roch, Paris

La république de Thermidor ne survit que par des coups d'État, faute d'une assise populaire forte. Face à des manœuvres politiques du Directoire pour sauver une majorité républicaine, les sections parisiennes monarchistes décident de prendre le pouvoir par la force. Pour contrer l'insurrection, la Convention fait appel à plusieurs généraux, dont Bonaparte. Celui-ci fait tirer à mitraille des canons déployés face à l'église St-Roch. Cette action vaut à Bonaparte une promotion et l'entrée des salons influents.

9 novembre 1799

## St-Cloud
Hauts-de-Seine (92)

### Le 18 Brumaire an VIII

Le général Bonaparte est revenu d'Égypte. L'armée et l'opinion voient en lui le chef qui ramènera l'ordre et la paix. Le 9 novembre 1799, le siège des Conseils est transféré à St-Cloud. Le lendemain, les Cinq-Cents, sous la présidence de Lucien Bonaparte, siègent à l'Orangerie. Le général, accueilli par des vociférations, n'est sauvé que par son frère qui fait chasser les Cinq-Cents de leur salle par Murat. Le Directoire est aboli.

### Le St-Cloud impérial

En 1802, Bonaparte est nommé consul à vie. St-Cloud devient sa résidence officielle préférée. Son mariage civil avec Marie-Louise y est célébré, en 1810, suivi de la cérémonie religieuse dans le Salon carré du Louvre. En 1814, le maréchal prussien Blücher s'installe au château. Ivre de vengeance, il lacère les soieries, dévaste la chambre et la bibliothèque. Charles X signe à St-Cloud les « ordonnances » de juillet 1830 qui abolissent la Charte et provoquent sa chute. C'est de là qu'il part pour l'exil. Le 1ᵉʳ décembre 1852, le prince-président Louis Napoléon y est proclamé Empereur. La guerre est déclarée à la Prusse le 15 juillet 1870 dans un conseil tenu au château. Le 13 octobre 1870, l'édifice est incendié. Il sera démoli en 1891.

Si l'ancien palais de « Monsieur » a disparu, victime de la guerre franco-prussienne, le parc témoigne du grand art ordonnateur de Le Nôtre, qui a modelé un site à la symétrie impeccable, en fonction de la vue que le frère du roi avait depuis ses salons.

18 janvier 1800

## Place des Victoires, Paris

Première des « masses de granit », ces institutions qui doivent ramener la stabilité en France, la banque de France est fondée par un groupe de financiers, à l'initiative du consul Bonaparte, qui a besoin d'un instrument capable d'assainir les finances françaises. Ainsi, elle sera au cœur de l'émission du franc germinal à partir de 1803. La banque s'installe en 1812 rue La Vrillière, dans un hôtel construit en 1635 par François Mansart, puis remanié par Robert de Cotte pour le comte de Toulouse. L'édifice actuel date presque entièrement du 19ᵉ s.

25 mars 1802 :

Paix éphémère avec l'Angleterre.

## Amiens

Pour légitimer son coup d'État, Bonaparte avait promis de ramener la paix, situation inconnue en France depuis 1792. En 1801, il signe un traité avec l'Autriche au château de Lunéville. En mars 1802, l'hôtel de ville d'Amiens reçoit une délégation anglaise pour mettre fin aux guerres de la Révolution. Mais dans l'esprit des deux gouvernements, il s'agit plus d'une pause pour reprendre des forces qu'un règlement définitif de la rivalité franco-anglaise. Dès le mois de mai 1803, l'état de guerre reprend.

Mai 1803-26 août 1805 :

Le camp de Boulogne.

## Boulogne-sur-Mer
### Pas-de-Calais (62)

En 1803, Bonaparte rassemble ses troupes pour envahir l'Angleterre. Le 26 août 1805, il renonce à ce projet et lance la Grande Armée contre l'Autriche. De nombreux châteaux autour de la commune de Wimille servent de quartiers généraux pour les commandants de corps. Napoléon, lui, s'installe au château de Pont de Briques.

## Colonne de la Grande Armée

*3 km au nord.*

Élevée par l'architecte Éloi Labarre de 1804 à 1841, à la demande du maréchal Soult, cette colonne de 54 m de haut commémore le camp de Boulogne. Sur le socle, un des bas-reliefs en bronze montre le maréchal Soult offrant à l'Empereur les plans de la colonne. Un escalier de 263 marches mène à la plate-forme carrée, à 190 m au-dessus du niveau de la mer.

21 mars 1804 :

Le duc d'Enghien.

## Vincennes
Val-de-Marne (94)

Bonaparte, comme parade aux complots que l'Angleterre et les émigrés ourdissaient contre lui (affaires Cadoudal et Pichegru), ordonne l'exécution du duc d'Enghien, accusé de conspiration. Le duc est enlevé en territoire allemand et transféré à Vincennes le soir du 20 mars 1804. Il dîne dans le pavillon du Roi, puis s'étend sur un lit, tandis que l'on creuse déjà sa tombe dans le fossé. À minuit et demi, il est réveillé. Une heure après, un conseil de guerre prononce sa condamnation à mort. Conduit dans le fossé, le duc est placé devant la fosse béante puis abattu. Son exécution indigne l'Europe. Le corps, exhumé sous Louis XVIII, repose dans la chapelle royale du château.

### Tour du Bois

Au sud, l'esplanade du château offre une vue d'ensemble du portique qui ferme l'enceinte au Midi. La tour du Bois, au centre, a été arasée par Le Vau et transformée en entrée d'honneur ; du côté intérieur, elle présente son caractère d'arc triomphal. Du pont qui franchit le fossé, on aperçoit, au pied de la tour de la Reine, une colonne qui marque l'endroit où fut exécuté le duc d'Enghien.

2 décembre 1804

# Notre-Dame, Paris

Le 2 décembre 1804, la cathédrale, recouverte de tentures pour masquer son délabrement, accueille le pape Pie VII pour le sacre de Napoléon et, sept ans plus tard, s'y déroulent les cérémonies du baptême du roi de Rome.

29 octobre 1807,

Traité franco-espagnol.

# Château de Fontainebleau

Après Trafalgar, Napoléon sait qu'il ne peut vaincre l'Angleterre que par une stratégie indirecte : le blocus continental décrété à Berlin doit provoquer la ruine du commerce britannique, ce qui ferait pression sur le gouvernement de Londres pour signer la paix. Mais le blocus ne fragilise pas seulement l'Angleterre. Certains pays ont un besoin vital des marchandises du Royaume-Uni. C'est le cas du Portugal. Napoléon veut contraindre Lisbonne à appliquer strictement le blocus. Il négocie avec Manuel Godoy le droit de passage pour son armée en Espagne. C'est le premier pas vers l'« ulcère espagnol ».

**27 mars 1810**

# Palais de Compiègne
Oise (60)

### Le château des mariages

Le 14 mai 1770, c'est en forêt de Compiègne qu'est organisée la rencontre du dauphin, futur Louis XVI, et de Marie-Antoinette d'Autriche. Le 27 mars 1810, Marie-Louise, qui a épousé Napoléon I$^{er}$ par procuration, doit arriver à Compiègne. L'Empereur, impatient et malgré une pluie battante, se précipite à la rencontre de sa femme. Trempé, il saute dans le carrosse princier et couvre de démonstrations d'affection Marie-Louise, effarée. Ils brûlent l'étape de Soissons et dînent à Compiègne ; les cérémonies nuptiales à St-Cloud et à Paris consacreront l'union imposée à Vienne.

20 juin 1812 :

Le pape interné.

## Palais de Fontainebleau
Seine-et-Marne (77)

C'est encore le blocus continental, qui est la cause du conflit de plus en plus ouvert entre le pape Pie VII et Napoléon. De plus, le concordat, s'il a mis fin à l'hostilité entre l'Église et la Révolution, n'est pas acceptable en l'état pour le pape, qui comprend que la hiérarchie épiscopale française est plus soumise à l'État qu'au pouvoir spirituel. Le pape est enlevé en 1809 par le général Radet et placé en résidence surveillée à Savone. Puis il est transféré à Fontainebleau, où il est installé au 1er étage du Gros Pavillon jusqu'en janvier 1814.

22-23 octobre 1812 :

Conspiration du général Malet.

## Paris

Malet est un officier républicain, qui n'a jamais accepté le pouvoir personnel de Napoléon. Depuis 1808, il est aux arrêts pour un premier complot vite étouffé. Profitant du désastre russe et du manque d'information sur le sort réel de la Grande Armée, Malet s'évade et prend le contrôle de la garde municipale de Paris. Il marche alors sur l'Hôtel de Ville pour installer son gouvernement provisoire. Malet se rend alors place Vendôme au quartier général de la place de Paris. Il est reconnu par un officier et arrêté. Malet est fusillé le lendemain.

11 février 1814

## Montmirail
Marne (51)

Colonne commémorative de Montmirail-Marchais à Champaubert.

*18 km au nord-ouest sur la D 933.*

Surmontée d'une aigle dorée (1867), elle évoque le souvenir des dernières batailles remportées par Napoléon lors de sa campagne de France en février 1814 sur les troupes russes et prussiennes : Champaubert le 10 et Montmirail le lendemain.

*6 km au nord-ouest de Montmirail sur la D 933.*

À Vauchamps, une autre colonne, plus modeste, célèbre la victoire napoléonienne du 14 février 1814 contre l'armée de Silésie commandée par von Blücher.

18 février 1814

## Montereau
Seine-et-Marne (77)

Après les Prussiens et les Russes, Napoléon se retourne contre l'armée autrichienne. Il bat celle-ci à Montereau, notamment grâce à une charge de cavalerie sur les ponts de la ville.

21 mars 1814

## Arcis-sur-Aube
Aube (10)

*Une défaite de Napoléon*

Après la terrible retraite de Russie et l'invasion du territoire français par les nations alliées, en janvier 1814, l'Empereur tente de sauver la situation. Dans ses *Mémoires*, le général comte de Ségur relate la bataille d'Arcis, qui eut lieu le 20 mars 1814 :

> Il était dix heures. Ney, Oudinot et Sébastiani, avec toute l'infanterie et la cavalerie, s'ébranlèrent. En peu d'instants, le rideau ennemi, qui couvrait les pentes, fut déchiré ; mais, parvenus sur la crête, un spectacle imposant les consterna. C'était toute l'armée alliée, avec ses réserves et ses souverains, plus de 100 000 hommes. [...] C'était, de l'est à l'ouest, sur un vaste demi-cercle,

une multitude de masses noires et mouvantes, d'où jaillissait, aux rayons du jour, le reflet des armes. D'instant en instant, ces têtes de colonnes profondes, marchant à grands espaces, et se rapprochant de plus en plus entre elles et de notre position, resserraient l'enceinte. Et néanmoins Napoléon, s'opiniâtrant encore, niait l'évidence. Il leur répondait que c'était une vision ; que ce qu'ils apercevaient à droite ne pouvait être que la cavalerie de Grouchy. Ce mouvement, s'écria-t-il, serait trop leste ; c'était une manœuvre trop hardie pour des Autrichiens. « Je les connais ; ils ne se lèvent pas si vite, et si matin. » C'était pourtant bien l'aile gauche de Schwarzenberg.

Le 31 mars, les alliés pénètrent dans la capitale. Deux jours plus tard, c'est la déchéance de l'Empereur devant le Sénat. Le champ de bataille se trouve au sud d'Arcis, sur la N 77 en direction de Troyes.

6 avril 1814 :

1<sup>re</sup> abdication de Napoléon.

## Palais de Fontainebleau
Seine-et-Marne (77)

*Salon de l'Abdication*

La tradition y place la signature de l'acte d'abdication du 6 avril 1814. Le mobilier Empire de ce salon rouge est resté en place depuis cet événement.

20 avril 1814 :

Les adieux.

## Palais de Fontainebleau
Seine-et-Marne (77)

Le 20 avril 1814, Napoléon paraît en haut de l'escalier du Fer à cheval. Il est 1 heure de l'après-midi. Les voitures des commissaires des armées étrangères chargés de l'escorter l'attendent. L'Empereur descend lentement la rampe droite, la main sur la balustrade de pierre. Blême d'émotion contenue, il s'arrête un instant, contemplant sa garde alignée, puis s'avance vers le carré des officiers qui entourent l'Aigle et leur chef, le général Petit. Sa harangue étreint les cœurs. Elle est un plaidoyer : « Continuez à servir la France, son bonheur était mon unique pensée » et un ultime remerciement : « Depuis vingt ans... vous vous êtes toujours conduits avec bravoure et fidélité. » Il serre le général dans ses bras, baise le drapeau et monte rapidement dans la voiture qui l'attend tandis que les grognards mêlent les larmes à leurs acclamations.

1er mars 1815 :

Le vol de l'Aigle.

## Route Napoléon

Durant la carrière de Napoléon, il n'est rien peut-être de plus extraordinaire que sa marche triomphale de vingt jours, à son retour d'exil sur l'île d'Elbe. Au départ, 700 hommes et quelques chevaux montent sur Paris. Depuis Golfe-Juan, Napoléon et sa petite troupe, précédés d'une avant-garde, gagnent Cannes où ils arrivent tard et d'où ils repartent tôt le lendemain. Voulant éviter la voie du Rhône qu'il sait hostile, Napoléon fait prendre la route de Grasse pour gagner, par les Alpes, la vallée de la Durance. Au-delà de Grasse, la colonne s'engage dans de mauvais chemins muletiers : St-Vallier, Escragnolles, Séranon d'où, après une nuit de repos, elle gagne Castellane (3 mars) puis Barrême. Le 4 mars, la colonne déjeune à Digne ; Napoléon fait étape le soir au château de Malijai, attendant avec impatience des nouvelles de Sisteron dont la citadelle, commandant le passage étroit de la Durance, peut lui barrer le passage. Sisteron n'est pas gardée, Napoléon y déjeune le 5 mars, puis quitte la localité dans une atmosphère de sympathie naissante. Ayant rejoint la route carrossable, il arrive le soir à Gap et y reçoit un accueil enthousiaste. Le 6 mars il va coucher à Corps. Le 7, il gagne La Mure, puis trouve face à lui, à Laffrey, des troupes envoyées de Grenoble. C'est ici que se situe l'épisode fameux qui retourne la situation en sa faveur.

À l'arrivée, les hommes de la troupe sont 20 000. Napoléon dira 40 000… Le 20 mars 1815, au milieu d'une foule enthousiaste, il entre aux Tuileries et reprend le pouvoir. La « Route Napoléon » *(N 85, déclassée en départementale en grande partie, D 6085 dans les Alpes-Maritimes)* a été inaugurée en 1932.

7 décembre 1815

Le maréchal Ney exécuté.

## Place de l'Observatoire, Paris

Surnommé « le brave des braves » ou le « Rougeaud » sous l'Empire, Ney se rallia à Louis XVIII lors de la première Restauration. Imprudemment, il promet au roi de ramener « l'ogre corse dans une cage de fer » quand Napoléon débarque à Fréjus. Mais changeant une nouvelle fois de camp, il se range aux côtés de Napoléon. Après Waterloo, il est arrêté et jugé par la Chambre des pairs. Condamné à mort, entre autres par d'anciens maréchaux de Napoléon. Il est fusillé place de l'Observatoire, à l'emplacement de la statue du maréchal par Rude.

22 mai 1818 :

Ouverture de la première Caisse d'épargne.

## Paris

La Caisse d'épargne est une société anonyme créée par deux philanthropes, le baron Delessert et le duc de La Rochefoucault-Liancourt. L'idée directrice, influencée par la pensée libérale issue des Lumières, est de faire confiance dans l'intelligence et la prévoyance des individus, qui contribueront à éradiquer la misère en plaçant leurs économies sur un livret. La première agence ouvre au 9 rue du Louvre.

### Août 1819

## Le Louvre, Paris

Avec *Le Radeau de la Méduse* (1819), Théodore Géricault introduit l'actualité parmi les thèmes de l'expression artistique tout en s'opposant au classicisme de David. C'est l'un des premiers chefs-d'œuvre de la peinture romantique française.

### 11 mars 1820 :

Parution des *Méditations*
de Lamartine.

## Lac du Bourget
Savoie

Ce n'est pas au bord du lac du Bourget que Lamartine a écrit les *Méditations* : le séjour du poète à Aix-les-Bains date d'octobre 1816. Mais c'est un lieu d'inspiration pour le poème le plus illustre des *Méditations*, « Le Lac ».

## 1822

# La Rochelle
Charente-Maritime (17)

*Les Quatre Sergents*

Au mois de février 1822, un régiment arrive à La Rochelle. Il compte dans ses rangs des membres de la société secrète des carbonari, partisans de la liberté qui complotent pour renverser le gouvernement de la Restauration. Démasqués, ils sont incarcérés sur place dans la tour de la Lanterne où l'on peut encore voir leurs graffitis, avant d'être transférés à Paris. Quatre d'entre eux, les Quatre Sergents de La Rochelle, sont condamnés à mort et exécutés. Dès lors, leur sacrifice est exalté par les opposants au régime.

## Avril 1825 :

### Première filature de laine.

# Fourmies
Nord (59)

L'industriel Théophile **Leg**rand avait déjà implanté des filatures de coton à Fourmies. Mais il rêve de construire une filature de laine peignée moderne. Celle-ci ouvre en avril 1825, elle est actionnée par une machine à vapeur dès 1828. Pendant tout le 19ᵉ s., Fourmies va devenir la capitale de l'industrie

lainière, témoignage du développement de la révolution industrielle en France. La filature n'existe plus
aujourd'hui, mais une autre datant de 1874 a été
transformée en écomusée du textile, avec des machines en état de marche.

### 21 février 1830

## Comédie-Française, Paris

Le 21 février 1830, s'y livre la bataille d'*Hernani*,
drame de Victor Hugo, dans laquelle s'affrontent les
Anciens et les Modernes du monde théâtral.

### 27 juillet 1830

## Rue de Richelieu, Paris

Le matin du 27 juillet 1830, au 93 de la rue de
Richelieu, le commissaire de police Deroste vient
saisir les presses du journal *Le Temps*. Celui-ci a
publié, sans l'autorisation royale, une protestation
des journalistes contre les quatre ordonnances signées
par Charles X, le 25 juillet. Celles-ci rétablissent la
censure, dissolvent la Chambre qui vient d'être élue
et fixent de nouvelles dates d'élections, tout en res-
treignant le corps électoral. Le peuple de Paris se
soulève alors et dresse des barricades durant les
« Trois Glorieuses » (27/29 juillet). Le roi se réfugie
à St-Cloud et le parti orléaniste prend l'initiative. Le

31 juillet, Charles X accepte le duc d'Orléans comme lieutenant général du royaume puis abdique. Début août, le duc d'Orléans est proclamé roi des Français sous le nom de Louis-Philippe I$^{er}$ à l'Hôtel de Ville.

21-24 novembre 1831, 10-15 avril 1834 :

Révoltes des canuts.

# Lyon
Rhône (69)

*La colline qui travaille*

Tirant son nom d'une croix de pierre colorée qui se dressait, avant la Révolution, à l'un de ses carrefours, le quartier de la Croix-Rousse ne fut pas toujours opposé à Fourvière, « la colline qui prie ». Ce n'est en effet qu'après la Révolution, et les expulsions de communautés religieuses qui l'accompagnent, que les canuts, ouvriers de la soie, gagnent ses coteaux moins onéreux (les canuts tiennent leur nom de leur outil de travail, la canette, qu'ils glissent entre les fils de trame du métier à tisser).

L'invention de nouvelles techniques par Joseph-Marie Jacquard (1752-1834) accélère l'abandon du quartier St-Jean et l'installation des canuts dans de grands immeubles sévères aux larges fenêtres laissant passer la lumière. Au 19$^e$ s., les rues retentissent du « bistanclaque », bruit des métiers à bras actionnés par quelque 30 000 canuts. La fabrique de la soie s'est déplacée vers la Croix-Rousse, qui a gagné son surnom de « colline qui travaille ». Les traboules de la Croix-Rousse, épousant la topographie du terrain, comportent de nombreuses marches. Faute de place pour aménager un large réseau de rues, ces passages perpendiculaires à la Saône relient les immeubles entre eux. Ces couloirs sont souvent voûtés d'ogives ou ornés de plafonds à la française, et donnent accès à des cours intérieures à galeries Renaissance. Ils permettent de transporter les pièces de soie à l'abri des intempéries. En 1831, puis en 1834, les traboules furent le théâtre des sanglantes insurrections de canuts arborant le drapeau noir, symbole de misère, où était inscrite la devise fameuse : « Vivre en travaillant ou mourir en combattant. »

## 1836

## Le Creusot-Montceau
Saône-et-Loire (71)

### Les débuts

Le minerai de fer fut exploité dès le Moyen Âge dans la région de Couches, et les Creusotins en feront commerce à partir du 16ᵉ s. Les importants gisements houillers d'Épinac et de Blanzy, découverts au 17ᵉ s., ne seront exploités industriellement qu'après 1769. En 1782, l'industriel de Wendel s'associe à un Anglais pour créer une fonderie de canons. Trois ans plus tard a lieu la première fonte au coke, donnant le signal du développement de la région.

### L'âge d'or

En 1836, Joseph-Eugène Schneider, maître de forges à Bazeilles, et son frère Adolphe s'installent au Creusot, alors peuplé de 3 000 habitants. L'année suivante commence la construction des locomotives à vapeur et des appareils moteurs de grands navires. En 1843, l'invention du marteau-pilon, due à l'un des ingénieurs de l'usine, François Bourdon (1797-1865), permet la forge des grosses pièces : matériel de chemin de fer, pièces pour l'équipement des centrales électriques, des ports, des usines, etc. Sous le second Empire se développe l'usage de l'acier pour les plaques de blindage et les pièces d'artillerie. Depuis l'extension des usines Schneider, Le Creusot a — fait exceptionnel en France — décuplé sa population. Montceau s'est aussi beaucoup développé, avec l'exploitation intensive du bassin houiller de Blanzy à partir de 1856. Au vieux marteau-pilon succède, en 1924, la grande forge équipée de presses hydrauliques qui pèsent jusqu'à 11 300 tonnes. Après la guerre est créée la Société des forges et ateliers du Creusot (usines Schneider), qui fusionne en 1970 avec la Compagnie des ateliers et forges de la Loire, donnant naissance à Creusot-Loire.

## 1842

## Oignies
Pas-de-Calais (62)

La ville a été témoin de la naissance et de la fin de l'exploitation du bassin du Pas-de-Calais. C'est ici que fut découvert en 1842 un gisement houiller de meilleure qualité que celui du Valenciennois. En 1990, c'est de la fosse n° 9 que sont remontés les derniers mineurs.

## 22 février 1848

## Paris

L'opinion républicaine a progressé en France. Les chefs de l'opposition républicaine à Louis-Philippe et Guizot organisent des banquets républicains. À Paris, l'interdiction d'un de ces banquets provoque une agitation de plus en plus importante. Près de 3 000 ouvriers et étudiants se rassemblent place de la Madeleine, puis marchent vers la Chambre des députés. C'est le début de la révolution de février.

24 février 1848

# Hôtel de ville, Paris

*L'apostrophe de Lamartine*

L'émeute a chassé Louis-Philippe qu'elle avait appelé au trône dix-huit ans plus tôt. Le gouvernement provisoire, où siègent Lamartine, Ledru-Rollin, Arago, s'établit à l'Hôtel de Ville. Des bandes armées viennent réclamer la substitution du drapeau rouge au drapeau tricolore. C'est alors que Lamartine riposte : « Le drapeau rouge que vous nous apportez n'a jamais fait que le tour du Champ-de-Mars, traîné dans le sang du peuple en 91 et 93 ; le drapeau tricolore a fait le tour du monde avec le nom, la gloire et la liberté de la Patrie. » La République est proclamée le lendemain.

Nuit du 1er au 2 décembre 1851

# Hôtel de Rohan, Paris

*De l'hôtel particulier à l'Imprimerie nationale*

Delamair entreprit sa construction en 1705, en même temps que celle de l'hôtel de Soubise : le second style Louis XIV s'y déploie de la même façon. Cet hôtel était destiné au fils du prince et de la princesse de Soubise, évêque de Strasbourg et futur cardinal de Rohan. Quatre cardinaux de Rohan, princes-évêques de Strasbourg, se sont succédé ici. Le dernier y mena un train de vie princier jusqu'à ce que l'affaire du Collier de la reine (1785) provoquât sa disgrâce. En 1808, Napoléon affecte l'hôtel à l'Imprimerie impériale.

### Le coup d'État du 2 décembre 1851

C'est ici, dans la nuit du $1^{er}$ au 2 décembre 1851 qu'est imprimé, en secret, le décret de Louis-Napoléon Bonaparte dissolvant l'Assemblée législative et convoquant le peuple pour un plébiscite. Bonaparte, alors Président, souhaite contourner les règles constitutionnelles qui l'empêchent de se présenter à un deuxième mandat. Par mesure de sécurité, les typographes ne reçoivent à composer que des morceaux de phrase, afin de leur cacher le sens du document. Le 2 décembre, le décret est placardé, l'armée occupe le Palais-Bourbon et les principaux opposants politiques sont arrêtés. Une tentative de résistance apparaît le lendemain et voit la mort du député Baudin sur une barricade. Le 4 décembre, chargée de rétablir l'ordre, l'armée ouvre le feu sur la foule des Grands Boulevards, faisant plus de 300 morts. Louis-Napoléon Bonaparte profite des troubles pour lancer une vaste répression contre les républicains. Un mois et demi après le plébiscite, le pays ratifie massivement le coup d'État.

9 octobre 1852 :

« L'Empire c'est la paix. »

## Bordeaux

Louis Napoléon cherche à rétablir l'Empire. Il parcourt la France pour exposer son projet. Le 9 octobre il fait un discours à Bordeaux, à la chambre de commerce, place de la Bourse. Il se veut rassurant en expliquant que son régime impérial ne sera pas l'occasion de se lancer dans des aventures militaires, certes glorieuses, mais aussi coûteuses. Le discours de Bordeaux est la première marche vers le rétablissement de l'Empire le 2 décembre 1852.

18 novembre 1852

## Le Bon Marché, Paris

En 1852, Aristide Boucicaut (1810-1877) et sa femme, particulièrement soucieuse des difficultés sociales et de la formation du personnel, ouvrent une boutique de nouveautés qui devient le premier grand magasin de Paris, *Au Bon Marché*. Les innovations se succèdent : entrée libre, accès direct aux marchandises, prix fixes, vente par correspondance, soldes, expositions de « blanc »... Le succès, immédiat et colossal, allait inspirer bien des imitateurs... Quant à Zola, il s'en empara pour écrire un volume de la série des Rougon-Macquart, *Au Bonheur des*

*Dames*. Sa réputation de produits de qualité ne s'est pas démentie depuis. Ne pas quitter les lieux sans une visite à « La Grande Épicerie »...

**31 octobre 1855**

# Hauteville House, St Peter Port
Guernesey (îles Anglo-Normandes)

*L'exil de Victor Hugo*

Le 31 octobre 1855, Victor Hugo débarquait à Guernesey ; il devait y rester jusqu'en 1870. Ses démêlés avec le régime de Napoléon III l'avaient conduit à quitter la France pour se réfugier d'abord en Belgique, puis à Jersey en 1852. Il en sera expulsé trois ans plus tard à cause de ses écrits politiques trop virulents à l'égard de l'alliance franco-anglaise. Dans sa maison de St Peter Port, Hauteville House, il acheva et composa une bonne partie de son œuvre. Il l'habita jusqu'en 1870 et l'aménagea de ses propres mains. La sobriété de l'extérieur n'annonce pas le caractère insolite de l'intérieur, dont la visite révèle une facette méconnue de son génie, celle de décorateur.

21 juillet 1858

# Plombières-les-Bains
Vosges (88)

À Plombières, les pendules semblent s'être arrêtées à l'heure du 19ᵉ s. Blottie au fond de la vallée sauvage et boisée de l'Augronne, cette petite ville tranquille au charme désuet a conservé plus d'un témoignage du passage de Napoléon III.

Les Romains découvrirent les premiers les vertus curatives des eaux de Plombières. Puis, après eux, les ducs de Lorraine, Montaigne, Voltaire, Mesdames Adélaïde et Victoire, les filles de Louis XV, l'impératrice Joséphine et la reine Hortense, puis Musset, Lamartine et même Napoléon III. C'est d'ailleurs à Plombières qu'il décida avec Cavour du rattachement de la Savoie et du comté de Nice à la France, le 21 juillet 1858.

## Pavillon des Princes

Construit sous la Restauration pour les membres de la famille royale, il surprend par sa modestie. C'est ici qu'eut lieu en 1858 la fameuse entrevue de Plombières. Napoléon III, empereur des Français, rencontra secrètement le comte de Cavour, président du Conseil du Piémont. Ils décidèrent d'une stratégie militaire contre les Autrichiens qui avaient envahi l'Italie du Nord. En avril 1859, ils remportèrent les victoires de Magenta et de Solferino. Le pavillon des Princes abrite des expositions.

**6 août 1870 :**

**Guerre de** 1870.

## Wœrth
Bas-Rhin (67)

Au château est installé le Musée de la bataille du 6 août 1870 : uniformes, armes, équipements, documents et tableaux relatifs aux deux armées en présence lors de la bataille de Wœrth-Frœschwiller. Un grand diaporama évoque la bataille à l'aide de 4 000 figurines d'étain.

### Sentier des Turcos

*Départ quelques mètres après l'usine Star-Auto, sur la gauche, à la sortie de Wœrth vers Lembach.*

Ce circuit pédestre de 2 km *(assez difficile)*, jalonné de panneaux explicatifs, évoque les faits marquants de la bataille du 6 août 1870. En prenant la direction d'Elsasshausen on peut aussi suivre, en voiture, le circuit du champ de bataille principal. À noter, les divers monuments construits après 1870 par les régiments provenant de différents États allemands.

2 septembre 1870

## Bazeilles
Ardennes (08)

*3 km au sud-est par la N 43.*

Un épisode célèbre de la bataille de Sedan s'est déroulé à Bazeilles. Le 31 août et le 1er septembre 1870, quelque 200 « marsouins », soldats de l'infanterie de marine, résistèrent pied à pied aux troupes du 1er corps bavarois. Ayant épuisé leurs dernières munitions, les défenseurs acceptèrent de se rendre. L'une des dernières maisons tenues par les Français est transformée en musée et garde encore une partie des traces de la bataille. Le lendemain, Sedan capitulait.

À proximité, dans un ossuaire, reposent environ 3 000 soldats français et allemands.

## Sedan
Ardennes (08)

*Le désastre de Sedan*

Le 30 août 1870, lorsque l'armée de Mac-Mahon vient s'y enfermer, Sedan est dépourvue d'artillerie et d'approvisionnement. La bataille commence le 1er septembre à Bazeilles, mais se joue, pour l'essentiel, au plateau d'Illy. Mac-Mahon, blessé, est remplacé par Wimpffen, mais c'est Ducrot qui dirige en fait les combats. Malgré plusieurs charges des généraux Margueritte et Galliffet, les troupes françaises refluent vers le glacis de Sedan, fuyant l'artillerie prussienne. Le roi Guillaume, depuis son observatoire du bois de la Marfée, ne peut retenir son admiration devant tant d'héroïsme : « Ah ! Les braves gens ! » s'exclame-t-il en se tournant vers Moltke et Bismarck. Napoléon III qui a vainement cherché la mort, ordonne de hisser le drapeau blanc, pour éviter une boucherie inutile : 690 canons prussiens cernent Sedan au soir de la bataille. L'Empereur désire rencontrer Guillaume, mais c'est Bismarck qu'il trouve, le 2 au matin, sur la route de Donchéry. Le chancelier désire négocier avec le vaincu, malheureusement celui-ci n'en a pas le pouvoir. On le conduit alors au château de Bellevue près de Frénois, où Guillaume lui rend visite. Les conditions de la capitulation ne sont en rien atténuées : 83 000 prisonniers seront internés en Allemagne et un matériel immense est livré. Le lendemain, le 3 septembre, Napoléon, escorté par un peloton de hussards de la Mort, part pour Cassel. Tout au long de la route, jusqu'à la frontière belge, le vaincu se fait insulter par les soldats de son armée.

À la nouvelle du désastre, Paris accomplit une nouvelle révolution : le 4 septembre, la foule envahit le Corps législatif et la République est proclamée.

4 septembre 1870

## Hôtel de ville, Paris

C'est une tradition depuis la Révolution, l'Hôtel de Ville est le lieu des changements de régime. Ainsi, le 4 septembre 1870, après le désastre de Sedan, Gambetta, Jules Favre, Jules Ferry proclament la République à l'Hôtel de Ville et constituent un gouvernement de la défense nationale. Mais la capitulation de la capitale, le 28 janvier 1871, soulève la colère du peuple qui s'empare du pouvoir et installe à l'Hôtel de Ville la Commune de Paris. Pendant la semaine sanglante de répression par les « Versaillais » (21-28 mai), l'Hôtel de Ville, les Tuileries et plusieurs monuments sont incendiés.

## Galerie des Glaces, Château de Versailles
### Yvelines (78)

En 1855, sous le second Empire, la galerie retrouva une dernière fois les fastes de l'Ancien Régime, lors de la réception par Napoléon III et l'impératrice Eugénie de la reine Victoria. C'est ici que fut proclamé l'Empire allemand le 18 janvier 1871 ; cinquante ans plus tard, Clemenceau choisit le même endroit pour la signature du traité de Versailles qui mit fin à la Première Guerre mondiale.

18 mars 1871 :

La Commune.

## Paris, Montmartre

*La Butte et sa Commune*

Les Montmartrois n'aiment pas les Prussiens qui débarquent en 1871 après la capitulation de Paris. Pour éviter de tomber aux mains de l'ennemi, ils rassemblent 171 canons sur la Butte. Mais Thiers donne l'ordre au général Lecomte de s'en emparer : la foule se saisit de lui ; il est fusillé avec le général Thomas au 36 rue du Chevalier-de-La-Barre. Cet épisode sanglant ouvre la Commune. Montmartre reste aux mains des Fédérés jusqu'au 23 mai.

16 mai 1871

## Place Vendôme, Paris

*La colonne*

La Révolution détruit la statue équestre de Louis XIV. En 1810, l'Empereur fait dresser une colonne imitant la colonne Trajane à Rome. Haute de 44 m, elle est recouverte d'une spirale de bronze fondue avec les 1 250 canons autrichiens pris à Austerlitz ; une statue de Napoléon I$^{er}$ en César la couronne. En 1814, Henri IV lui succède au sommet du monument, puis une gigantesque fleur de lys sous

Louis XVIII, puis de nouveau Napoléon sous Louis-Philippe, mais en Petit Caporal.

En 1871, la Commune renverse la colonne, sur ordre du peintre Courbet. Ce dernier est condamné à la prison et à rétablir la colonne sur ses propres deniers, ce qu'il fera en 1873. Une copie de la statue d'origine est placée au sommet.

21-28 mai 1871

## Mur des otages, Paris

Près de l'église Notre-Dame-des-Otages, élevée en 1936, on voit dans la cour un fragment du mur devant lequel des communards fusillèrent 49 otages (prêtres, religieux, gardes civils de Paris) amenés de la Grande-Roquette le 26 mai 1871.

## Le Père-Lachaise, mur des Fédérés

*Angle sud-est.*

Le 28 mai 1871 se déroule le dernier et sanglant épisode de la Commune. Les insurgés, qui ont eux-mêmes fusillé leurs prisonniers, se sont retranchés dans le cimetière. Les « Versaillais » les attaquent bientôt et une lutte féroce se livre parmi les tombes. Le lendemain, à l'aube, les survivants sont fusillés contre le mur d'enceinte. Une large tranchée, ouverte sur place, reçoit les corps.

**5 juillet 1871 :**

L'affaire du drapeau blanc
(1871-1873).

## Château de Chambord
Loir-et-Cher (41)

Henri, comte de Chambord, prétendant légitimiste au trône de France depuis la chute de Charles X, son grand-père, en 1830, est bien près de parvenir à ses fins en 1871. Il s'installe à Chambord où, le 5 juillet, il proclame ses convictions dans un manifeste qui se termine par ces mots : « Henri V ne peut abandonner le drapeau blanc d'Henri IV. » L'effet de cette déclaration est désastreux dans l'opinion : les royalistes perdent les élections partielles. Le comte de Chambord repart en Autriche, « Henri V » ne régnera pas. Il s'éteint en 1883. Le château échoit à son neveu, le duc de Parme. En 1932, l'État le rachète aux héritiers, moyennant 11 millions de francs.

**1871, 1914**

## Palais-Bourbon, Paris

La IIIᵉ République fut le triomphe du régime parlementaire, il est donc tout naturel que le Palais-Bourbon ait été le lieu de grands événements politiques. On peut retenir :

février juillet 1875 : les lois constitutionnelles de la République.

16 mai 1877 : crise politique, qui se termine par la démission du gouvernement Mac-Mahon. Cette crise consacre la toute-puissance parlementaire face à l'exécutif (« il faut se soumettre ou se démettre »).

28 mars 1882 : vote des lois Ferry sur l'enseignement public.

9 décembre 1905 : loi de séparation de l'Église et de l'État.

6 juillet 1885

## Pasteur, Paris

C'est dans son laboratoire de l'École normale supérieure, rue d'Ulm, que Pasteur vaccine avec succès le jeune Joseph Meister contre la rage.

6 mai 1889

## Tour Eiffel, Paris

*Vestiges des Expositions universelles*

Datant du milieu du 19ᵉ s., les Expositions universelles avaient pour but de comparer les évolutions industrielles des nations. Grâce à elles, beaucoup de progrès technologiques ont pu être accomplis, et de nombreux édifices ont été construits, certains échappant, comme la tour Eiffel et le palais de Chaillot, à une destruction programmée en vue de la prochaine exposition. De 1855 à 1937, la France a accueilli six Expositions universelles. Pour l'Exposition de 1867, Napoléon III fit construire un vaste palais de l'Industrie sur le Champ-de-Mars et la colline de Chaillot fut nivelée pour recevoir des exemples d'architecture typiques des 41 pays exposants. Pour celle de 1878, l'architecte Davioud construisit sur la même colline un palais de style hispano-mauresque. Onze ans plus tard, en 1889, l'Exposition célébrait l'anniversaire de la Révolution française et le triomphe du fer. Le clou de la visite fut la tour Eiffel. Enfin, pour l'Exposition de 1937, l'ancien palais du Trocadéro fut rasé. Sur ses fondations, on construisit l'actuel palais de Chaillot.

### La tour Eiffel sauvée par la TSF

Lorsque le projet est lancé en 1884 pour l'Exposition universelle de 1889, Gustave Eiffel suscite la polémique. La concession est alors de vingt ans, mais artistes et écrivains rédigent une protestation publique, dite des « 300 » (en écho à la hauteur de la tour). Parmi les signataires, de grands noms : Maupassant, Gounod, Charles Garnier, François Coppée, Leconte de Lisle... Heureusement, la tour tant décriée fut pour d'autres artistes le symbole de la modernité et de la vitesse, mais aussi de l'art du siècle nouveau : Cocteau et Apollinaire la célèbrent, Pissarro, Dufy, Utrillo, Seurat ou Delaunay la figurent dans leurs œuvres... En 1909, on menace de la détruire. Seules les facilités qu'apporte son altitude à la TSF (la télégraphie sans fil) lui sauvent la mise : c'est à son bord que se font les premiers essais radio-téléphoniques du début du 20ᵉ s., avant que la télévision ne la réquisitionne à son tour. Aujourd'hui, la tour ne doit plus résister à ses détracteurs, mais aux touristes qui usent plus ses mécanismes d'ascenseurs que ses escaliers.

1ᵉʳ mai 1891

# Fourmies
Nord (59)

Cette ville est cernée par de vastes forêts et un chapelet d'étangs créés par les moines de Liessies, d'où le nom d'étangs des Moines pour les trois principaux. La cité développa une puissante industrie textile au 19ᵉ s. Des générations d'hommes, de femmes et d'enfants ont fait de Fourmies une capitale de la filature de laine peignée.

### L'aubépine du 1ᵉʳ mai

Une tradition toujours vivace veut que le 1ᵉʳ mai les jeunes aillent couper pour leur fiancée une branche d'aubépine en fleur. Ce jour-là, en 1891, devant le mépris des directeurs d'entreprise face aux revendications des ouvriers, ces derniers se mettent en grève. Un rassemblement se forme devant une usine ouverte. Les gendarmes arrêtent quelques bagarreurs.

L'après-midi, la manifestation s'amplifie. La foule afflue sur la place de la mairie, dans le but de libérer les camarades incarcérés. Un des officiers, voyant sa troupe plier sous la poussée de la foule, fait ouvrir le feu. Des coups partent. En quelques minutes, c'est l'effroi et la débandade. Neuf morts et de nombreux blessés sont allongés sur le pavé. Un monument au cimetière et un visuel, au Musée du textile et de la vie sociale, rappellent cet épisode douloureux des luttes ouvrières.

1892 :

Jean Jaurès et les grèves ouvrières.

## Carmaux
Tarn (81)

C'est à Carmaux que le fameux tribun socialiste Jean Jaurès (1859-1914) fut triomphalement élu en 1892 comme député. L'orateur philosophe mit sa fougue et son talent au service des mineurs et des verriers du Carmausin en grève après le licenciement du maire de Carmaux, Jean-Baptiste Calvaignac, par la Société des mines de Carmaux. La grève se termine avec la démission en décembre 1892 du député Ludovic de Solages, ce qui permet à Jaurès d'être élu.

25 juin 1894 :

Assassinat du président Carnot.

La fin du 19ᵉ s. est ponctuée par les attentats anarchistes en Europe. Se rendant à l'exposition de Lyon, le président Sadi Carnot est mortellement poignardé, place des Cordeliers, par un anarchiste italien, Sante Geronimo Caserio, probablement en représailles de la grâce refusée par Carnot à Auguste Vaillant, autre anarchiste qui avait lancé une bombe dans la Chambre des députés en 1893.

5 janvier 1895 :

Dreyfus condamné.

# Paris

*De l'affaire Dreyfus à « l'Affaire »*

Le 5 janvier 1895, dans la cour d'honneur de l'École militaire, est dégradé le capitaine Alfred Dreyfus qui clame son innocence. Le 21 février, il est déporté sur l'île du Diable.

Officier, issu d'une famille juive établie à Mulhouse, Dreyfus a été arrêté le 15 octobre 1895 et accusé d'avoir transmis d'importants documents militaires aux Allemands. L'affaire est révélée par une note du Figaro et provoque une violente campagne antisémite. Jugé par un conseil de guerre en huis clos, propice aux manœuvres, Dreyfus est condamné à la déportation à vie et à la dégradation militaire.

En 1895 et 1896, l'étau se resserre autour du véritable coupable, le commandant Esterhazy, un aventurier criblé de dettes, bénéficiant de hautes protections. Les autorités militaires tentent d'empêcher la réouverture du dossier au sein même de l'armée. Ainsi, elle éloigne le commandant Picquart qui soupçonne Esterhazy. Ce dernier, traduit devant le conseil de guerre à la fin de l'année 1897, est acquitté dans une atmosphère survoltée. Picquart, lui, est placé aux arrêts de rigueur au fort du mont Valérien.

L'écrivain Émile Zola publie alors une lettre ouverte au président de la République, à la une de l'*Aurore*, le 13 janvier 1898 : « *J'accuse* ». Il s'engage dans le camp des défenseurs de Dreyfus et pointe du doigt les manœuvres et les responsabilités de l'état-major. Le mois suivant, il est condamné pour diffamation envers le ministre de la Guerre et le commandant Picquart est exclu de l'armée pour « faute grave ». La coalition centriste au pouvoir cherche à étouffer « l'Affaire » qui divise le pays, au nom de la raison d'État et de l'honneur de l'armée. Une véritable fracture naît parmi les intellectuels français, entre les dreyfusards et les antidreyfusards. La réouverture du dossier par la Cour de cassation en 1899 entraîne un deuxième procès militaire, qui a lieu à Rennes dans la salle des fêtes du lycée Émile-Zola. Dreyfus est de nouveau condamné, mais avec circonstances atténuantes, ce qui est particulièrement absurde. Dreyfus doit attendre le 13 juillet 1906 pour être entièrement réhabilité, il réintègre l'armée après une cérémonie à l'École militaire, là même ou il avait été dégradé. La statue du capitaine se dresse aujourd'hui non pas dans la cour des Invalides, mais en face du bâtiment de l'École des hautes études en sciences sociales qui a été construit au 54 boulevard Raspail (dans le sixième arrondissement) à l'emplacement de l'ancienne prison du Cherche-Midi.

28 décembre 1895

## Paris

Au n° 14 du boulevard des Capucines, adresse du Grand Café, le 28 décembre 1895, eut lieu la première projection en public de films animés au moyen du cinématographe, appareil inventé par les frères Lumière. Ces films de 16 mm sont maintenant historiques *(Sortie d'usine, Arrivée d'un train...)* ; le septième art était né.

8 mai 1802

## St-Pierre
Martinique

Le 15 septembre 1635, Pierre Belain d'Esnambuc, venu de St-Christophe avec 80 colons, débarque dans une large et profonde baie au pied de la montagne Pelée. Il y construit un fort qu'il baptise St-Pierre, autour duquel se développe une ville, la plus élégante et la plus animée de l'île jusqu'à l'aube du 20e s., qui donne le ton dans les Antilles jusqu'à St-Domingue. En 1902, la colère de la montagne Pelée anéantit la joyeuse et turbulente cité.

Le « petit Paris des Antilles » tel est, à la veille de la catastrophe, le surnom mérité de St-Pierre. Quoique Fort-de-France l'ait privée en 1692 du titre officiel de capitale de la Martinique, personne ne songe à le disputer à cette cité moderne, disposant de tout le confort métropolitain : électricité, eau courante, tramway et téléphone. Son port accueille des navires en provenance de Nantes, Bordeaux, Marseille ; entrepôts ; magasins, banques, consulats et une vingtaine de distilleries témoignent de son poids économique. Dans ses rues pavées, agrémentées des derniers raffinements de l'urbanisme, de belles maisons de pierre abritent le tiers de la population blanche créole de Martinique. Celle-ci fréquente avec la même assiduité la cathédrale et le théâtre, et envoie ses enfants au lycée ou dans l'un des pensionnats religieux. Dans les cercles et les cafés, on peut lire trois journaux imprimés à St-Pierre et se passionner pour la politique locale. Le jardin botanique jouit d'une grande renommée et le carnaval est l'un des plus beaux de l'île. St-Pierre a tout pour être heureuse et ne s'en prive pas.

*Compte à rebours*

Dès le début de 1902, la montagne Pelée multiplie les signaux d'alerte. Le volcan gronde sans arrêt, une colonne de vapeurs et de cendres noires, bientôt mêlée d'éclairs, monte du cratère et des pluies de cendres recouvrent périodiquement le Prêcheur, les Abymes et le hameau de Ste-Philomène où les riches Pierrotains possèdent des villas de plaisance. La Rivière Blanche grossit et se met à charrier toutes sortes de débris. Tous les oiseaux et les animaux libres de le faire ont déserté la région, mais le doute persiste encore à St-Pierre sur le danger qu'encourt la ville. Le 7 mai au soir, le gouverneur Mouttet, revenu, en pleine campagne électorale, rassurer la population, rend publiques les conclusions de la communauté scientifique : de profondes vallées protègent la ville d'une éventuelle coulée de lave. Personne, à l'époque, n'a idée de ce qu'est une nuée ardente dont on ne connaît aucune description.

### La ville martyre

Une nouvelle proclamation rassurante doit être affichée le 8 mais à 8 heures du matin. Mais, à 7 h 50, la montagne Pelée explose, un gigantesque nuage croît dans toutes les directions à une vitesse vertigineuse : deux minutes plus tard, St-Pierre et ses 28 000 habitants ont cessé d'exister. C'est le versant du volcan tourné vers la ville qui a cédé à la pression des gaz. En un instant, la nuée ardente, nuage de gaz, de roches et de cendres incandescentes à 400 °C a surgi, enflammant les maisons et les bateaux dans le port, brûlant et asphyxiant les habitants dont on ne retrouve que des cadavres calcinés. L'effet de souffle a renversé les bâtiments et le phare de la place Bertin. Succédant à la nuée ardente, un incendie généralisé, des pluies de cendres, de lapilli et de boue chaude achèvent de détruire la ville dont les rhumeries ont explosé sous la chaleur.

*Deux survivants*

Enfermé pour rixe et ébriété, Cyparis dut à la protection des murs épais de son cachot d'échapper à la mort le matin du 8 mai. Gravement brûlé, il devint la principale attraction du cirque Barnum qui l'exhiba aux États-Unis. Il lui fallut plus tard partager la renommée avec un autre rescapé miraculeux, le cordonnier Léon Compère.

1907 :

*Les Demoiselles d'Avignon.*

## Montmartre, Paris

Tout au long du 19e s., des artistes et des hommes de lettres sont attirés par la vie pittoresque et libre sur la Butte.

Berlioz, Nerval, Murger et Heine y précèdent la grande génération des années 1871 à 1914 : les rapins viennent chercher l'inspiration au marché aux modèles de la place Pigalle, les grisettes y mènent la vie de bohème que décrit la *Louise* de Gustave Charpentier.

Les premiers cercles poétiques (Club des Hydropathes, le Chat Noir) se transforment en « caf'conc' »

où se révèlent la chanson d'Aristide Bruant, les poè-
mes de Charles Cros et de Jehan Rictus, l'humour
d'Alphonse Allais, les dessins de Caran d'Ache et
d'André Gill. Jusqu'à la Grande Guerre, la Butte
conserve, grâce au Lapin Agile et au Bateau-Lavoir,
la suprématie littéraire et artistique de la capitale.
Puis Montparnasse prend le relais, tandis que Montmartre s'adonne aux plaisirs nocturnes. C'est au
Bateau-Lavoir que Picasso peint en 1907 ses *Demoiselles d'Avignon*, alors titré par Picasso lui-même, *El
Burdel de Aviñón*. C'est une des plus grandes ruptures
de l'histoire de la peinture ; on considère que les
*Demoiselles* sont la première toile cubiste.

Mars-juin 1907 :

### Les grèves viticoles du Languedoc.

La concurrence des vins d'Algérie provoque une
chute des ventes des vins du Sud-Ouest. Une épidémie de phylloxéra n'arrange rien. La crise économique devient sociale. Un cafetier d'Argeliers, Marcellin
Albert, organise une première marche vers Narbonne, qui va devenir le principal lieu de l'agitation.
Le maire socialiste de Narbonne, Ernest Ferroul, les
soutient et fait hisser le drapeau noir sur le fronton
de la mairie le 5 mai devant 40 000 manifestants. Le
12, il menace le président du Conseil Georges
Clemenceau d'une grève de l'impôt dans tout le
Sud-Ouest, puis d'une démission en masse des muni-

cipalités. Le « Tigre » juge alors la situation insurrectionnelle : Ferroul est arrêté, Albert, lui, se cache
dans le clocher d'Argeliers, et il envoie des renforts
militaires. Mais une de ces unités, le 17ᵉ RI, frater-
nise avec les grévistes. Les conscrits, souvent originaires
de Béziers, mettent la crosse en l'air et bivouaquent
sur l'allée Paul-Riquet. La mutinerie ne dure que
quelques heures, mais reçoit une immense publicité.
Clemenceau reprend la main : le 17ᵉ RI est déplacé
en Tunisie, et Clemenceau réussit à discréditer Albert
après une rocambolesque entrevue. Puis il se montre
conciliant : des lois protégeant la production viticole
sont adoptées en juin, juillet 1907 et les meneurs
sont libérés.

25 juillet 1909

## Blériot-Plage, côte d'Opale
Pas-de-Calais (62)

Sa belle plage s'étend jusqu'au cap Blanc-Nez.
Aux Baraques, près de la D 940, un monument commémore la traversée de la Manche par Blériot (1872-
1936) qui, le 25 juillet 1909, posa son avion dans une
échancrure des falaises de Douvres, au terme d'un
vol d'une demi-heure. C'est la première traversée
d'une mer par un avion.

# Septième partie

# D'une guerre mondiale à l'autre

31 juillet 1914 :

Assassinat de Jean Jaurès.

En pleine crise européenne, alors que les armées de l'Entente et des Puissances centrales sont mobilisées, les gouvernements et les milieux nationalistes craignent une grève générale déclenchée par les socialistes, qui ont toujours affirmé leur opposition à une guerre à caractère impérialiste. Après l'ultimatum de l'Autriche à la Serbie, le 23 juillet 1914, Jaurès semble être un des rares hommes politiques à vouloir s'opposer à la guerre imminente, bien que son projet de grève internationale simultanée soit peu réaliste. Mais son éloquence et sa puissance de conviction suffisent à le rendre crédible : le 31 juillet 1914, il est assassiné à la terrasse du Café du Croissant, à l'angle de la rue du Croissant et de la rue Montmartre dans le 2ᵉ arrondissement, par un jeune nationaliste, Raoul Villain, membre de la Ligue des jeunes amis de l'Alsace-Lorraine.

**6-9 septembre 1914 :**

**Vallée de la Marne.**

Marne (51)

En 1914 et en 1918, le sort de la France et des Alliés s'est joué sur les rives de la Marne où se déroulèrent deux batailles décisives. Les combats de 1914 furent livrés dans le Multien.

**Septembre 1914-avril 1915**

## Les Éparges
Meuse (55)

Cet éperon domine la plaine de la Woëvre. Haut lieu de combats, il a constitué un observatoire convoité lors de la Première Guerre mondiale.

Entourés de conifères, des sentiers balisés permettent la découverte du site de combats, à partir du Cimetière national du Trottoir. Sur la gauche s'élève un monument à la « gloire du génie », puis on arrive au « point X », sur la crête. Le sol est encore complètement bouleversé par les mines qui ont laissé de nombreux entonnoirs de plusieurs dizaines de mètres de diamètre. C'est là, à St-Remy-la-Calonne, qu'on a retrouvé en 1991 le corps du sous-lieutenant Henri Fournier, dit Alain-Fournier. L'auteur du *Grand Meaulnes* a trouvé la mort le 22 septembre 1914.

Décembre 1914

# Vieil-Armand
Haut-Rhin (68)

Le nom de Vieil-Armand a été donné par les poilus de 1914-1918 au Hartmannswillerkopf (HWK dans le jargon militaire), contrefort des Vosges qui s'élance à 956 m d'altitude, pour tomber en pentes escarpées sur la plaine d'Alsace. Le site est encore parsemé çà et là de casemates, de tronçons de tranchées et d'abris principalement allemands, vestiges oubliés dans la montagne silencieuse.

### Monument national du Vieil-Armand

Sur les pentes dévastées pas les obus, les gaz, les lance-flammes, attaques et contre-attaques se succéderont pendant toute la durée de la guerre. Au terme de cette violence inouïe, on ne saura même pas compter les morts d'une telle boucherie, Français et Allemands : 30 000 ? 40 000 ? 60 000 ? Pendant la seule année 1915, le sommet, enjeu stratégique, va changer 4 fois de camp. Et les combats continueront inexorablement jusqu'en 1918.

Le Monument national est formé, au-dessus d'une crypte renfermant les ossements de 12 000 soldats inconnus, par une vaste terrasse surmontée d'un autel en bronze, l'autel de la Patrie, dont les faces représentent les armoiries des grandes villes de France.

Trois chapelles autour de l'ossuaire, une catholique, une protestante, une juive.

*Montée au sommet*

*1 heure à pied AR.*

Traverser le cimetière du Silberloch qui se trouve derrière le Monument national et renferme 1 260 tombes et plusieurs ossuaires. Suivre son allée centrale, puis le sentier qui la prolonge. Se diriger vers le sommet du Vieil-Armand surmonté d'une croix de 22 m de haut, borne limite du front français. Tourner à droite en direction de la croix en fer des engagés volontaires alsaciens-lorrains érigée sur un promontoire rocheux. De là, panorama sur la plaine d'Alsace, la chaîne des Vosges, la Forêt-Noire et les Alpes par temps clair.

Mars 1915 :

Offensives de Champagne.

# Suippes
Marne (51)

## Centre d'interprétation Marne 1914-1918

Installé dans la Maison des associations, ce tout nouvel espace est dédié à la compréhension du front de Champagne lors de la Grande Guerre : photos et documents écrits, salle de projection… Le centre sert de référence à un circuit automobile, « Sur les pas des armées de Champagne », qui relie les principaux lieux de mémoire liés à la Première Guerre mondiale dans les environs.

## Sommepy-Tahure
Marne (51)

### Monument aux morts des armées de Champagne

Ce monument est situé au point culminant du plateau (alt. 92 m), lieu principal de la bataille de Champagne : il commémore les combats d'octobre 1914 et de septembre 1915. L'œuvre montre notamment le général Gouraud, commandant de la IVe armée, inhumé dans la crypte, et le lieutenant Quentin Roosevelt, fils du président Theodore Roosevelt, qui fut tué en 1918 dans le Tardenois.

## Observatoire du mont Sinaï
Marne (51)

Sur le bord de la crête, une casemate situe l'observatoire créé après la libération de Reims en 1914, d'où le général Gouraud observait les positions allemandes. Le site avait été dénommé ainsi par les militaires en langage conventionnel. Vue étendue en direction de Reims et des monts de Champagne (table d'information).

## Sillery
Marne (51)

### Fort de la Pompelle

La masse informe et blanchâtre du fort couronne une butte s'élevant à 120 m d'altitude. Cet ouvrage fut construit de 1880 à 1883, renforçant la ceinture des huit forts élevés en 1875 pour la défense de Reims. On peut faire le tour des fortifications d'où sont visibles les tranchées et les casemates, côté sud.

Le fort fut l'objectif constant des Allemands qui l'occupèrent du 4 au 23 septembre 1914. Chassés, ils l'attaquèrent maintes fois au cours de la bataille de Champagne. Souvent le fort fut coupé en deux : les Allemands occupaient les étages supérieurs, les Français les fondations. Aujourd'hui le musée dans le fort montre encore un ascenseur d'artillerie par lequel les combattants lançaient des grenades. La résistance de la Pompelle permit les deux victoires de la Marne.

Février-décembre 1916

## Verdun
Meuse (55)

Verdun, aujourd'hui ville mondiale de la paix, demeure à jamais associée à l'un des affrontements les plus meurtriers de la guerre de 1914-1918. La visite des champs de bataille, la réalité de la terre encore meurtrie dans les sous-bois environnants ne peut laisser personne indifférent.

## Des raisons stratégiques

Avec le traité de Francfort (10 mars 1871), l'annexion de l'Alsace-Moselle fait de Verdun l'une des dernières places fortes avant la frontière allemande. Le général Séré de Rivières la protège d'une double ceinture de forts. En août 1914, les Allemands tentent de la contourner, mais la ville demeure un obstacle redoutable. En février 1916, le général von Falkenhayn choisit d'attaquer Verdun dans l'espoir de réussir une percée décisive pour compenser l'échec sur le front oriental. L'opération est confiée au fils de l'empereur Guillaume II, le Kronprinz. Méthodiquement élaborée, elle surprendra totalement le haut commandement français.

## L'offensive contre Verdun

L'assaut allemand se déclenche sur la rive droite de la Meuse, à 13 km au nord de Verdun, le 21 février 1916. Trois corps d'armée allemands sont engagés, appuyés par une concentration d'artillerie sans précédent. Surpris, les défenseurs opposent une résistance imprévue. Appelé le 24 février 1916, le général Pétain, commandant en chef de la 2ᵉ armée, organise la défense de Verdun, faisant monter nuit et jour renforts et matériel par la seule grande route disponible depuis Bar-le-Duc, la Voie sacrée. En mars et avril, les forces allemandes élargissent leur front d'attaque, de part et d'autre de la Meuse. Le 11 juillet marque l'échec de l'ultime offensive allemande qui n'a pu avancer que jusqu'au fort de Souville, à 5 km de Verdun.

### La reconquête

Octobre 1916, la guerre de mouvement reprend. Trois coûteuses contre-offensives menées par les généraux Mangin et Guillaumat permettent de reprendre la presque totalité du terrain perdu : ce sont les batailles de Vaux, de Louvemont-Bezonvaux, de la cote 304 et du Mort-Homme. Les Allemands sont partout rejetés sur leurs positions du 22 février 1916. L'étau allemand autour de Verdun est desserré, mais il faudra attendre l'offensive franco-américaine du 26 septembre 1918 pour dépasser la ligne de résistance française du 21 février 1916. En 1918, Pétain, le « vainqueur de Verdun », reçoit des mains du président de la République son bâton de maréchal.

## La ville haute

### Monument de la Victoire

Un escalier monumental de 73 marches conduit à une terrasse où s'élève une haute pyramide surmontée de la statue d'un guerrier casqué, appuyé sur son épée, qui symbolise la défense de Verdun. Le monument est flanqué de deux canons russes pris sur le front allemand. Il abrite un fichier contenant les noms de ceux qui ont pris part à la bataille.

### Citadelle souterraine

Elle a été bâtie sur l'emplacement de la célèbre abbaye de St-Vanne, fondée en 952. L'une de ses deux tours, la tour St-Vanne (12ᵉ s.), est le seul vestige de l'ancien monastère que Vauban respecta en reconstruisant la citadelle. Sa construction, débutée en 1887, dura dix ans.

La citadelle abritait divers services et les soldats au repos (jusqu'à 2 000). Ses 7 km de galeries étaient équipés pour subvenir aux besoins d'une véritable armée : 6 magasins à poudre, 7 magasins à munitions, central téléphonique, hôpital avec salle d'opérations, cuisines, boucherie, coopérative, moulin de siège, boulangerie. Dans l'écoute n° 4, neuf fours pouvaient cuire 28 000 rations de pain en vingt-quatre heures. En 1914, la citadelle devint le centre logistique de la place de Verdun.

À bord d'un véhicule autoguidé, un circuit fait revivre la vie quotidienne des soldats lors de la bataille de 1916, à l'aide d'effets sonores, de scènes animées (mannequins), d'images virtuelles (salle d'état-major, boulangerie), de reconstitutions, notamment celle de la vie dans une tranchée pendant les combats et celle de la désignation du soldat inconnu.

## Les champs de bataille

Terre ensanglantée, « reliquaire de la patrie », cette partie du front témoigne de la violence inouïe de la guerre de tranchée et des souffrances des combattants de 1914-1918. Chaque année, des centaines de milliers de visiteurs se recueillent sur le théâtre des opérations de ce qui fut, dix-huit mois durant, du 21 février 1916 à décembre 1916, la bataille de Verdun. En moins de deux années, cette bataille a mis aux prises plusieurs millions d'hommes et causé la mort de plus de 300 000 soldats français et allemands, et de milliers de soldats américains en 1918. Plusieurs décennies se sont écoulées depuis la Grande Guerre, mais les traces des combats, persistantes ou préservées, sont encore visibles. L'effroyable bataille de 1916 se déroula sur les deux rives de la Meuse, de part et d'autre de Verdun, sur un front de plus de 200 km².

### Rive droite de la Meuse

#### Bois des Caures

Le plan initial du général Falkenheyn avait prévu un axe de progression passant par le bois des Caures, près du village de Flabas. Le bois était tenu par deux bataillons commandés par le lieutenant-colonel Driant, député lorrain et écrivain (sous le pseudonyme du « capitaine Danrit »). Les chasseurs tiennent leur position le 21 et 22 février avant de succomber. La défense de Driant, tué pendant le combat, devient très vite un mythe en France et servira d'exemple pour stimuler l'opiniâtreté des « poilus » devant Verdun. Le PC de Driant est encore visible aujourd'hui.

### Cimetière militaire du Faubourg-Pavé

En traversant le Faubourg-Pavé, on voit sur la gauche le cimetière (5 000 tombes) où ont été inhumés les corps des sept soldats inconnus apportés à Verdun en même temps que celui qui repose sous l'arc de triomphe de l'Étoile à Paris.

Le terrain est toujours bouleversé et, dans certains secteurs, la végétation n'a pas tout à fait repris ses droits. Les terres devenues impropres à la culture ont été reboisées.

### Fort de Vaux

Les Allemands s'en emparèrent le 7 juin 1916 après une héroïque défense de la garnison. Cinq mois plus tard, au cours de leur première offensive, les troupes du général Mangin réoccupaient l'ouvrage. Du sommet, vue sur l'ossuaire, le fort de Douaumont, les côtes de Meuse et la plaine de Woëvre.

Au carrefour de la chapelle Ste-Fine, le monument du Lion marque le point extrême de l'avance allemande.

### Mémorial de Verdun

Dans cet historial de la guerre 1914-1918, qui évoque d'émouvants souvenirs, des postes vidéo, cartes et maquettes montrent les différentes phases de la bataille, tandis qu'une collection d'uniformes, d'armes et de pièces d'équipement en illustre l'acharnement. La vie quotidienne dans les tranchées est dépeinte par des croquis et des lettres. Photos et maquettes retracent les débuts de l'aviation.

Un peu plus loin, une stèle a été élevée sur les ruines du village disparu de Fleury-devant-Douaumont, qui fut pris et repris 16 fois. Une petite chapelle, dont la façade est ornée d'une statue de Notre-Dame de l'Europe, à 100 m à gauche de la route, occupe l'emplacement présumé de l'ancienne église de Fleury.

### Fort de Douaumont

Construit en pierre en 1885, en un point haut (Cote 388) qui en faisait un observatoire stratégique, il vit ses défenses plusieurs fois renforcées jusqu'en 1913. À l'entrée en guerre, le fort de Douaumont se trouvait recouvert par une carapace de béton de un mètre d'épaisseur, elle-même séparée des voûtes de maçonnerie par un mètre de sable. Selon les propres termes du communiqué allemand, cet ouvrage constituait le « pilier angulaire du nord-est des fortifications permanentes de Verdun ». Enlevé par surprise le 25 février 1916, dès le début de la bataille de Verdun, il fut repris le 24 octobre par les troupes du général Mangin. On parcourt les galeries, casemates, magasins, témoins de l'importance et de la puissance de cet ouvrage. Une chapelle marque l'emplacement de la galerie murée où furent inhumés 679 soldats de la garnison allemande, tués par l'explosion accidentelle d'un dépôt de munitions, le 8 mai 1916.

Un peu plus loin sur la droite, une chapelle a été élevée à l'emplacement de l'ancienne église du village de Douaumont, complètement anéanti lors de la poussée allemande du 25 février au 4 mars 1916.

### Ossuaire de Douaumont

Édifié pour recueillir les restes non identifiés d'environ 130 000 combattants français et allemands tombés au cours de la bataille, l'ossuaire de Douaumont est le plus important des monuments français en souvenir de la guerre 1914-1918. Cette vaste nécropole comprend une galerie transversale longue de 137 m dont les 18 travées contiennent chacune deux sarcophages en granit. Sous la voûte centrale se trouve la chapelle catholique.

Au centre du monument s'élève la tour des Morts, haute de 46 m, silencieuse vigie en forme d'obus dans lequel s'inscrivent 4 croix, symboliques points cardinaux de pierre voulant marquer l'universalité du drame. Le $1^{er}$ étage de la tour a été aménagé en un petit musée de la guerre. Du haut de cette tour *(204 marches)*, à travers les fenêtres, des tables d'orientation permettent d'identifier les différents secteurs du champ de bataille.

Devant l'ossuaire, les 15 000 croix du cimetière national. À gauche du parking, un sentier conduit à l'ouvrage de Thiaumont maintes fois pris et repris au cours de la bataille.

### Tranchée des Baïonnettes

Une porte massive donne accès au monument recouvrant la tranchée où, le 10 juin 1916, les hommes de deux compagnies du 137ᵉ RI, en majorité bretons et vendéens, furent, dit-on, ensevelis à la suite d'un bombardement d'une violence inouïe. Seul témoignage de la présence de ces hommes : leurs baïonnettes émergeant du sol, usage répandu pendant la guerre pour marquer les tombes de fortune.

## Rive gauche de la Meuse

En septembre 1918, les troupes américaines du général Pershing jouèrent dans ce secteur un rôle très important.

### Le Mort-Homme

Ce sommet boisé fut l'enjeu de furieux combats. Tous les assauts allemands de mars 1916 furent brisés sur cette crête. Près d'un monument élevé aux morts de la 40ᵉ division, un autre monument porte, gravée sur le socle, cette inscription : « Ils n'ont pas passé. »

### La Cote 304

Pendant près de quatorze mois, les Allemands se heurtèrent là à une farouche résistance des troupes françaises. La Cote 304 et le Mort-Homme, véritables pivots de la défense de Verdun sur la rive gauche, revêtaient une importance stratégique considérable.

### Butte de Montfaucon

Le village de Montfaucon, élevé sur une butte, point culminant de la région, fut fortifié et utilisé comme observatoire par les Allemands pendant la guerre. Un monument américain s'y dresse. Un escalier mène à une colonne de 57 m de haut surmontée d'une statue de la Liberté *(accès par un escalier de 235 marches)*. Du haut de la colonne, panorama sur le champ de bataille au nord-ouest de Verdun : butte de Vauquois, Cote 304, rive droite de la Meuse et, au loin, fort de Douaumont.

### Cimetière américain
### de Romagne-sous-Montfaucon

Il s'étend sur 52 ha et contient plus de 14 000 tombes, surmontées de croix en marbre blanc, rigoureusement alignées. Dans les galeries latérales de la chapelle sont inscrits les noms des soldats disparus (954) ; dans la galerie de droite, une carte gravée dans la pierre calcaire d'Euville indique les secteurs du combat.

## Mogeville
Meuse (55)

Quelques passionnés ont reconstitué un tronçon de tranchée, modèle 1915, à partir de documents officiels et de photos d'époque.

1er juillet-novembre 1916 :

Offensive de la Somme.

## Albert
Somme (80)

Proche du front lors de la bataille de la Somme en 1916, puis lors de la bataille de Picardie en 1918, Albert fut entièrement rebâti après les terribles bombardements. Son architecture homogène — dont 250 façades dans le style Art déco — est typique de la reconstruction, tout comme celle des villages voisins. Albert est aussi le point de départ du circuit du Souvenir, à travers les champs de bataille de la Somme.

### Basilique Notre-Dame-de-Brébières

Cet édifice néobyzantin en brique rouge, dont le clocher évoque un minaret, fut conçu par l'architecte amiénois Edmond Duthoit à la fin du 19e s.

Détruit en 1915, il fut rebâti en 1929 par Louis Duthoit, son fils. Une jolie Vierge à l'Enfant dorée, du sculpteur Albert Roze, domine le clocher. Le 15 janvier 1915, un obus atteignit le pied du dôme de Notre-Dame. La statue de la Vierge s'inclina vers le sol et resta suspendue jusqu'au 16 avril 1918. Les communiqués du front la rendirent célèbre dans le monde entier sous le nom de « Vierge penchée ». À l'intérieur, Vierge miraculeuse (11ᵉ s.).

## Musée des abris « Somme 1916 »

Ce souterrain (230 m de long à 10 m sous terre) fut aménagé en 1939 en abri antiaérien. Le musée relate la vie quotidienne des soldats durant la Grande Guerre, à l'aide d'effets sonores et visuels.

## Les champs de bataille de la Somme

À l'est et au nord d'Albert, le circuit du Souvenir évoque la mémoire des soldats britanniques et sud-africains de l'armée Douglas Haig, qui tombèrent lors de la bataille de la Somme, durant l'été 1916. Conçue par les états-majors alliés pour soulager Verdun, ce fut l'une des plus furieuses batailles de l'histoire et la plus sanglante de la Grande Guerre. Le circuit du Souvenir est devenu aujourd'hui un important site de pèlerinage pour des milliers de Britanniques qui viennent se recueillir sur la tombe de leurs ancêtres tombés sur le front.

*La Boisselle*

Un cratère de la « guerre des mines » — le seul qui soit accessible — rappelle la furie des combats que connut ce village le 1er juillet 1916 lorsque débuta la bataille. Ce Lochnagar Crater est aujourd'hui la propriété d'un Anglais, Richard Dunning.

*Mémorial de Thiepval*

Transformé en forteresse souterraine par les Allemands, le village de Thiepval subit un siège des Britanniques long de 116 jours durant l'été 1916. Un impressionnant arc de triomphe en brique, haut de 45 m et visible de plusieurs kilomètres à la ronde, rappelle le nom des communes détruites, et ceux de 73 367 disparus, gravés sur ses seize piliers. Un centre d'accueil et d'interprétation expose une maquette du mémorial et présente une chronologie des événements de 1914-1918. Un film *(45 mn)* retrace la bataille de la Somme.

La tour d'Ulster, réplique de celle située près de Belfast, célèbre les soldats de la 36e division irlandaise. Elle abrite un autre centre d'accueil, plutôt réservé aux anglophones.

*Parc-mémorial de Beaumont-Hamela*

Sur ce plateau battu par les vents, la division canadienne de Terre-Neuve perdit en juillet 1916 la plupart de ses hommes. Le site reste dans l'état où il se trouvait à la fin des hostilités : tranchées, cratères

d'obus, avant-postes... En quelques centaines de
mètres, on passe des lignes alliées aux tranchées allemandes. À l'entrée se trouve le centre d'accueil et
d'interprétation, tenu par des Canadiens tout au long
de l'année. Deux salles sont consacrées à la vie des
Terre-Neuviens avant, pendant et après le conflit
(reconstitution de la bataille, portraits de soldats).
Une troisième est dédiée à des expositions temporaires. Dans le parc, au milieu des tranchées, trône le
mémorial. Le monument, surmonté du caribou de
Terre-Neuve, comporte un balcon d'orientation
avec vue sur le champ de bataille. C'est un des sites
les plus réalistes du circuit du Souvenir.

### Mémorial de Pozières

Ce bourg était le verrou qu'il fallait faire sauter
pour investir la colline de Thiepval : un objectif
confié aux troupes d'Australie, relevées en septembre
par celles du Canada. Sur le monument australien
figurent les noms de 14 690 disparus. Le nom de
Pozières est si renommé dans la mémoire austra-
lienne qu'il a été donné, après la guerre, à un village
du Queensland.

### Mémorial de Longueval

En juillet 1916, les positions des Sud-Africains furent
attaquées par des obus lacrymogènes et asphyxiants.
Après cinq jours, au prix de 90 000 tués et blessés,
les Alliés reprirent le terrain, qu'ils surnommèrent
Devil's Wood (« bois du Diable »).

Un musée commémoratif est installé dans une réplique réduite du château de Capetown.

Sur la place centrale du village, face au poilu du monument aux morts, se dresse la statue, haute de 4 m, d'un sonneur de cornemuse, dit Piper, gravissant le parapet d'une tranchée. Le muret qui l'entoure porte les 22 insignes des régiments ayant perdu un des leurs durant la Grande Guerre. Au-delà du souvenir, le monument constitue un symbole de réconciliation entre les peuples par l'intermédiaire d'une musique aujourd'hui universellement interprétée.

### Rancourt

Ce site a le triste privilège de regrouper trois cimetières : français, britannique et allemand. C'est aussi le haut lieu — et le seul — du souvenir de la participation française à la bataille de la Somme, avec sa nécropole de 8 566 soldats.

### Les Pipers

Parmi les nombreux soldats qui périrent dans les tranchées boueuses de la Première Guerre mondiale se trouvaient les Pipers. Sonnant la charge à la tête de leurs unités écossaises, canadiennes et irlandaises, ils payèrent le prix fort. Le département de la Somme rappelle leur présence à travers des commémorations ponctuées du son des cornemuses.

Avril 1917 :

Bataille du saillant de Vimy.

# Mémorial canadien de Vimy
Pas-de-Calais (62)

Ce gigantesque mémorial se dresse sur le sommet de la cote 145, le point le plus élevé de la crête de Vimy, longue de 14 km. Il commémore l'assaut que quatre divisions du corps canadien y menèrent, le 9 avril 1917, pour reprendre ce verrou essentiel de la défense allemande.

### Un combat acharné

La crête est si bien fortifiée par les Allemands que, de 1914 à 1917, tous les assauts des Alliés échouent. Le 9 avril, à l'aube, quatre divisions du corps canadien, appartenant à la IIIᵉ armée britannique du général Allenby, partent à l'attaque. La victoire, après trois jours de combat, est extrêmement coûteuse : 10 602 victimes, dont 3 598 Canadiens.

Sobre et colossal, le mémorial (1936) s'élève sur un terrain concédé au Canada. Walter Seymour Allward mit onze ans à réaliser ce monument, qui rend hommage aux 66 655 Canadiens tués au cours de la Première Guerre mondiale.

Le monument repose sur une base de 11 000 t de béton renforcé de centaines de tonnes d'acier. 6 000 t de pierres calcaires ont été importées d'une carrière romaine de l'Adriatique pour ériger les pylônes et les statues sculptées.

À l'avant, la statue d'une femme triste incarne le Canada pleurant ses enfants. Tout en bas, un tombeau est recouvert de branches de laurier, d'un casque et d'une épée. De chaque côté du mur de façade, au bas des marches, apparaissent deux groupes de personnages sculptés : l'un illustre le Brisement du sabre et l'autre la Sympathie pour les victimes. L'enceinte porte les noms de 11 285 Canadiens tués en France sans sépulture connue.

Les deux pylônes — à feuilles d'érable pour le Canada, à fleurs de lys pour la France — symbolisent les sacrifices des deux pays ; au sommet, les statues de la Justice et de la Paix ; au-dessous, la Vérité, la Connaissance, la Vaillance et la Sympathie. Entre les pylônes et à leur base, un soldat mourant tend le flambeau à ses camarades.

Sur la pente de la colline, le réseau de tranchées canadiennes et allemandes a été restauré, ainsi qu'une partie du tunnel Grange, qui mesurait à l'origine 750 m. Le terrain est encore semé de trous d'obus et de cratères de mines.

Au sud, Neuville-St-Vaast fut arraché aux Allemands par la 5ᵉ DI du général Mangin en juin 1915, après huit jours de combats acharnés.

16 avril 1917

# Chemin des Dames
Aisne (02)

Cette petite crête, 200 m d'altitude, 30 km de long sur 8 km de large, est depuis l'Antiquité un point stratégique sur la route du nord de l'Europe. Déjà, César y affrontait les hordes gauloises. Ce chemin tient son nom des filles de Louis XV, Mesdames, qui l'empruntaient pour gagner le château de La Bove, propriété de leur amie et ancienne gouvernante, la duchesse de Narbonne. Ce fut surtout le théâtre de combats très meurtriers au cours de la Première Guerre mondiale. Aujourd'hui encore, témoignage grandeur nature de la folie des hommes, le Chemin des Dames conserve les traces émouvantes du désespoir des poilus.

### L'offensive Nivelle

En 1914, après la bataille de la Marne, les Allemands en retraite s'arrêtent sur cette position défensive qu'ils fortifient en utilisant les carrières, *boves* ou *creuttes*, creusées dans la falaise. Après deux ans de guerre de positions, le général Nivelle, ayant pris le commandement des armées françaises en décembre 1916, cherche la rupture du front sur le Chemin des Dames. Malgré la nature difficile du terrain, il lance l'armée Mangin à l'assaut des positions allemandes, le 16 avril 1917. Les troupes françaises occupent les crêtes dans un premier élan, mais les Allemands s'accrochent sur le versant de l'Ailette. Pilonnages de l'artillerie et participation des premiers chars d'assaut n'y changent rien, l'offensive de Nivelle est un désastre. Son obstination fait perdre la vie à des dizaines de milliers de soldats, durant plusieurs mois d'offensives et de contre-offensives plus absurdes les unes que les autres. Le Chemin des Dames change plusieurs fois de maître jusqu'en novembre 1918, au prix de véritables massacres.

### Le désespoir des Poilus

Durant la Grande Guerre, la crête du Chemin des Dames aurait reçu environ une tonne d'obus au $m^2$. Des pertes terribles et l'échec de l'assaut engendrent une crise morale. Dès la fin du mois d'avril, un climat insurrectionnel gagne une grande partie de l'armée. Près de 40 000 soldats refusent désormais de se battre pour conquérir un lopin de terre en une semaine et le reperdre ensuite. Les généraux Nivelle et Mangin sont limogés. Le général Pétain prend le commandement et mate ces tentatives de révolte. Des dizaines de soldats sont condamnés, plusieurs exécutés. Des voix s'élèvent aujourd'hui pour accorder le pardon à ces « mutins », soldats désespérés par l'horreur des combats. Après trois ans d'acharnement, les Alliés gagnèrent 8 km sur les troupes allemandes.

### Carrefour du moulin de Laffaux

Sur cette butte (169 m), qui marque l'extrémité ouest des hauteurs du Chemin des Dames, se dresse le monument aux morts des Crapouillots. Le moulin de Laffaux s'élevait autrefois à cet emplacement.

### Fort de la Malmaison

Fortifications du début du 20ᵉ s. Enlevé par les coloniaux de la 38ᵉ DI sur la garde prussienne en 1917. Au cimetière, tombes allemandes (1939-1945).

### Cerny-en-Laonnois

Près du carrefour de la D 967, le mémorial du Chemin des Dames, la chapelle et le cimetière militaire français jouxtent un cimetière allemand. La lanterne des morts a été édifiée de manière à être vue depuis les cathédrales de Soissons, Laon et Reims.

### Caverne du Dragon

Surnommée ainsi par les Allemands, cette galerie fut creusée au Moyen Âge par les carriers pour extraire la pierre qui servit à bâtir l'abbaye de Vauclair. En 1915, les unités allemandes la transforment en caserne, avec postes de tir et de commandement. Progressivement, la vie s'organise et la caverne devient une véritable ville souterraine avec son hôpital, son cimetière, sa chapelle et ses kilomètres de couloirs. Elle change plusieurs fois de propriétaire entre 1915 et 1918, toujours au prix de combats sanglants. Français et Allemands cohabitent même à quelques mètres les uns des autres, de juillet à novembre 1917. Les derniers soldats germaniques fuient en octobre 1918. Convertie en musée du Souvenir, la caverne retrace la vie des soldats à travers des mises en scène efficaces, des objets, des visuels, une galerie des uniformes et des armements, une reconstitution de tranchées, une salle consacrée à l'artisanat de tranchée *(1 km de circuit)*. Un film et une maquette animée présentent les épisodes marquants du conflit et l'importance stratégique du site.

Panorama sur la vallée de l'Aisne, avec deux tables d'orientation.

## Monument des « Marie-Louise »

En mars 1814, la ferme d'Hurtebise fut l'enjeu de la bataille de Craonne, que Napoléon, venu de Corbeny, remporta sur Blücher. Face à la ferme, ce mémorial associe les jeunes fantassins de l'Empereur, appelés les « Marie-Louise », aux Poilus de la Grande Guerre.

## Monument des Basques

Cent ans après Craonne (1814), la ferme d'Hurtebise fut à nouveau l'objet de furieux combats, où s'illustrèrent les Basques de la 36ᵉ DI. Monument commémoratif.

## Plateau de Californie

À partir du parking, promenade pédestre en lisière de forêt *(45 mn)* jalonnée de panneaux illustrant la vie du soldat. Figés dans le bronze, les visages des poilus rejaillissent « de la terre à la lumière », enchevêtrés dans une structure qui évoque un amas de fils barbelés. Une étrange sculpture de Haïm Kern évoque la dureté des combats. Vue sur la vallée.

## Arboretum de Craonne

Là où l'on rejoint la D 18, un arboretum a remplacé le vieux village de Craonne, qui a été reconstruit en contrebas. Le terrain, ravagé par les obus, exprime l'âpreté des combats qui s'y livrèrent.

Avant l'arrivée à Berry-au-Bac, à l'intersection de la N 44 et de la D 925, monument des Chars d'assaut.

*La chanson de Craonne*
*Adieu la vie, adieu l'amour,*
*Adieu toutes les femmes.*
*C'est bien fini, c'est pour toujours,*
*De cette guerre infâme.*
*C'est à Craonne, sur le plateau,*
*Qu'on doit laisser sa peau*

> *Car nous sommes tous condamnés,*
> *C'est nous les sacrifiés.*

Chanson anonyme de 1917

**Mars-avril 1918 :**

Dernières offensives allemandes.

## Villers-Bretonneux
Somme (80)

### Mémorial australien

Lors de l'offensive allemande de Picardie, en 1918, Allemands et Australiens se disputèrent les collines de Villers-Bretonneux. Mémorial et cimetière militaire rappellent le sacrifice de 10 000 Australiens. Vue étendue sur la Somme et Amiens.

**26 mars 1918**

## Doullens
Somme (80)

Fin mars 1918... L'offensive de Ludendorff vers la mer menace de faire sauter la charnière entre les armées française et anglaise. Des problèmes de commandement aggravent la situation. Les premiers succès allemands provoquent une crise militaire interalliée. Le 26 mars, à l'hôtel de ville de Doullens, une conférence réunit, dans la salle du Conseil, lord Milner, le maréchal Douglas Haig et le général Wilson d'une part, Poincaré, Clemenceau, Foch et Pétain d'autre part. Au cours des débats, Douglas Haig déclare : « Si le général Foch consentait à me donner ses avis, je les écouterais bien volontiers. » Le principe du commandement unique est adopté, y compris pour les forces américaines, alors que le général Pershing s'y était toujours opposé auparavant ; Foch conduit les armées alliées à la victoire.

Juin 1918

## Bois-Belleau

Aisne (02)

Au sud du village, le bois fut occupé par les Allemands le 2 juin 1918 et reconquis le 25 juin par la brigade américaine Harbord. Le 18 juillet, il servit de plate-forme de départ aux troupes américaines qui participèrent à la bataille de France. En souvenir des combats, le nom de Bois-Belleau fut donné à un porte-avions que les Américains cédèrent à la France en 1953.

Dans le grand cimetière américain reposent 2 280 soldats dont 250 inconnus. Une chapelle commémorative en forme de tour romane découronnée a été bâtie dès 1918 : on y retrouve les noms des disparus. Le cimetière allemand se trouve à 500 m au-delà du cimetière américain.

*Revenir au carrefour du cimetière américain et tourner à droite dans la petite route signalée « Belleau Wood », puis 400 m plus loin encore à droite.*

On atteint, dans ce bois si disputé, le monument des Marines autour duquel des canons et obusiers ont été disposés en guise de mémorial.

Juillet 1918 :

Contre-offensive alliée.

## Fère-en-Tardenois
Aisne (02)

Fère fut très disputé en 1918 au cours de la seconde bataille de la Marne : le grand cimetière américain en témoigne.

### Cimetière américain Oise-Aisne

Parmi les cimetières américains de la Première Guerre mondiale en Europe, c'est le deuxième par son importance (plus de 6 000 tombes). Il marque l'un des terrains les plus disputés lors de la grande offensive franco-américaine de juillet 1918. La 42ᵉ division « Rainbow » (arc-en-ciel), qui progressait de l'Ourcq vers la Vesle, y refoula, au cours d'une semaine sanglante (28 juillet-3 août), des troupes d'élite allemandes, notamment la 4ᵉ division de la garde prussienne. La colonnade du mémorial est calée sur deux piles abritant une chapelle et un musée.

*À gauche.*

### Monument de la butte de Chalmont

Au flanc de cette butte, dominant toute la plaine du Tardenois, s'élève un monument en granit, en deux parties, dû au ciseau de Landowski. Il fut érigé en 1934 pour commémorer la seconde bataille de la Marne.

Au premier plan, en bordure de la route reliant Beugneux à Wallée, une statue de femme, haute de 8 m, symbolise la France tournée vers l'est. Par quatre paliers successifs, figurant les quatre années de guerre, on atteint, à environ 200 m, le groupe *Les Fantômes*. Il représente 8 soldats de différentes armes, les yeux clos, sur deux rangées. Sur la première rangée, on reconnaît la jeune recrue, le sapeur, le mitrailleur, le grenadier. Sur la seconde, le colonial, le spectre de la Mort, le fantassin, l'aviateur. Ce sobre monument impressionne par sa puissance et son site solitaire.

8-11 novembre 1918

# Forêt de Compiègne, Compiègne

Oise (60)

L'entrevue historique

— À qui ai-je l'honneur de parler ? demande Foch.

— Aux plénipotentiaires envoyés par le gouverne-ment germanique, répond Erzberger, chef de la mis-sion.

Il tend au commandant en chef les lettres de cré-dit de la délégation. Foch se retire pour les examiner puis revient et questionne :

— Quel est l'objet de votre visite ?

— Nous venons recevoir les propositions des puissances alliées pour arriver à un armistice sur terre, sur mer et dans les airs, répond Erzberger.

— Je n'ai pas de propositions à faire, réplique Foch.

Oberndorff, le diplomate, intervient :

— Si monsieur le Maréchal le préfère, nous pour-rons dire que nous venons demander les conditions auxquelles les Alliés consentiraient un armistice.

— Je n'ai pas de conditions !

Erzberger lit alors le texte de la note du président Wilson disant que le maréchal Foch est autorisé à faire connaître les conditions de l'armistice.

— Demandez-vous l'armistice ? reprend alors le maréchal. Si vous le demandez, je puis vous faire connaître à quelles conditions il pourrait être obtenu.

Oberndorff et Erzberger déclarent qu'ils demandent l'armistice.

## Clairière de l'Armistice

Cette clairière est aménagée sur l'épi de voies, construit pour l'évolution de pièces d'artillerie de gros calibre, qu'empruntèrent le train du maréchal Foch, commandant en chef des forces alliées, et celui des plénipotentiaires allemands. Les voies étaient greffées sur la ligne Compiègne-Soissons à partir de la gare de Rethondes. Des rails et des dalles marquent l'emplacement des rames. En 1918, l'endroit n'était pas clairsemé comme aujourd'hui, repérage de l'ennemi oblige, mais plutôt constitué d'une haute futaie.

Le train particulier du maréchal Foch arrive le 7 novembre 1918, et celui des négociateurs allemands, partis de Tergnier, le lendemain matin. À 9 heures, ils sont reçus dans le wagon-bureau de Foch. Les Allemands prennent place. Le général Weygand, chef d'état-major, va chercher le maréchal, qui arrive et salue. Weygand donne alors lecture des conditions, une heure durant. Tous l'écoutent sans mot dire…

Trois jours sont accordés pour l'examen des propositions. Le général von Winterfeldt, le seul militaire de la délégation allemande, sollicite une suspension des hostilités pendant le délai consacré à l'étude du projet d'armistice. Foch la refuse. Le 10 au soir, un message radiophonique allemand autorise les plénipotentiaires à signer l'armistice. Vers 2 heures du matin, les Allemands reprennent place dans le wagon. À 5 h 15, la convention est signée ; elle prend effet à 11 heures.

## Wagon du maréchal Foch

En 1921, le wagon fut exposé dans la cour de l'hôtel des Invalides à Paris. En 1927, on l'installe à Compiègne, dans un abri construit dans la clairière. Transporté à Berlin comme trophée en 1940, il est détruit en forêt de Thuringe, en avril 1945 et remplacé, en 1950, par... une voiture d'une série voisine.

L'intérieur est reconstitué comme en 1918 : emplacement des plénipotentiaires, objets utilisés par les délégués... Une salle est consacrée aux deux armistices : cartes du front, photos, journaux. Quelques stéréoscopes montrent en trois dimensions de saisissants clichés de la Grande Guerre.

## 1919 :

## Les traités de Versailles et de Sèvres.

Les traités de Versailles et de Sèvres furent l'acte final de la Grande Guerre, avant de poser les jalons de futurs conflits, malgré l'affirmation que 14-18 devait être la « der des ders ». Versailles consacra la fin de l'Allemagne wilhelmienne et Sèvres fut l'une des dernières étapes du démembrement de l'Empire ottoman.

Les délégations internationales, nombreuses, furent rassemblées dans la Galerie des Glaces, et c'est dans ce même lieu que fut signé le traité le 28 juin 1919. Pour Sèvres, c'est dans l'actuel musée de la porcelaine, précisément dans la salle du Traité, que fut signé le document le 10 août 1920. Mais les représentants turcs furent désavoués, n'étant pas envoyés par Mustapha Kemal.

25-30 décembre 1920 :

Le congrès de Tours.

Fait majeur de l'histoire de la gauche en France, le congrès de Tours aboutit à une scission d'une partie des délégués de la SFIO (Section française de l'Internationale ouvrière), pour créer la SFIC, Section française de l'Internationale communiste, bientôt Parti communiste français. Le congrès eut lieu dans la salle du Manège, aujourd'hui disparue. Mais après le célèbre discours de Blum sur la « querelle de famille » et la « vieille maison », les délégués de la SFIO, en minorité au congrès, s'installèrent dans le temple des francs-maçons tourangeaux, le temple des Démophiles, rue Courteline.

21 mai 1927 :

Lindbergh traverse l'Atlantique.

## Musée de l'air et de l'espace du Bourget
Seine-St-Denis (93)

Créé en 1914 à des fins militaires, le champ d'aviation du Bourget fut ensuite, jusqu'à la Seconde Guerre mondiale, le premier aéroport commercial de Paris, point de départ et d'arrivée de raids mythiques. Parmi ces raids mythiques, l'un des plus retentissants est sans conteste celui de Charles Lindbergh, qui est le premier à franchir l'Atlantique sans escale à bord de son célèbre *Spirit of St-Louis*. L'événement eut un retentissement considérable à l'époque et une foule de 200 000 enthousiastes porta en triomphe l'aviateur américain vers l'aérogare, aujourd'hui transformée en Musée de l'air et de l'espace. L'histoire aurait pu être différente : deux semaines auparavant, deux pilotes vétérans de la Grande Guerre, Charles Nungesser et François Coli décollèrent du Bourget pour joindre New York. On les vit pour la dernière fois aux abords de Terre-Neuve.

Le Bourget fut, une nouvelle fois, la scène de réjouissances populaires. Le 30 septembre 1938, un avion d'Air France ramène le président du Conseil Daladier, qui vient de signer les accords de Munich, abandonnant les Sudètes tchécoslovaques à l'Allema-

gne nazie, contre une simple promesse d'Hitler de
mettre fin à son expansionnisme européen. D'après
le diplomate Alexis Léger, dit Saint-John Perse,
Daladier aurait dans un premier temps refuser de
sortir de l'avion, à la vue de la foule, persuadé
qu'elle était venue pour lui faire un mauvais sort. Il
est stupéfait de constater que, tout au contraire, elle
l'acclame pour avoir sauvé la paix. En route pour
rendre compte au président de la République, il
aurait murmuré : « Ah ! Les cons… »

6 mai 1932 :

Assassinat de Paul Doumer.

## Paris

Le président de la République Paul Doumer rend
visite à l'Association des écrivains combattants à
l'hôtel Salomon de Rothschild, rue Berryer. Un
émigré russe, Paul Gorgulov, tire à trois reprises sur
lui, avant d'être maîtrisé. Doumer est emmené agonisant, il décédera le soir même. Les causes de
l'assassinat sont peu claires : pour les uns, Gorgulov
est le bras armé d'un complot rouge, pour les autres
d'une machination blanche, enfin l'hypothèse d'un
crime brun est évoquée. Le procès de Gorgulov
réfute la thèse du complot, et écarte la démence :
l'assassin de Doumer est reconnu coupable et guillotiné le 14 septembre 1932.

**29 octobre 1932 :**

Lancement du *Normandie*.

## St-Nazaire
Loire-Atlantique (44)

La construction du paquebot *Normandie* commence dans les chantiers de Penhoët, qui ont dû être modifiés pour la circonstance, le 26 janvier 1931. Le paquebot est le fruit de la collaboration de la Compagnie générale transatlantique et de l'État, qui tente de soutenir les emplois menacés depuis la crise de 1929. Le lancement a lieu en présence du président de la République Albert Lebrun, mais la première croisière transatlantique n'a lieu que le 29 mai 1935 depuis Le Havre. Dès son premier voyage, le *Normandie* bat le record de la traversée de l'Atlantique, remportant le prestigieux ruban bleu, une première pour la France. Le paquebot devient la vitrine de prestige de l'industrie française.

**6 février 1934 :**

## Palais-Bourbon, place de la Concorde, Paris

### *Les émeutes du 6 février 1934*

Le 6 février 1934, le Palais-Bourbon est transformé en poste de secours, quand dehors, ligues et forces de l'ordre s'affrontent violemment. À l'origine de ces combats, l'affaire Stavisky a déchaîné les passions, dans un climat d'antiparlementarisme violent et de montée de la xénophobie. Stavisky est un escroc, mis en cause dans une affaire de corruption qui implique des hommes politiques. Il est retrouvé mort dans des conditions suspectes. Le préfet de police de Paris, soupçonné d'avoir bloqué les procédures judiciaires, est limogé. Les ligues d'extrême droite et les anciens combattants appellent alors à manifester le jour de l'investiture d'Édouard Daladier — responsable du limogeage du préfet — à l'Opéra, à l'Hôtel de Ville, et surtout sur la place de la Concorde, face au Palais-Bourbon. Malgré le refus des Croix-de-Feu d'envahir ce dernier, la situation dégénère entre les manifestants et la police et les combats font 16 morts.

14 juillet 1935 :

À l'origine du Front populaire.

## Paris

En réaction aux émeutes du 6 février, la gauche française se mobilise de plus en plus. De nombreux militants et syndicalistes réclament l'unité des radicaux, socialistes et communistes pour faire face à ce qui est perçu comme une menace fasciste française. À l'initiative du Comité de lutte contre la guerre et le fascisme, ou Comité Amsterdam Pleyel, principalement d'obédience communiste, une grande manifestation est organisée entre la place de la Bastille et la place de la Nation, 2 lieux symbolisant la force du peuple et le patriotisme. Le parti radical, la SFIO, le PCF, la Ligue des droits de l'homme, des syndicats et de nombreuses associations antifascistes y participent. À l'issue de cette journée, l'idée d'un programme commun pour les élections législatives de 1936 se fait jour avec la création d'un Comité national pour le rassemblement populaire.

## 7 juin 1936

## Hôtel Matignon, Paris

Certainement le plus célèbre des beaux hôtels du faubourg St-Germain. Édifié en 1722 par Courtonne, il fut la propriété de Talleyrand de 1808 à 1811, dont les réceptions hebdomadaires étaient retentissantes par leur luxe, puis de la princesse Bathilde d'Orléans, sœur de Philippe Égalité. Il fut ambassade de l'Autriche-Hongrie de 1884 à 1914. Racheté par le gouvernement français, l'hôtel Matignon fut à partir de 1935 le siège de la présidence du Conseil et depuis 1958 la résidence du Premier ministre qui « dirige l'action du gouvernement... et assure l'exécution des lois ».

C'est dans ce bâtiment que sont conclus les accords de Matignon, le 7 juin 1936, sous l'égide de Léon Blum, entre la Confédération générale du travail et la Confédération générale de la production. Ils permettent la fin des grèves initiées en mai 1936 et statuent notamment sur une augmentation des salaires, sur l'établissement de contrats collectifs de travail et enfin sur l'élection de délégués ouvriers par leurs pairs dans les entreprises. S'ensuivent plusieurs lois sociales clés du Front populaire : congés payés et semaine de quarante heures.

16 juin 1936 :

Suicide de Roger Salengro.

# Lille
Nord (59)

Victime d'une campagne de calomnie relayée par des journaux comme *Action française* ou *Gringoire*, qui l'accusent d'avoir déserté pendant la Grande Guerre, le ministre de l'Intérieur Roger Salengro a beau recevoir le soutien de la Chambre et produire des preuves de sa capture par les Allemands en 1915, il reste impuissant face au soupçon persistant de l'opinion publique. Revenant chez lui au 16 boulevard Carnot, Salengro, très déprimé, se suicide par le gaz après avoir écrit une lettre à son frère et une autre à Léon Blum. Son suicide sera à l'origine d'une loi de décembre 1936, aggravant la peine prévue pour diffamation par voie de presse.

1939-juin 1940 :

De la « drôle de guerre »
à l'effondrement de la France.

## Ligne Maginot
Meuse (55), Meurthe-et-Moselle (54),
Moselle (57), Bas-Rhin (67)

La stratégie française à la veille de l'entrée en
guerre est surtout de nature défensive et repose sur
une ligne puissamment fortifiée, la ligne Maginot.
Les travaux débutent en 1930. En moins de dix ans,
58 ouvrages sont édifiés sur la frontière du Nord et
du Nord-Est dont 22 gros ouvrages, 50 dans les
Alpes, dispositif complété par 410 casemates et abris
pour l'infanterie. 152 tourelles à éclipse, 1 536 clo-
ches fixes hérissent les superstructures en béton
armé, les « dessus » qui seuls s'exposent au regard. À
cela s'ajoutent 339 pièces d'artillerie et plus de
100 km de galeries souterraines. Mais pour des raisons budgétaires et diplomatiques (ne pas froisser la
Belgique), la ligne s'arrête devant le massif des
Ardennes au lieu d'être prolongée jusqu'à la mer du
Nord. En 1940, l'armée allemande contourne la
ligne Maginot et attaquera certains de ses ouvrages
par-derrière. Une partie des fortifications est toujours
visible à Villy-la-Ferté, Fermont, Guentrange, Dam-
bach-Neunhoffen, Schoenenbourg, Hatten, au Zeiter-
holz, au Galgenberg…

## La percée allemande

Le 10 mai 1940, la Wehrmacht lance une double offensive : une en Belgique, qui est un leurre pour fixer les meilleures unités alliées et une autre dans les Ardennes, qui doit ouvrir une brèche dans l'armée française et créer un sentiment de panique. L'attaque a lieu à Monthermé sur la Meuse. La stratégie allemande s'avère payante, les Français sont débordés autour de Sedan malgré des combats très violents comme à Stonne. Les forces allemandes, dirigées par Guderian, ne foncent pas sur Paris, mais remontent vers Abbeville. La contre-offensive limitée du colonel de Gaulle, près de Montcornet, dans l'Aisne, ne change rien à la situation. Les Alliés sont enfermés dans la poche de Dunkerque. Le nouveau Premier ministre britannique, Winston Churchill, déclenche l'« opération Dynamo », le rembarquement du corps expéditionnaire anglais, ainsi que les troupes françaises présentes. L'évacuation se fait à partir de la jetée du port de Dunkerque et des plages de Malo-les-Bains, Bray-Dunes ou Zuydcoote.

Après la chute de Paris, le 14 juin, la victoire allemande n'est plus contestable. La dernière bataille ressemble plus à un combat pour l'honneur qu'à une tentative de renverser le sort des armes : du 18 au 20 juin 1940, 800 officiers élèves de l'École d'application de l'arme blindée cavalerie de Saumur, sous le commandement du général Pichon, résistèrent vaillamment entre Gennes et Montsoreau à l'avance des forces allemandes. Leur courage et leur résistance obstinée avec de piètres moyens forcèrent l'admiration des adversaires, qui baptisèrent ces jeunes braves les « cadets de Saumur », bien que ce terme ne soit pas employé à l'EAABC. Si les ponts, que les élèves officiers de Saumur devaient défendre, ont sauté, l'île de Gennes fut un point d'appui de la défense française.

**21 juin 1940 :**

Armistice.

## Compiègne
Oise (60)

### Forêt de Compiègne

*Clairière de l'Armistice*

Le 14 juin 1940, l'armée allemande entre dans Paris. La clairière est le théâtre d'un nouvel armistice, celui du 21 juin, triste parodie du précédent. Hitler reçoit la délégation française dans le même wagon, replacé dans sa position de 1918. Les représentants du haut commandement allemand transmettent à leurs interlocuteurs le document arrêté par le vainqueur de la bataille. La convention d'armistice est signée le 22 juin.

2 juillet 1940

# Vichy
Allier (03)

*Le Gouvernement de Vichy*

Des premiers jours de juillet 1940 au 20 août 1944, Vichy fut le siège de l'État français. Bien reliée à Paris par le Thermal Express et des moyens de télécommunications modernes, disposant d'une importante capacité d'hébergement et située à peu de distance de la ligne de démarcation qu'on franchissait à Moulins, la ville fut choisie, plutôt que Clermont-Ferrand, Marseille ou Toulouse, comme base de repli par les pouvoirs publics signataires, au nom de la France, de l'armistice avec l'Allemagne et l'Italie. C'est au Grand Casino-théâtre que les Assemblées réunies votèrent, le 10 juillet 1940, l'attribution des pleins pouvoirs au maréchal Pétain. Ce dernier présidait habituellement le conseil des ministres au pavillon Sévigné, tandis que l'hôtel du Parc accueillait la majorité des membres du gouvernement et de la haute administration, le Thermal (aujourd'hui Aletti Palace), le ministère de la Guerre, et que les diplomates étrangers étaient regroupés aux Ambassadeurs. C'est à Vichy que fut signée, le 3 octobre 1940, la loi portant sur le statut des juifs. Elle leur interdit l'accès à la fonction publique, mais aussi au cinéma, à la radio, à la culture…

La politique de Vichy glissera de plus en plus loin

dans la politique de collaboration. Le 30 janvier 1943, le ministère de la Guerre, installé dans l'hôtel Thermal, décrète la création de la Milice, une force paramilitaire, qui va seconder la Gestapo, la SS et les forces d'occupation dans la traque des résistants et des Juifs. 15 jours plus tard, Laval, depuis l'hôtel du Parc, institue le STO (Service du travail obligatoire).

Une police omniprésente, un climat oppressant, la torpeur et l'austérité caractérisaient le Vichy de ces heures graves. Le 20 août 1944, les derniers dignitaires du régime déchu demeurés sur place furent emmenés par les Allemands en repli. Six jours plus tard, salués par une marée de drapeaux tricolores, les FFI faisaient leur entrée dans la ville.

24 octobre 1940

# Montoire-sur-le-Loir
Loir-et-Cher (41)

### L'entrevue de Montoire

Mi-octobre 1940, des convois de soldats allemands firent irruption dans la région et des batteries anti-aériennes se postèrent sur les collines. Des patrouilles perquisitionnèrent chez les Montoiriens et installèrent des chevaux de frise sur les routes. L'électricité et le téléphone furent coupés, des cheminots allemands remplacèrent les employés de la SNCF, les habitants des maisons bordant la voie ferrée reçurent l'ordre de fermer leurs volets et de ne plus sortir. Une escadrille de Messerschmitt effraya le bétail dans les champs, deux trains blindés hérissés de canons sillonnèrent la ligne de Vendôme à Tours, Bordeaux, Hendaye.

Le 22 octobre, Hitler reçut Pierre Laval en gare de Montoire ; en cas d'alerte, son train pouvait gagner le tunnel tout proche de St-Rimay. Le surlendemain (24) se déroula la fameuse entrevue entre le Führer et le maréchal Pétain, au cours de laquelle le mot allemand *zusammenarbeit* (travail en commun) fut traduit par le mot « collaboration », de sombre mémoire.

21 avril 1941

## Schirmeck
Bas-Rhin (67)

### Le Struthof

Au cours de la dernière guerre, les nazis créèrent à Natzwiller en avril 1941 un important camp de concentration qui reçut des convois de prisonniers allemands et autrichiens, ainsi que, à partir de 1943, des prisonniers de toute l'Europe classés NN (du décret *Nacht und Nebel* visant à l'extermination des résistants), voués à une mort rapide. Sur les dizaines de milliers de personnes qui y furent déportées, 10 000 à 12 000 y sont mortes.

Le Centre européen du résistant déporté a été inauguré à l'occasion du 60ᵉ anniversaire de la libération des camps nazis. Construit aux abords du Struthof, il est une bonne introduction à la visite du site et du musée. Le bâtiment, appelé *Kartoffelkeller* (cave à pommes de terre) par les nazis, a été construit par les déportés du camp du Struthof. Une exposition y décrit le contexte historique de la Seconde Guerre mondiale et, au rez-de-chaussée, 14 camps de déportation et de concentration sont présentés sur des bornes interactives et autour d'un objet quotidien des déportés.

Rejoignez ensuite le camp où subsistent la double enceinte de fils de fer barbelés, la grande porte d'entrée, le four crématoire, les cellules des déportés punis et deux baraques (un dortoir et la cuisine) transformées en musée.

La nécropole, aménagée au-dessus du camp, abrite les restes de 1 120 personnes. Devant elle se dresse le mémorial, sorte d'immense colonne évidée, portant gravée à l'intérieur une silhouette géante. Le socle renferme le corps d'un déporté inconnu français. À 1,5 km du camp en direction de Rothau, la chambre à gaz qui a servi à gazer 86 Juifs en vue d'expériences « scientifiques » est ouverte au public.

Août 1941

# Drancy
Seine-St-Denis (93)

## Mémorial de la Déportation

Premier grand ensemble de ce type, dont la construction démarra en 1930, la cité de la Muette est aujourd'hui la propriété de l'Office des HLM, classée monument historique depuis 2001 pour son intérêt architectural. Si la cité a depuis fort longtemps retrouvé sa vocation initiale de logements à loyer modéré, elle fut au cours de la Seconde Guerre mondiale le théâtre d'un douloureux épisode. En 1940, ses bâtiments en forme de U n'étaient pas encore achevés que les Allemands décidèrent d'y installer barbelés et miradors et d'y regrouper des détenus en partance pour l'Allemagne, plus particulièrement des Juifs à la suite de la « rafle du 11ᵉ arrondissement », le 20 août 1941. Le 27 mars 1942, un premier convoi part à destination des camps d'extermination. Un wagon de marchandises solitaire rappelle les 67 convois partis de Drancy.

Un monument de granit sculpté par Shélomo Selinger (1976) honore la mémoire des quelque 76 000 Juifs internés de 1941 à 1944 dans le camp de Drancy. Au n° 8, une plaque rappelle la détention et la mort du poète Max Jacob à Drancy.

Dans la cité de la Muette, deux associations se partagent aujourd'hui le devoir de mémoire dans de modestes lieux d'exposition : témoignages d'anciens déportés auprès de groupes scolaires, panneaux de reproductions photographiques retraçant l'histoire du camp de Drancy et les événements depuis les origines de la communauté juive en France jusqu'aux camps d'extermination.

**21 août 1941 :**

Le colonel Fabien.

## Paris

Pour la première fois en France, un officier allemand, l'aspirant de marine Moser est exécuté sur un quai du métro Barbès-Rochechouart par un résistant communiste, Fabien. Cette action va diviser la résistance : à Londres, ce type d'action n'est pas jugée opportune, par crainte de représailles, qui peuvent provoquer un mouvement d'opinion opposé à la Résistance. À l'inverse, les communistes jugent ces attentats utiles pour générer un sentiment d'insécurité dans les forces d'occupation.

22 octobre 1941

## Châteaubriant
Loire-Atlantique (44)

### La Sablière

Aux portes de la ville, sur la route de Pouancé, à la carrière des Fusillés, le monument du Souvenir rappelle que 27 otages ont été tués par les Allemands, le 22 octobre 1941. Ils furent passés par les armes en représailles de l'attentat qui tua, le 20 octobre 1941, le feld-kommandant de la place de Nantes. D'autres otages tombèrent à Nantes, ainsi qu'au mont Valérien, à l'ouest de Paris. Au pied du monument, 185 alvéoles renferment de la terre venue de tous les hauts lieux de la Résistance.

15 novembre 1941

## Fort du Portalet
Pyrénées-Atlantiques (64)

Verrouillant depuis le début du 19ᵉ s. l'un des passages les plus encaissés de la vallée, le fort est entré dans l'histoire comme lieu de détention de personnalités entre 1941 et 1945, notamment, à la fin de l'année 1941, Louis Mandel et Paul Reynaud (ancien président du Conseil), hommes politiques français, tous deux opposants à l'armistice.

**1ᵉʳ janvier 1942**

Provence.

Dans la première nuit de l'année 1942, un homme saute en parachute dans le massif des Alpilles : c'est Jean Moulin, qui revient de Londres avec la mission d'unifier la Résistance française sous l'autorité du général de Gaulle.

**19 février 1942**

## Riom
Puy-de-Dôme (63)

En février 1942 s'ouvre le « procès de Riom », devant la Cour suprême de justice, installée au palais de justice, boulevard Chancelier-de-L'Hospital. Y sont inculpées les personnalités tenues pour responsables de la défaite française de 1940, dont Léon Blum et Édouard Daladier. Mais le procès met en cause les dirigeants du régime de Vichy ; il est suspendu le 11 avril pour « supplément d'enquête » et ne reprendra jamais.

20 février 1942 :

Éditions de Minuit

# Paris

*Le Silence de la mer* est probablement le plus célèbre roman issu de la Résistance. Personne ne savait qui se cachait derrière le pseudonyme de Vercors, Jean Bruller n'étant pas connu avant guerre. Les Éditions de Minuit, créées pour l'occasion, imprimèrent ce roman dans une presse clandestine située dans un immeuble du boulevard de l'Hôpital en face de la Pitié-Salpêtrière.

19 août 1942

# Dieppe
Seine-Maritime (76)

*Le raid des Canadiens (1942)*

19 août, à l'aube, 7 000 soldats, en majorité canadiens, débarquent en 8 points de la côte, entre Berneval et Ste-Marguerite. Ce matin-là, Dieppe est l'objectif principal de l'opération « Jubilee », première reconnaissance en force des Alliés sur le continent depuis juin 1940. Lors de cette « répétition » miniature du « vrai » débarquement, une seule batterie adverse sera réduite, près du phare d'Ailly. Les chars « Churchill », évoluant péniblement sur la plage

de Dieppe, soumis à un tir d'artillerie intense, doivent se sacrifier pour couvrir le rembarquement. Un bon nombre des survivants canadiens de l'opération « Jubilee » participeront, deux ans plus tard, à la libération de Dieppe. De ce raid, les Alliés tirent des leçons utiles : les défenses allemandes sont soignées près des ports, et les faibles pertes navales alliées indiquent la possibilité d'opérations amphibies de grande envergure. De son côté, l'adversaire conclut que tout débarquement allié visera en priorité les ports.

11 novembre 1942

## Toulon
Var (83)

*Le sabordage de la marine française*

Le 27 novembre 1942, la flotte française, bloquée dans le port de Toulon par son commandement, choisit de se saborder pour ne pas tomber aux mains de l'armée allemande en train d'envahir la « zone libre ». 75 bâtiments, privés par le gouvernement de Vichy des moyens d'appareiller, se sabordent. Parmi les rescapés, plusieurs sous-marins dont le *Casabianca*, qui assurera la liaison entre les Forces françaises libres et la Corse. Les épaves demeureront sur place pendant le restant du conflit. À la Libération, le nettoyage de la rade prendra dix années, au cours desquelles seront enlevées près de 400 000 tonnes de ferraille.

27 mai 1943 :

La résistance unifiée.

## Paris

Après de longues tractations, Jean Moulin parvient à unifier les grands mouvements de résistance sous l'autorité du général de Gaulle : le Conseil national de la Résistance est né. Sa première réunion a lieu au 48 rue du Four (6ᵉ arrondissement) dans l'appartement de René Corbin. Au cours de cette réunion, de Gaulle est confirmé comme chef de la Résistance ; c'est un moment clé dans le conflit politique qui oppose le chef de la France libre au général Giraud, préféré par les Américains, qui se méfient de De Gaulle.

21 juin 1943 :

Arrestation de Jean Moulin.

## Caluire

Les circonstances de l'arrestation de Jean Moulin sont encore obscures, même si les faits sont connus. Jean Moulin est arrêté dans la salle d'attente du docteur Dugoujon, à Caluire, place Gouhailhardou près de Lyon, il est interrogé au fort de Montluc à Lyon par Klaus Barbie avant d'être transféré dans les bureaux de la Gestapo à Paris au 84 avenue Foch. Dans ces mêmes bureaux, un autre grand résistant, Pierre Brossolette, se suicidera pour ne pas parler sous la torture le 22 mars 1944.

**31 janvier-27 mars 1944**

## Thorens-Glières
Haute-Savoie (74)

### Le plateau des Glières

La vaste combe d'alpages du plateau des Glières, à l'origine de la vallée de la Fillière, s'étend entre 1 300 et 1 800 m d'altitude. Il avait paru, aux chefs de la Résistance en Haute-Savoie, comme éminemment propre à l'organisation d'un camp retranché. Mis en défense par le lieutenant Morel (« Tom »), ancien instructeur à St-Cyr, le plateau subit, en février 1944, les assauts infructueux des forces de sécurité du régime de Vichy contre les « terroristes ». Au cours d'un coup de main, à Entremont, « Tom » trouve la mort. Le capitaine Anjot (« Bayard ») accepte alors le commandement. La Milice attaque ensuite, mais en vain. Le 26 mars 1944, les Allemands interviennent avec des forces mobilisant plus de 10 000 hommes et un matériel considérable. Les assiégés (465 hommes) se défendent avec acharnement mais, le 26, commence l'héroïque retraite à travers les lignes ennemies. Du côté des résistants, près de 250 morts (dont Anjot) ou prisonniers. Une féroce répression s'ensuit, dans les villes et villages alentour.

La Résistance, loin d'être abattue, ne fait que

grandir. Elle reprend possession du plateau et s'organise quelques mois plus tard. Ainsi le 27ᵉ BCA, dissous fin 1942, est reconstitué par le bataillon des Glières. Les combattants des Glières purent alors, avec l'aide des maquis voisins, libérer le département de Haute-Savoie le 19 août 1944 avant l'arrivée des forces alliées.

Au col des Glières (alt. 1 440 m), où se termine la route carrossable, un panneau donne le schéma des opérations militaires de 1944.

Un monument commémoratif, dû au sculpteur Émile Gilioli, a été érigé en 1973, en contrebas à droite. Il symbolise un V de la victoire dont une des branches est tronquée, tandis que le disque figure l'espoir et la vie retrouvés. L'intérieur est aménagé en chapelle.

C'est dans la nécropole nationale des Glières que reposent la plupart des résistants tués sur le plateau.

## Maquis des Glières

Le sentier « Maquis des Glières » *(2 heures)* est un itinéraire balisé de découverte sur les sites des combats. Il propose un aperçu des événements et de la vie quotidienne des résistants sur le plateau. Si vous venez de Thorens-Glières, départ au bout du parking près du chalet des Rescapés. Si vous venez du Petit-Bornand, panneau de départ au bout du parking.

## Thônes
Haute-Savoie (74)

### Nécropole nationale des Glières

Elle réunit 105 tombes de résistants, principalement des combattants du plateau des Glières.

Un musée de la Résistance en Haute-Savoie (Morette) a été aménagé, à droite du cimetière, dans un chalet d'alpage de 1794, remonté ici et typique des chalets qui abritaient les maquisards. Y sont retracées les étapes successives des combats du plateau des Glières. Un mémorial apporte un bouleversant témoignage sur la déportation.

21 février 1944 :

Exécution de Manouchian.

## Fort du mont Valérien

L'exécution de Missak Manouchian n'est pas en soi un événement exceptionnel en ce début de 1944 : 165 résistants et otages juifs ont été fusillés au mont Valérien comme le rappelle le bosquet de la Liberté dans le fort. Mais la mort du jeune résistant d'origine arménienne va connaître un extraordinaire retentissement avec l'« affiche rouge » placardée par les occupants, qui cherchaient à épouvanter les Français en assimilant les résistants à des terroristes apatrides, mais dont le seul résultat sera de souligner la barbarie nazie.

6 juin 1944 :

Le Débarquement
et la bataille de Normandie.

## Normandie

Plus grande opération combinee aéroportée et amphibie à ce jour, Overlord (nom de code du Débarquement) est probablement l'une des batailles les plus célèbres de l'histoire mondiale. Après des mois de préparation, de débats (Churchill souhaitait au départ un débarquement... en Grèce ou dans les Balkans), d'intoxications des services de renseignement allemands, les Alliés débarquent sur 5 plages : *Utah* entre Ste-Marie-du-Mont et Quinéville, *Omaha* entre Ste-Honorine-des-Pertes et Vierville-sur-Mer, pour les Américains, *Gold* entre Asnelles et Ver-sur-Mer, *Sword* entre Ouistreham et St-Aubin-sur-Mer pour les Britanniques et *Juno* entre La Rivière et Courseulles-sur-Mer pour les Canadiens. Des commandos attaquent des points d'appui comme les rangers du colonel Rudder à la pointe du Hoc. Précédant le Débarquement, 3 divisions aéroportées s'emparent de positions stratégiques comme le pont de Bénouville *(Pegasus Bridge)*, la batterie de Merville ou le carrefour de Ste-Mère-l'Église.

À l'exception d'Omaha, le Débarquement se déroula mieux que ce que le commandement allié avait prévu, même si Caen aurait dû être prise dès le jour J. Par contre, une longue bataille d'usure commença dans la campagne normande, qui obligea les Alliés à piétiner dans la plaine de Caen et dans le bocage bas-normand, jusqu'à la percée d'août 1944. Il est impossible dans le cadre de cet ouvrage d'énumérer tous les lieux de bataille de la campagne de Normandie. Autour de Caen, les principaux affrontements se déroulèrent près de l'abbaye d'Ardenne, ou du village de Villers-Bocage. À Bayeux, le général de Gaulle prononce son premier discours en France métropolitaine depuis 1940, sur la place qui porte aujourd'hui son nom.

Pour les Américains, 4 communes constituèrent des étapes importantes de la bataille de Normandie : Cherbourg, St-Lô, Avranches, Mortain. De nombreux sites autour de ces villes sont indiqués pour l'amateur d'Histoire de la Seconde Guerre mondiale. Le paysage bocager, vallonné, facilitait particulièrement les positions défensives et ne permettait pas aux hommes du général Eisenhower de profiter de leur supériorité matérielle.

En août, la Wehrmacht est à bout de souffle et manque de se faire anéantir dans la poche de Falaise. Elle parvient à s'extraire de Normandie et la poursuite commence. Paris est libéré fin août : une insurrection éclate à partir du 15 août, les combats les plus violents auront lieu autour de la préfecture de police. Les insurgés sont rejoints par la 5ᵉ division américaine qui entre par le nord de Paris et la 2ᵉ DB du général Leclerc, qui arrive par la porte d'Orléans. Le 25 août un gigantesque défilé célèbre la libération de la capitale. Une foule en liesse découvre le visage du général de Gaulle qui descend les Champs-Élysées, écoute un *Te deum* à Notre-Dame avant de prononcer un de ses plus célèbres discours à l'Hôtel de Ville. Quand les premiers camps de concentration sont libérés, de nombreux déportés sont accueillis à l'hôtel Lutetia, avant de retrouver, parfois, leurs proches. Les grands collaborateurs, eux, sont jugés par la Haute Cour au palais de justice : à l'issue de son procès, entre le 23 juillet et le 15 août 1945, Philippe Pétain est condamné à mort, avant de voir sa peine commuée en détention à vie par de Gaulle. Laval, lui aussi déféré devant la Haute Cour, est fusillé le 18 octobre 1945.

### La bataille de Normandie en chiffres

Au soir du 6 juin ont débarqué : 156 350 soldats dont 23 000 parachutistes. Quelque 11 600 avions, 5 000 navires et des dizaines de milliers de véhicules ont été utilisés. Les pertes alliées s'élèvent alors à 10 000 hommes tués, perdus ou disparus, 27 avions abattus, 63 endommagés.

La bataille de Normandie fut terrible, avec la participation de plus de 2 millions de soldats alliés, l'acheminement de près de 3 millions de tonnes de ravitaillement et d'équipements. Le nombre des victimes est tout aussi impressionnant : chez les Alliés, on déplore environ 200 000 soldats blessés, 40 000 tués, 16 000 soldats portés disparus et environ 20 000 victimes parmi les civils. L'armée allemande comptera 200 000 tués et blessés, et autant de prisonniers.

**10 juin 1944 :**

**Le martyre d'Oradour-sur-Glane.**

Haute-Vienne (87)

Après une courte période d'inertie, le haut commandement allemand (OKW) décide de déplacer vers le front normand plusieurs divisions blindées. Parmi elles, la 2e SS Panzer Division *Das Reich*, considérée comme une formation d'élite. Stationnée à Montauban, la division entame une lente remontée vers la Normandie, car elle reçoit du maréchal von Rundstedt la mission d'éliminer les bandes de « terroristes », les maquis, particulièrement actifs dans le Massif central. C'est cette guerre antipartisans qui va servir de prétexte au massacre d'Oradour : après la capture et l'exécution d'officiers de la division, les SS décident de faire un exemple avec le petit village limousin. En réalité, la *Das Reich* se distingue par ses crimes de guerre en France bien avant le Débarquement : en mai, des habitants des communes des départements du Lot et du Lot-et-Garonne ont déjà été massacrés ou déportés. La veille de la tragédie d'Oradour, 99 habitants de Tulle sont pendus aux balcons des maisons et 67 personnes sont assassinées à Argenton-sur-Creuse. Mais aucun village ne sera aussi impitoyablement saccagé qu'Oradour.

Dans l'après-midi du 10 juin, le village est cerné par les SS du *Sturmbannführer* (major) Diekmann. Les hommes d'Oradour sont séparés de leurs proches avant d'être mitraillés et incinérés. Les femmes et les enfants ne seront pas épargnés : enfermés dans l'église en contrebas du village, ils sont brûlés ou abattus quand ils tentent de s'échapper. Le village est systématiquement détruit par les flammes. En tout, 642 personnes ont péri dans ce massacre, unique en son genre en France. Témoin absolu de la barbarie nazie, le village détruit est l'objet d'une visite du général de Gaulle en mars 1945, alors que la guerre n'est pas finie. En janvier de la même année, le gouvernement provisoire avait déjà décidé de classer au registre des monuments historiques nationaux l'église d'Oradour. Une nouvelle commune d'Oradour est reconstruite mais à l'écart du village originel détruit, figé dans ses ruines et carcasses de véhicules calcinés depuis l'été 1944.

Juillet 1944

## Vassieux-en-Vercors
Drôme (26)

Au fond d'une combe déboisée, Vassieux-en-Vercors est dominé par les crêtes de la forêt de Lente à l'ouest et par les contreforts des hauts plateaux du Vercors à l'est. Avant de partir en randonnée et de sillonner les multiples chemins balisés, sachez que vous marcherez sur les pas des maquisards. Plus de soixante ans se sont écoulés depuis le drame du 21 juillet 1944, mais le mémorial de la Résistance en Vercors et la nécropole veillent à ce que la mémoire n'efface pas les douleurs du passé.

### « Aux martyrs du Vercors »

Selon l'historien François Marcot, le maquis est « un regroupement d'hommes rassemblés illégalement dans un massif forestier ou un village isolé ». Dans le Vercors, ce regroupement est essentiellement constitué à partir de 1943 de jeunes hommes réfractaires au STO (Service du travail obligatoire). La vie dans le maquis est difficile et hasardeuse, mais soutenue par une majeure partie de la population du plateau qui ravitaille les combattants. La « citadelle imprenable » va devenir avec le plan Montagnards une base arrière alliée. Un parachutage d'armes et de ravitaillement a lieu dans la plaine d'Arbounouze en novembre 1943. Alertée, la Gestapo effectue quel-

ques jours plus tard un premier raid de repérage.
C'est le début d'offensives répétées. Du 9 juin au
21 juillet 1944, le Vercors s'autoproclame zone libérée et l'état de droit y est rétabli. On vient de partout soutenir les maquisards. L'effectif passe de 500 à
3 000 hommes. Trop pour les capacités de ravitaillement et d'armement. Les apprentis combattants sont
contraints à de longs jours sans pain, de longs jours
d'attente qui s'achèveront par le drame du 21 juillet.
Vassieux est alors considéré par les Alliés et la Résistance comme un site idéal pour l'établissement d'un
terrain d'atterrissage. Le 21 juillet 1944, à 7 heures
du matin, les Allemands larguent sur Vassieux des
planeurs chargés de commandos spéciaux et de SS.
Les résistants pensent d'abord qu'il s'agit d'avions
alliés. Quand ils se rendent compte de leur méprise,
ils n'ont plus le temps de se retourner. Les nazis les
massacrent, eux et les habitants du village. Jusqu'en
août, la terreur règne. Civils assassinés, villages
incendiés, le Vercors tout entier est dévasté.

### Mémoire

Dans le village entièrement reconstruit, un monument, surmonté d'un grand gisant dû au sculpteur
Émile Gilioli, a été élevé : *Aux martyrs du Vercors*, et
une plaque commémorative, sur la place de la Mairie,
porte les noms de 74 victimes civiles.

## De grands noms du maquis

### Eugène Chavant (« Clément »)

Élu révoqué, il participe à l'organisation de la Résistance dans l'Isère, avant de se lancer en 1943 dans l'aventure du maquis en Vercors et devenir le responsable civil du « plan Montagnards ».

### Jean Prévost

La préparation d'une thèse sur Stendhal conduit l'écrivain-journaliste à Grenoble où, avec son ami Dalloz, il conçoit le principe de transformer le Vercors en forteresse de la Résistance. Il est tué dans une embuscade en août 1944.

### Alain Le Ray

Organisateur militaire du Vercors, ce lieutenant eut un important rôle de liaison avec les FFL.

### Costa de Beauregard

Responsable de l'instruction militaire des maquisards, ce militaire poursuivit la guérilla après la chute du Vercors en juillet 1944.

### Marc Riboud

Avant de devenir un célèbre photographe, il fut un jeune résistant particulièrement actif dans les combats de Valchevrière.

*Marc Ferro*

L'historien animateur d'émissions télévisées historiques prit part aux combats du Vercors en tant que
jeune standardiste au PC des maquisards.

*L'abbé Pierre*

Vicaire de Grenoble au début des hostilités, et
alors seulement connu sous le nom d'abbé Grouès, il
fut un clandestin efficace en organisant les passages
en Suisse. Il créa ensuite un maquis en Chartreuse.

### Église

Construite après la guerre, l'église est décorée
d'une fresque de Jean Aujame *(L'Assomption)* et possède aussi une émouvante plaque du Souvenir.

On peut encore voir deux carcasses de planeurs,
l'une devant l'église et l'autre derrière, en face du
musée de la Résistance.

### Musée de la Résistance du Vercors

Œuvre d'un maquisard, ancien combattant du Vercors, il retrace l'historique des combats de 1944 dans
la région, évoque l'horreur des « camps de la mort »
nazis et la Libération. L'accumulation d'armes, d'objets
et de documents liés à ces événements fait de ce
musée le complément indispensable du mémorial.

## Nécropole du Vercors

Elle abrite les sépultures de 193 combattants et victimes civiles, tombés pendant les opérations de juillet 1944. Un film de 15 mn retrace les événements.

## Mémorial de la Résistance du Vercors
## (col de Lachau)

Au détour de la combe, le mémorial, dont l'architecture particulièrement dépouillée accentue la solennité des lieux, apparaît telle la proue d'un navire enchâssé dans le flanc de la forêt de Lente. Construit sur la face nord du site à 1 305 m d'altitude, il est recouvert de végétation composée de genévriers et pins, qui croissent naturellement dans le massif.

La mise en scène muséographique très moderne, qui aborde la Résistance du Vercors et les événements nationaux de cette période, privilégie la diffusion de témoignages visuels et sonores.

Les grands thèmes sont traités sous forme de reconstitutions et de diaporamas : la collaboration, les interrogatoires de la Milice, le rôle des femmes dans le maquis, et, grâce à des films contemporains, des combats de juillet 1944, on peut revivre les grandes étapes de la « république du Vercors » jusqu'à l'ordre de dispersion du 23 juillet. La projection d'extraits du film de Lechanois, *Au cœur de l'orage*, ajoute une note épique à ces récits.

À l'issue du circuit de visite, on longe sur la droite un grand mur renfermant 840 niches de plomb portant chacune le nom d'une des victimes civiles du Vercors. Dans ce site où le béton renforce l'atmosphère pesante, un spectacle son et lumière retrace la fin tragique d'une petite fille. Et le parcours s'achève sur une vaste terrasse surplombant le plateau qui n'a pas changé depuis cette tragédie.

## 15 août 1944

## Canadel-sur-Mer
### Var (83)

La plage de Canadel, bordée de superbes pinèdes, est l'une des mieux abritées de la côte des Maures, au pied des dernières pentes de la chaîne des Pradels. C'est sur cette plage qu'eut lieu le débarquement de Provence le 14 août 1944 à minuit. Une stèle le rappelle.

La 7ᵉ armée américaine du général Patch, composée principalement de la 1ʳᵉ armée française, débarque le 15 août 1944 sur la côte des Maures (opération « Dragon »). Des troupes aéroportées anglo-américaines sont lâchées autour du Muy ; des commandos français prennent pied à l'aile gauche, au cap Nègre, et à l'aile droite, à la pointe de l'Esquillon, les Forces spéciales américaines attaquent les îles d'Hyères. Ainsi protégé, le gros des forces américaines débarque à 8 heures sur les plages des Maures et de l'Esterel.

En fin de journée, malgré une progression rapide, ces deux secteurs restent séparés par la résistance de St-Raphaël et de Fréjus, qui ne tombent que le lendemain. Le 16, les troupes du général de Lattre de Tassigny commencent à débarquer autour de St-Tropez et, après avoir relevé les Américains au débouché des Maures, attaquent les défenses de Toulon le 19. Le général de Monsabert déborde la ville par le nord. Magnan et Brosset l'attaquent par l'est, en prenant Solliès et Hyères. Toulon, investi le 21, tombe le 26. Dès le 20, les troupes de Monsabert se portent sur Marseille ; les verrous d'Aubagne et de Cadolive sont réduits les 21 et 22 et la ville est menacée de tous côtés. Le 23, le Vieux-Port est atteint, mais la garnison allemande ne se rend que le 28. Pendant ce temps, les Américains atteignent Castellane puis Grenoble et tentent de couper la vallée du Rhône, voie de retraite des Allemands talonnés par les unités venues de Brignoles et de Barjols, par Aix et Avignon. À l'est, les Américains attaquent le 21 dans la région de Nice et dans les Alpes-Maritimes ; Nice est atteinte le 30.

En moins de quinze jours, la Provence est libérée. Les Américains, épaulés par les forces de la Résistance, refoulent les Allemands vers les Alpes italiennes ; mais le massif de l'Authion, transformé en camp retranché, est conquis par la 1re division française libre après huit mois de très durs combats (13 avril). Tende n'est libéré que le 5 mai 1945, trois jours avant l'armistice.

23 novembre 1944

## Strasbourg
Bas-Rhin (67)

Après Paris à la fin du mois d'août, la Lorraine est libérée dès le mois de septembre, excepté Metz, où les Allemands tiennent jusqu'au 22 novembre. En s'approchant des frontières, l'avance alliée doit marquer un temps d'arrêt devant la détermination encore farouche de l'armée ennemie. La libération de l'Alsace comme l'entrée sur le sol allemand vont se révéler très difficiles.

Le rôle joué par la 1re armée française, commandée par le général de Lattre de Tassigny, va être décisif. Du 14 au 28 novembre, les Allemands sont encerclés en Haute-Alsace et Mulhouse est libéré. Au nord, dès le 22 novembre, Leclerc contrôle avec la 2e DB le col de Saverne. Il décide de foncer sur Strasbourg qu'il atteint dès le lendemain matin. La libération si rapide de la capitale alsacienne, encore très menacée, a une portée symbolique extraordinaire. Mais la meurtrière contre-offensive allemande dans les Ardennes à partir du 16 décembre montre que l'Allemagne nazie garde encore des ressources. En Alsace, les Allemands tiennent la « poche » de Colmar, qui empêche les Alliés de faire la jonction entre le nord et le sud. Pis encore, ils reprennent du terrain tout au nord, dans la région de Haguenau. Les Américains veulent alors se replier sur les Vosges. Mais, pour le gouvernement français, il n'est pas question d'abandonner Strasbourg. De Gaulle doit intervenir en personne auprès du commandant en chef des forces alliées, le général Eisenhower. Très réticent, celui-ci accepte de revenir sur cette décision, à condition que la défense de la ville dépende entièrement de la 1<sup>re</sup> armée française. Jusqu'au 22 janvier les Allemands progressent, mais, à une dizaine de kilomètres de la ville, ils renoncent devant la résistance des Français. L'échec de l'offensive des Ardennes a désormais placé l'armée allemande sur la défensive. Il faut pourtant à de Lattre de Tassigny deux attaques acharnées et en tenaille pour réduire la « poche » de Colmar en quinze jours.

Le 2 février 1945, Colmar est enfin libéré. Le 9 février, les Allemands finissent de repasser le Rhin par le seul pont encore sous leur contrôle, à Chalampé. Mais il faut attendre le 19 mars pour qu'avec Wissembourg, en ruine, tout le territoire français soit délivré.

# Liste des lieux

DANS LA COLLECTION FOLIO/HISTOIRE

Composition Nord Compo.
Impression CPI Bussière
à Saint-Amand (Cher), le 2 mai 2011.
Dépôt légal : mai 2011.
Numéro d'imprimeur : 111539/1.
ISBN 978-2-07-030999-3./Imprimé en France.